認識大陸作家系列

儲安平生平與思想研究

——國共不容的知識份子

陳永忠・著

目　次

前　言

　　儲安平（1909-1966？），江蘇宜興人，中國現代史上著名的報人和自由主義者。早年就讀於上海光華大學文學院政法系，後留學英國倫敦大學政治經濟學院，師從著名的拉斯基教授，深受英國政治哲學與傳統的薰陶，一生行事處處以英國為楷模，講求自由、民主、理性，重實行，輕虛談。抗戰期間，曾為《中國晨報》、《力報》、《新評論》、《大公報》等刊物撰稿或擔任主筆，並教書與著述。在當時極為艱苦的條件下，寫下了《英國采風錄》、《英人‧法人‧中國人》、《英國與印度》等著作，要求國民黨政府改革政治，實行抗戰，並宣傳其英國式的自由主義思想。抗戰結束後，先在重慶，後在上海，先後主辦了《客觀》與《觀察》兩份刊物，尤其是主編《觀察》週刊，在當時產生了極大的影響而使儲安平名噪一時，有人稱之為中國出版史上的儲安平時代。[1]1949 年後，儲安平先後加入了民盟與九三學社，並擔任新華書店總店副總經理、國家出版總署發行局副局長及全國政協委員等職。1954 年當選為第一屆全國人大代表。在這期間，儲安平曾作為民主人士的代表，前往東北和新疆

---

[1]　汪榮祖：〈儲安平與現代中國自由主義〉，載劉軍寧、王焱編：《直接民主與間接民主》，三聯書店，1998 年版，第 353 頁。又見汪榮祖：〈自由主義在戰後中國的起落——儲安平及《觀察》的撰稿群〉，載謝泳、程巢父主編：《追尋儲安平》，廣州：廣州出版社，1998 年版，第 160 頁。

參觀考察，寫下了《東北參觀報告》、《新疆新面貌》、《瑪納斯河墾區》等著作，在這些文章當中，表達了他對社會主義的認識和支持。1957 年 4 月，出任《光明日報》社總編輯。在同年開始的反右運動中，因放言無忌而轟動一時，隨後被打成右派。1966 年，文革之初失蹤。至今其最後結局仍為一個謎。

眾所周知，在二十世紀革命年代的中國，是一個充滿著暴力、混亂、專制與無序的年代，在這樣一個沒有法制，沒有民主，一切由武力與暴政決定一切的年代中，鼓吹自由、民主、進步與理性就無疑要付出巨大的代價。1946 年，儲安平創辦《觀察》週刊時，正值國共兩黨武力對峙，並以武力決定未來中國社會命運的歷史時刻，但儲安平卻標榜刊物獨立、客觀、超黨派的立場，並一再聲稱：「我們這個刊物第一個企圖，要對國事發表意見。意見在性質上無論是消極的批評或積極的建議，其動機則無不出於至誠。這個刊物確是一個發表政論的刊物，然而決不是一個政治鬥爭的刊物。我們除大體上代表著一般自由思想分子，並替善良的廣大人民說話以外，我們背後另無任何組織。我們對於政府、執政黨、反對黨，都將作毫無偏袒的評論。」，「本刊所發表的文字，足以證明本刊不僅是一個『無黨』的刊物，並且也是一個『無派』的刊物。本刊確確實實是一個獨立而無任何黨派關係的民營刊物。」「我們唯一希望的，就是絕對維持本刊的超黨派性和純粹民營性。……我們願意遵循這個傳統及方向繼續努力，為中國的前途而奮鬥！」[2]「在這混亂的大時代，中國需要的就是無畏的言論，就是有決心肯為言論而犧牲生命的人物！假如我們只能說些含含糊

---

[2]　儲安平：〈艱難・風險・沉著〉，《觀察》第二卷第 24 期。

糊沒有斤量的話，那老實說，今日中國言論界，擔當這一部分工作的人已經很多，用不著我們再來獻身言論，從事於爭取中國的自由、民主、和平的言論工作。」[3]

上述言論明顯表達出儲安平期望以現代大眾傳媒介入政治生活，力圖在暴力的年代表達出一種自由知識份子所嚮往的「公平、獨立、建設、客觀」的理性之音，塑造一個現代中國獨立、客觀、超黨派的，真正「以言論政」的輿論空間。這在道德形象與道德勇氣上無疑具有一種放逐者與邊緣人，對權勢說真話，總是失敗的諸神等等現代西方學者指出的真正知識份子的諸多典型特徵。[4]而在1957年中國大陸反右運動中暢言無忌地批評共產黨「黨天下」，更使得儲安平在現代中國歷史上留下了永久的個人魅力，也因此決定了他個人和他所主張的思想主張在現代中國近乎一種宿命似的悲劇性命運。

十九世紀末二十世紀初，西方大量的社會思潮潮水般湧進中國的時候，作為解決中國問題的「靈丹妙藥」，各種主義在當時都找到了它們自己的代言人，自由主義思潮也理所當然地在現代中國的歷史舞臺上找到了自己相應的代言人。作為中國自由主義代言人之一，儲安平與幾乎與他同時代的其他自由主義知識份子，如胡適、羅隆基等顯示出某些相似與相異之處。與胡適相比較，儲安平與胡適都對直接參與政治不感興趣，並從他們的自由主義理念出發對現實政治提出批評，但與胡適要做政府「忠誠的反對派」不同，儲安

---

[3]　儲安平：〈風浪・熱練・撐住〉，《觀察》第三卷第24期。

[4]　上述關於真正知識份子的一些特徵是美籍阿拉伯裔學者愛德華・薩義德先生概括的，本文將在結論中對此展開充分的論述。

平一直對當權的政府持尖銳的、不予妥協的批評的態度，此外，胡適一生對組黨活動不感興趣，也幾乎未加入任何黨派組織，儲安平雖然此前對直接參與現實政治沒多大興趣，但 1949 年之後，卻因為現實政治的原因接連加入了民盟與九三學社兩個政治團體。[5]與羅隆基相比較，儲安平與羅隆基，以及許多現代中國的自由主義知識份子的自由主義思想一樣在二十世紀四〇年代日益呈現出一種明顯的社會民主主義化的特徵，既強調政治民主，也鼓吹經濟民主，關注自由與平等的關係，嚮往社會主義與計劃經濟，在當時國共武力對峙的局勢下，宣揚所謂的「第三條道路」，試圖構建一個以社會民主主義為價值取向的新社會。[6]然而與羅隆基熱心參與現實政治、直接加入組建政黨政治不同的是，儲安平此前對直接參與現實政治沒多大興趣，只是在後來才加入了以自由主義知識份子為主體的民盟與九三學社兩個政治團體，並且與羅隆基[7]不同的是，儲安平在這些政治團體中，並未發揮重要的作用。

---

[5] 儲安平在對待學生運動的態度上也有與胡適明顯的不同之處。有關胡適對學生運動的態度可參見呂實強：〈胡適對學生運動的態度〉，載周策縱等著：《胡適與近代中國》，臺北：時報出版公司，1991 年版。有關儲安平對學生運動的態度請參見本文第七章第三節的相關論述。

[6] 有關社會民主主義在現代中國的具體情況，可參見許紀霖：〈社會民主主義的歷史遺產——現代中國自由主義的回顧〉，（香港）《二十一世紀》1997年 8 月號，香港中文大學中國文化研究所。Edmund S.K. Fung, "State Buliding,Capitalist Develpoment and Social Justice: Social Democracy in China's Modern Transformation,1921-1949", in Modern China, vol.31, No.3, July 2005.以及筆者的：〈在自由與公道之間——一九四〇年代自由知識份子的社會民主主義思潮〉，《社會科學戰線》2006 年第 1 期。

[7] 有關羅隆基的情況可參見謝泳編：《羅隆基：我的被捕的經過與反感》，北京：中國青年出版社，1999 年版。

　　雖然，在具體的主張與面對現實政治的態度有不盡相似的地方，但無疑他們都是主張自由主義思想理念的。然而，由於當時歷史條件的限制，他們的思想主張都無法避免的遭到了失敗。但這不是自由主義本身的失敗，換句話說，自由主義或許會遭到挫折，但它的「失敗」並不意味著它本身的失敗。因為，如果我們能從歷史的長時段的角度出發，必須指出的是，自由主義在現代中國的失敗也並不是必然的。西方學者羅素、卡爾‧波普等人都曾批駁了歷史解釋當中所謂的規律與必然性，並反對以此來斷定一個學說或理論的成敗，或以此來評價一個人在歷史上的地位。因而，在筆者看來，在現代中國充滿暴力、混亂與無序的歷史背景下，一種主義或思想理論要想取得成功，除卻政治、經濟、社會結構、文化傳統等基本因素之外，取得成功的「主義」的領導人的謀略、性格與能力等也是非常重要的原因。在某些歷史發展的重大和關鍵時刻，領導人所具有的上述特徵可能會戲劇性地改變歷史前進的方向，並直接導致他所代表的政權與「主義」獲得巨大的成功。然而，很顯然的是，儲安平等自由主義者在當時並不具備使自由主義在現代中國歷史舞臺上取得成功所必需的那種謀略、性格與能力。而就本文研究的儲安平所宣揚的自由主義思想，以及以自由主義思想為基礎而形成的編輯思想、政治思想、民族主義思想、中西比較觀與在政治強力之下的反應和態度等等，其在現代中國歷史上的地位與價值，乃是為後來的歷史與人們留下了一筆豐厚的思想遺產。

　　因此，作為現代中國自由主義的一代代表人物，儲安平在中國現代史上就理應佔有一席之地。但長期以來由於眾所周知的原因，學術界對儲安平的關注和研究並不多，二十世紀九〇年代以前，基

本上處於被遺忘的狀態。隨著中國改革開放的深入和思想的進一步解放，儲安平也開始逐漸出現在人們的視野之中。但在目前僅有的少數研究成果當中，比較關注於儲安平在主編《客觀》與《觀察》期間的思想和活動，而對儲安平的家世、早年生活、成長道路，以及 1949 年後的思想狀況與經歷所知寥寥，並且有許多含混和錯誤之處。筆者認為，瞭解這些，澄清歷史事實，對正確認識儲安平的思想及其變化，經歷與所處時代之關係是非常至關重要的，還歷史一個本來面目，也是歷史學研究的題中應有之義。

　　目前有關儲安平以及《觀察》週刊研究的著作和文章還是非常少的，這與儲安平在中國現代史上所處的位置是很不相稱的。筆者翻閱大陸學術期刊雜誌，到目前為止，只見到了幾十篇文章，這其中有一些是對儲安平的回憶性文章，嚴格意義上講還算不上是對儲安平的生平與思想給予研究的學術性文章。對儲安平的回憶性文章主要有：張嘯虎的〈憶儲安平先生與《觀察》週刊〉（《讀書》1986 年第 11 期），馮英子的〈回憶儲安平先生〉（《黃河》1994 年第 2 期，謝泳的〈想起了儲安平〉（《讀書》1994 年第 3 期），穆欣的〈也想起儲安平〉（《黨史文彙》1994 年第 9 期），李偉的〈神龍見首不見尾的儲安平〉（《文史春秋》2001 年第 2 期），王火的〈憶儲安平教授〉（《黃河》1995 年第 4 期）等，這些文章的作者有的是儲安平的學生，有的是儲安平曾經的同事和同鄉，他們的回憶文章為我們研究儲安平的早年經歷與思想提供了相當珍貴的第一手資料，並且這其中的大部分後來被謝泳、程巢父主編的《追尋儲安平》（廣州出版社，1998 年版）所收入。

　　在二十世紀九〇年代，學界開始有人將目光關注到儲安平身上，不過這時的研究仍處於起步階段，有關的研究成果還是比較少的，有代表性的研究文章有：一篇是《編輯之友》1994 年第六期謝泳的〈儲安平的編輯生涯〉，一篇是《青海師範大學學報》1999 年第三期李靜的〈從《觀察》看儲安平的編輯思想〉等，以及余開偉關於儲安平最終命運一種新說法的兩篇文章，《書屋》1999 年第二期〈儲安平生死之謎又一說〉和《文藝爭鳴》1999 第三期的〈儲安平生死之謎真相〉。

　　進入二十一世紀以來，學界關注儲安平的人越來越多，相應地關於儲安平學術研究的文章也比以前多了很多，主要的研究成果有：《新聞愛好者》2001 年第一期黃泓的〈追尋學者生命的痕跡：論儲安平的新聞思想和新聞活動〉，《華東政法學院學報》2001 年第二期張仁善的〈一個舊中國「自由主義」的法治心路：試論儲安平的法治觀〉，中國社會科學院近代史研究所《青年學術論壇》(2001 年卷) 趙一順的〈論儲安平之投奔解放區〉，《史學集刊》2002 年第二期林建華的〈儲安平自由主義思想評析〉，《吉首大學學報》(社會科學版) 2003 年第四期張玉龍的〈從《客觀》到《觀察》：儲安平對 1947 年前後中國政局的觀感與析評〉，《編輯學刊》2004 年第一期傅祥喜、曾屬的〈從《觀察》看儲安平編輯與出版發行思想〉，《廣東教育學院學報》2005 年第二期傅祥喜的〈試論《觀察》週刊和儲安平的獨立發言精神〉，《世界民族》2005 年第四期何元國的〈試評儲安平關於英國民族性的論述〉，《東南傳播》2006 年第二期王先孟的〈試論儲安平的報刊活動〉，《書屋》2006 第十二期王雨霖的〈儲安平在國立師範學院〉，《新聞記者》2006 年第九期

蔣含平的〈刊物本身是可以賴發行收入自給的—儲安平《觀察》的
經營策略探析〉,《文史天地》2007 年第一期周達材的〈儲安平的
命運〉,《重慶交通大學學報》(社會科學版)2007 年第一期於之偉
的〈儲安平與抗戰勝利後的學生運動——以《觀察》週刊為例〉,《現
代傳播》(中國傳媒大學學報)2007 年第一期蔣含平的〈從《觀察》
看儲安平的自由主義新聞理念與新聞實踐〉,《宿州教育學院學報》
2007 年第二期黃鶯的〈追尋文學史上的失蹤者——從現實主義向
自由主義轉變的儲安平〉,《洛陽大學學報》2007 年第三期杜永利
的〈走近一條憂鬱的河流——儲安平自由主義新聞觀念的歷史來源
和思想基礎考察〉,《鍾山風雨》2007 年第三期蕭舟的〈儲安平:
豈獨悲劇伴此生〉等等。這些文章主要是圍繞儲安平在《觀察》時
期的活動來展開論述,也有一些文章討論了儲安平早年的文學寫
作、民族性思想,以及他的法治思想等。[8]此外,筆者也發表了幾
篇關於儲安平與《觀察》週刊的學術文章。

　　目前為止,在港臺雜誌上有幾篇關於儲安平的文章,一篇是香
港《二十一世紀》一九九三年十月號,總第十九期上謝泳的〈《觀
察》撰稿人的命運〉,一篇是香港《二十一世紀》2002 年 2 月號,
總第六十九期上王中江的〈從《觀察》看中國自由主義的認同及其
困境〉,另外兩篇是 1989 年臺灣《傳記文學》五十四期五卷上李偉
的《儲安平文革中蹈海而死》與徐鑄成《我的同鄉儲安平》,以及
《傳記文學》六十三卷第四期汪榮祖的〈自由主義在戰後中國的起

---

[8]　2009 年 7 月由廈門大學人文學院中文系主持召開的「紀念儲安平先生誕辰
　　一百周年學術研討會」上,又有一些新的研究成果出現,這些對筆者文稿
　　的修改多有啟發,在此謹向各位與會者深表感謝!

落一儲安平及《觀察》的撰稿群〉。湊巧的是，前四篇文章的作者
也都是大陸作者，而汪榮祖則是美籍華裔學者。在海外有一篇是美
籍華裔學者汪榮祖的《儲安平與現代中國自由主義》，原文發在
《Modern China》雜誌上，我們現在可在由劉軍寧與王焱編輯的《直
接民主與間接民主》（三聯書店，1998 年版）上看見由徐友漁翻譯
的這篇文章。此外，在一些學術網站上也有一些有關儲安平的文章。

　　除了上述文章外，目前還沒有任何一部有關儲安平及其思想的
系統的、全面的研究著作問世。迄今為止，對儲安平及《觀察》關
注比較多的是山西太原《黃河》雜誌的一位編輯謝泳先生，除了在
香港《二十一世紀》雜誌上以及《編輯之友》所發的兩篇文章外，
另有多部著作涉及儲安平。比較有影響的有《儲安平：一條河流般
的憂鬱》（中國青年出版社，1999 年版），《逝去的年代：中國自由
主義知識份子的命運》，（文化藝術出版社，1999 年版），《沒有安
排好的道路》，（雲南人民出版社，2002 年版），《學人今昔》，（長
春出版社，1997 年版），《舊人舊事》（上海人民出版社，1996 年版），
與程巢父合著《追尋儲安平》（廣州出版社，1998 年版），以及《儲
安平與〈觀察〉》（中國社會出版社，2005 年版）。其他的還有戴晴
《儲安平・王實味・梁漱溟》（江蘇文藝出版社，1989 年版），鄧
加榮《尋找儲安平》（北京十月文藝出版社，1995 年版）等。此外，
一位美國學者在一本研究 1945 至 1949 年中國內戰的著作中引用了
《觀察》雜誌的文章來分析當時知識份子對國民黨的評判。[9]

---

[9]　參見〔美〕胡素姍著，王海良等譯：《中國的內戰：1945-1949 年的政治鬥
　　爭》，北京：中國青年出版社，1997 年版，第 157～234 頁。

　　儲安平不僅在現代中國思想史上有一定的代表性，而且在現代中國新聞史上也是一位具有巨大影響的人物。故此我們現在還可在一些老報人的回憶錄中，看見有關儲安平當年的資料。比較有代表性的是徐鑄成《徐鑄成回憶錄》（三聯書店，1998 年版），馮英子《風雨故人來》（山東畫報出版社，1998 年版）。

　　最後一類我們所能接觸到有關儲安平的著作有《儲安平文集》（張新穎編，東方出版中心，1998 年版）這其中收集了儲安平一生不同階段的許多著作和文章，比較真實地反映了儲安平一生思想變化的軌跡，但仍有相當一部分儲安平的著作和文章未收入。筆者在準備開題的過程中，就接觸到了一些儲安平當年發表的文章，其中有一些，筆者認為對研究儲安平的政治思想是非常重要的文本，迄今為止還沒有人利用過這些材料。再就是有關 1957 年反右運動的文章中，也有一部分論述到儲安平。比較有代表性的有葉永烈的《沉重的 1957》（百花洲文藝出版社，1992 年版），《反右派始末》（新疆人民出版社，2000 年版），朱正的《1957 年的夏季：從百家爭鳴到兩家爭鳴》（河南人民出版社，1998 年版），牛漢、鄧九平主編的《記憶中的反右派運動》（經濟日報出版社，1998 年版），這本書分三冊，分別為《原上草》、《荊棘路》、《六月雪》，有一定參考價值。

　　綜上所述，目前有關儲安平研究的著作和文章有以下幾點現象：

一、集中於對儲安平主辦《客觀》與《觀察》雜誌期間的研究，比較有代表性的是謝泳的作品，在一定程度上可以這麼說，是謝

泳的研究讓學術界開始關注已被人們遺忘多時的儲安平。但是仍然有很大的局限性，未能對儲安平的思想進行更深入和系統的挖掘，有的分析只停留在比較膚淺的層面，這也是本書希望能加以提升的方面。

二、有相當一部分作品是回憶性文章和儲安平著作的彙編。這些作品在嚴格的意義上並不能算作嚴肅的學術研究，充其量只能作為學術研究可資利用的資料，甚至在某種程度上，還存在著一些錯誤和矛盾的地方，這也要求我們應對此加以分析和鑑別。

三、在對儲安平 1957 年反右運動中的思想和言論的描述當中也存在著不夠深入和全面的問題，未能將儲安平 1949 年以來思想和活動結合起來考察。事實上，通過對儲安平這一時期作品的分析，可以看出的是儲安平還是擁護社會主義建設的，其後也仍是這一思想的繼續，這一點是很值得我們注意的。

有鑑於此，本文所力爭要解決的問題有以下幾個方面：

一、作為一項歷史人物的研究，我們應該盡其所能的瞭解研究對象的家族與成長背景。筆者曾經幾次前往上海和宜興，獲悉了不少有關儲安平身世的寶貴資料，其中絕大多數都為外界所不知。例如，宜興儲氏家族的來龍去脈與儲安平具體的出生年月日等，這些在過去基本上都不為人所知，或者語焉不詳。

二、作為中國現代史上自由主義的一代代表人物，儲安平的自由主義思想是有一定典型性的。復旦大學的姜義華先生曾經說道，如果我們要寫一本有關中華民國政治思想史的著作，那麼我們就必須對儲安平、羅隆基、王造時等人的思想有比較

清楚的瞭解，否則那將是一部不完整的中華民國政治思想史。目前學術界對儲安平的自由主義思想雖然有所涉及，但缺乏系統的研究。本文將力求解決這個問題，這也將是本文所致力的重點之一。

三、《觀察》作為自由主義的一份代表性刊物，在當時產生了廣泛的影響，它在國民黨政權下被封殺和停刊的結局，在一定程度上反映了自由主義在現代中國的命運，值得關注。此外，儲安平在主辦《觀察》前後，不僅與同時代的自由知識份子，而且與前一輩自由知識份子都有許多來往和接觸，在思想和活動上可謂同聲相求。考察這一歷史過程，不僅能使我們更好的瞭解現代中國自由主義知識份子的思想軌跡，也能使我們更深刻地認識現代中國社會和歷史的多樣性。

四、眾所周知，儲安平在 1957 年因放言無忌而被劃成右派。但由於特殊的原因，我們對這一歷史事件的具體情況瞭解不多。本文將重點考察儲安平 1949 年後的思想和活動，以及 1957年事件的來龍去脈，力求對這一歷史事件有一個客觀、公正的敘述。這是目前儲安平研究中比較薄弱的環節之一，也是我們不能回避的歷史。

同時，需要指出的是，儲安平作為一個自由主義知識份子，他的思想最主要的理論基礎當然毫無疑義的是自由主義的，而且是英國式自由主義的思想，即重實踐、重行動，輕理論與抽象的概念，正如他自己在一篇文章中所說：「我個人最傾心於力行，以為力量只有在行動中發生，而事物之成就，亦有賴於實行。」「我

們常有一個信念，即天下事全在人為，正因為天下事全在人為，所以行重於言，言後的最終還要行，還要靠『行』」。[10]因此，從自由主義思想出發，儲安平的編輯思想、民族主義思想、政治思想與中西比較觀等都帶有明顯的自由主義的特徵，即講究理性與進步，反對暴力、混亂與無序的狀態，這在現代中國思想史上理應佔有一席之地。

　　此外，本文還將論述的重要的一點就是，儘管儲安平當年所極力宣揚的自由主義理念與冀望未能在現代中國社會獲得成功，但並不能因此就可以輕易否定他在現代中國歷史上所應有的地位。我們既不能以「勝者為王、敗者為寇」的歷史觀來看待歷史，更不應陷入「歷史決定論」的陷阱，從而將豐富多彩與詭譎多變的歷史簡單化。

---

[10]　儲安平：〈事在人為・行重於言〉，《新評論》，第三卷第 5、6 期合刊，1941 年 3 月 5 日出版。

第一章　家世與生平

第一節　家世

　　宜興，周代稱荊邑，秦王政二十六年（西元前 221 年）設置陽羨縣，屬會稽郡，晉永嘉四年（310 年）設置義興郡，隋稱義興縣，宋太宗太平興國元年（976 年）因避諱，改曰宜興縣。元升宜興府，又改為宜興州。明復曰宜興縣。清屬常州府。現今人口 106.74 萬，面積 2039 平方公里。宜興地處江蘇南端與浙、皖二省交界，又是滬、寧、杭三角中心。東瀕太湖，西鄰溧陽，南交浙江長興，北接武進，西北、西南分別與金壇和安徽廣德毗連。[1]

　　宜興自古以來，物華天寶，人傑地靈。據統計，自唐代以來宜興在科舉考試中，計有進士 381 名，其中狀元 5 人，而儲氏族人就有 32 位進士。[2]

　　儲姓在宜興是望族，其遠祖為唐朝的儲光羲。據宜興豐義儲氏分支譜記載：「儲氏係出有虞，以官號曰儲子，見孟子書。」「儲

---

[1]　　許伯明主編：《吳文化概觀》，南京：南京師範大學出版社，1996 年版，第 257 頁。又載韓霞輝主編：《宜興縣誌》，上海，上海人民出版社。1990 年版，第 3 頁。

[2]　　韓霞輝主編：《宜興縣誌》，上海：上海人民出版社，1990 年版，第 938 頁。

氏兗州人也，唐進士監察御史諱光羲，相傳乾元間徙江南潤州，江南始有儲氏。宋南渡初，千十五公兄弟由潤州徙義興，卜居臧林，臧林儲氏自此始。閱二百餘年，千十五公苗裔茂才成軒公，元江西總管，昂霄公次子，由臧林徙豐義，長子孫焉，始徙在明洪永間。至萬曆我儉憲公建祠堂祀成軒公於初室，禮所稱別子為祖也。」[3]

宜興儲氏的先祖為唐朝的儲光羲，這點是沒有什麼疑問的。但儲光羲究竟是兗州人，然後遷居江南，還是世居潤州，這點在豐義儲氏分支譜上有比較矛盾的記載。據家譜所稱：唐藝文志謂其（指儲光羲）為兗州人，然而家譜上又說，據金壇縣誌及其詩考證，其應為延陵孝德鄉人，世居延陵莊城西村，官拜太常寺太祝。唐朝的延陵，宋朝的潤州即為今天的江蘇鎮江。可見由於年代久遠，宜興儲氏後人也不能確定他們先祖的確切情況。

雖然，宜興儲氏後人不能確定他們先祖的家世，但儲光羲為唐朝時的一個名人，這一點是可以肯定的。據家譜記載：「唐書《藝文志》中的《子》錄儲光羲正論十五卷，《集》錄七十卷，既入子類，又入集類，明公乃命世鴻才。」「儲公詩格高調逸，趣遠情深，削盡當言，挾風雅之跡，得浩然之氣。又曰：高處似陶淵明，平處似王摩喆。」其文則「言博理，當可謂經國之大才。」[4]可見對儲光羲的詩文評價還是非常高的，至今也還有儲光羲詩集留傳於世。

3　儲壽平等纂修：《豐義儲氏分支譜》，三十八卷，民國十年（1921 年）臚懽堂木活字本，二十四冊。

4　《豐義儲氏分支譜》，三十八卷，儲壽平等纂修，民國十年（1921 年）臚懽堂木活字本，二十四冊。

　　目前，關於儲光羲之前的家世已不甚清楚，只知儲光羲字軼，曾為太學生。唐制太學生的先人為三品或五品以上官員，據此我們可以斷定儲光羲的先人曾任三品或五品以上官員，出身官宦之家是可以肯定的。開元十四年，儲光羲登進士第，與王維齊名。曾任江南道採訪使、監察御史等職。配偶王氏，封恭人，其生卒俱缺，合葬莊城東村。雍正四年，墓重建。其子儲鍔，安史之亂時，曾謁李光弼於河東，分兵定河北，以功封雲陽侯，食邑萬戶，其妻李氏封恭人。

　　宋高宗南渡時，儲氏在莊城從儲光羲算起，已繁衍至十二代。由於當時兵戈擾攘，而莊城又地值通衢，騷擾尤俱。為了躲避戰禍，莊城儲氏除有一支繼續留在莊城外，其他各支開始遷居他處。其中遷往宜興臧林的為儲晏，儲安平即為其二十七代孫。仍居莊城的為儲景，遷往丹陽的為儲晨，遷往池州的為儲星，遷往六宅的為儲昺，遷往前儲巷的為儲昊，遷往金壇的為儲暠，遷往官村的為儲昌，遷往儒林的為儲昱，遷往後巷的為儲昂。

　　遷往宜興臧林的儲晏繁衍至八代時，臧林儲氏又開始向他處遷居，這次向外遷居的具體原因不明。遷往豐義的為儲洪，即儲氏子孫所稱之成軒公，又被稱為豐義一世，儲安平為其十九代孫。其他則散居在金沙、儒村、柚山、壩上以及江北泰州等處。儲氏家譜譜例八則曾記載道：「吾儲氏發源魯國，標望莊城，由莊城徙籍臧林，由臧林分支豐義，一線相承，灼然可考，所謂信以傳信也，其他散處江南諸郡邑以暨浙之錢塘、楚之靖州、滇之通海。」[5]從這裡我

---

[5]　《豐義儲氏分支譜》，三十八卷，儲壽平等纂修，民國十年（1921 年）臚權堂木活字本，二十四冊。

們可看出，一儲氏後人後來的散居地比較廣；二在儲氏究竟是發源北方，然後遷移江南，還是世居江南這一點上，儲氏後人比較傾向於前一種說法。

中國人自古以來就希望子孫後代能勤奮讀書，以光宗耀祖，顯耀鄉里。儲氏先人也不例外，他們希望在托處村落、毗連煙火、萬家湖光、晻曖之處，子孫後人能英賢輩出、蛟勝鷙騺、顯榮裏大。[6]而儲氏後人也沒有辜負其先祖的願望，在以後的歲月當中，出了不少好學之人。因此，在宜興豐義儲氏分支譜中就有多處文字很自豪的說起家族的好學之風，例如，「御史公以唐賢負詩名。」「（清）清源、井陘兩公以古文名家五鳳繼起，畫山、中子兩先生尤為世所推重，其文章特達官績昭顯者，惟宗丞公最著，以至今日文章之負名於天下者重。」「宜興儲氏以文章名天下，歷宋元明代有聞人至，本朝而分支豐義者稱絕盛。」以及「豐義之儲氏以文章名節其譜牒，所為文章又特勝。」[7]等。

中國的讀書人自古以來就有尚氣節之風，正所謂「士不可以不弘毅，任重而道遠」。在宜興豐義儲氏分支譜的序當中，有人就這麼寫道：「海內言文章者，必推宜興儲氏，儲氏豈徒以文章顯哉天下。」[8]其意也就是說儲氏族人不僅文章寫得好，也追求道德、人品的完善。而儲氏家譜說，其三世祖「性嗜學、尚氣節、持身涉世

6　《豐義儲氏分支譜》，三十八卷，儲壽平等纂修，民國十年（1921 年）臚懽堂木活字本，二十四冊。

7　《豐義儲氏分支譜》，三十八卷，儲壽平等纂修，民國十年（1921 年）臚懽堂木活字本，二十四冊。

8　《豐義儲氏分支譜》，三十八卷，儲壽平等纂修，民國十年（1921 年）臚懽堂木活字本，二十四冊。

胥守典禮。」[9]可見宜興儲氏不僅是家學之風有著深厚的底蘊，也不乏尚氣節之人。儲安平出身於這樣一個家族背景，自然也免不了受這種「嗜學、尚氣節」家風之影響。

豐義儲氏家譜曾說道：「宜興之有儲氏也，自南宋始也，豐義之有儲氏也，自明初始也。」[10]自儲光羲至儲安平為三十九代。其直系相傳為：

第一世	儲光熙
第二世	儲　鍔
第三世	儲　清
第四世	儲　柔
第五世	儲　隱
第六世	儲　灼
第七世	儲　張
第八世	儲　崇
第九世	儲　謹
第十世	儲　藻
第十一世	儲　序
第十二世	儲　晏
第十三世	儲　籌
第十四世	儲　儒
第十五世	儲文之
第十六世	儲時明
第十七世	儲文煥

---

[9]　《豐義儲氏分支譜》，三十八卷，儲壽平等纂修，民國十年（1921 年）臚懽堂木活字本，二十四冊。

[10]　《豐義儲氏分支譜》，三十八卷，儲壽平等纂修，民國十年（1921 年）臚懽堂木活字本，二十四冊。

第十八世	儲　剛
第十九世	儲原遠
第二十世	儲　洪
第二十一世	儲景庠
第二十二世	儲廷鈺
第二十三世	儲文用
第二十四世	儲邦美
第二十五世	儲惟濟
第二十六世	儲士魯
第二十七世	儲昌祚
第二十八世	儲懋端
第二十九世	儲福疇
第三十世	儲方慶
第三十一世	儲大文
第三十二世	儲知行
第三十三世	儲繼曾
第三十四世	儲　恪
第三十五世	儲　正
第三十六世	儲　沆
第三十七世	儲廷棻
第三十八世	儲林滋
第三十九世	儲安平

　　儲家為耕讀世家，其家譜上說：「儲故大族，自唐至明科甲不絕，以德行文學冠冕海內。」[11]據不完全統計，出過 32 位進士，其他有功名之人也不乏其數，由於年代久遠，恕不詳細列出。筆者僅列較近的幾位，以見其端。

---

[11]　《豐義儲氏分支譜》，三十八卷，儲壽平等纂修，民國十年（1921 年）臚懽堂木活字本，二十四冊。

儲安平的第二十七世祖副憲公，諱昌祚，字立寵，號肩宇，明萬曆壬午年（1582 年）舉人，己丑年（1589 年）進士。初任江西饒州府鄱陽縣知縣，浙江道監察御史，福建建寧府浦城縣知縣，後升南京大理寺左評事，再升南京兵部車馬司主事等。生於明嘉靖己未年（1559 年），卒於明崇禎庚午年（1630 年），壽 72 歲。

第三十世祖清源公，諱方慶，字廣期，清康熙丙午年（1666 年）解元，丁未年（1667 年）第三名進士，殿試二甲。授山西清源縣知縣。有四子，即右文、大文、在文、郁文。

第三十一世祖儲大文，字六雅，自號樊桐逸士，人稱畫山先生，清康熙甲午年（1714 年）順天舉人，辛丑年（1721 年）會元，殿試二甲，授翰林院庶起士，曾修晉志，主講揚州安定書院，著有存研樓文集。生於康熙乙巳年（1665 年），卒於乾隆癸亥年（1743 年），壽 79 歲。

第三十二世祖儲知行，字仍叔，號性安，太學生。生於康熙己卯年（1699 年），卒於乾隆己丑年（1769 年），壽 71 歲。著有存餘詩章。

第三十五世祖儲正，字厚孚，號沅江，由附生，嘉慶庚午年（1810 年）第二名舉人，為儲安平玄祖，生於乾隆己丑年（1769 年），卒於道光甲午年（1834 年），壽 66 歲，其妻徐氏，為儲安平玄祖母。有四子，分別為：沆、浚、潮、潞。

第三十六世祖儲沆，字君初，一字涑泉，附貢生。為儲安平曾祖父，生於嘉慶乙丑年（1805 年），卒於光緒壬午年（1882 年），壽 78 歲，其妻馬氏，壽 60 歲，為儲安平之曾祖母。有一子，名儲廷棻，為儲安平之祖父。

　　儲安平的祖父儲廷棻，字柏如，由郡廩生中式同治庚午年（1870年）舉人，辛未年（1871年）考取覺羅教習，光緒丁丑年（1877年）揀選知縣，庚辰年（1880年）大挑一等分發湖北。生於道光庚寅年八月十二日（1830年9月28日），卒於光緒庚寅年五月二十八日（1890年7月14日），壽60歲。儲柏如娶了兩位太太，正室潘氏為宜興潘氏族人，其家族後人當中出了著名的潘漢年、潘梓年、潘序倫等人。生於道光丙戌年（1826年），卒於光緒己丑年（1889年）。生有二子三女，一子儲仕奎，十一歲殤，另一子儲仲奎，過繼給本家族人。側室顧氏，為儲安平之親祖母，生於咸豐辛亥年（1851年），卒於1923年，葬於宜興太華山。儲安平自幼喪母，童年時備受祖母顧氏的疼愛，感情極深，大約在1958年，儲安平最後一次回家鄉，還專門為其掃墓。[12]顧氏生有三子二女，長女嫁給貢生徐邦定之子，為光緒壬寅年舉人。次女嫁給任邦翰之子任恩培。三子為：儲南強、儲炳元、儲林滋。

　　儲南強（1876-1959），儲安平大伯父。原名蔭森，學名鳳岑，字鑄農，又名青綰，別號簡翁。幼年天資聰慧，光緒十九年（1893年）赴江陰南菁書院求學，該院當時為江南最高學府，同學中有黃炎培等人。光緒二十四年（1898年）由廩生拔為貢生。光緒三十一年（1905年）廢科舉、興學校，宜荊兩縣（即今宜興）設學務公所，他任總幹事，不久學務公所改組為勸學所，又被公推為總董兼視學，得到各地鄉紳資助，陸續在各區辦起第一批小學堂。民國元年（1912年）被選舉為宜興縣民政長，積極組織民眾，迎接革

---

[12] 筆者與儲安平堂妹儲煙水女士的談話，2002年7月。

命，召開光復大會，整隊遊行，盛況空前。他還大力宣傳剪辮，婦女不纏足，興辦學堂。民國 2 年（1913 年）和民國 3 年（1914 年）應著名實業家張謇之邀，兩任南通知縣，時間雖不長，但政績卓著，當地百姓在狼山上立碑紀念他的功績。離任後赴上海南洋公學（今上海交通大學）任教。不久，應家鄉父老敦請，辭去教職，返回宜興，從事地方建設，主要為劃分鄉鎮、測繪地圖、疏浚河道等工作。還分別在 1912 年、1918 年和 1921 年 3 次被選為江蘇省議會議員，並任農商部秘書等職。妻為溧陽徐氏。

　　1925 年，儲南強脫離仕途，變賣田產，親自繪圖設計，開始整修宜興的善卷、張公兩洞，開闢宜興風景區，發展旅遊事業。1934 年 11 月，兩洞正式開放，遊人無不讚歎。美國人費培德博士誇讚他是「東方未入學校的工程師」。兩洞至今也是宜興最主要的風景點。1937 年，抗日戰爭爆發，不久宜興淪陷，儲南強避居鄉間，與地方愛國志士發動當地民眾，組織自衛武裝，防止匪盜趁火打劫，維護地方安寧。儲南強的生活習慣與常人有別，穿著樸素，生活簡單，故號簡翁。喜談佛學，與和尚、居士來往甚多。也喜愛詩詞，是宜興「白雪詞社」的成員，詩作頗豐。1959 年 9 月 28 日，儲南強因病逝世，終年 83 歲，墓葬善卷洞後山坡上。黃炎培先生曾賦詩紀念：「匆匆西氿一握緣，輝煌祖國十周年；後起子弟多英彥，行矣先生且穩眠」。[13]

---

[13]　《宜興人物志》中冊，江蘇省政協文史資料委員會，宜興市政協文史資料委員會編：《江蘇文史資料》編輯部 1997 年版，第 35～36 頁。

　　由於儲安平父母去世的早，在以後的成長歲月中，儲安平曾多次得到伯父儲南強的幫助和支持。讀小學和中學都是伯父出錢，去英國留學，也是伯父為他在江蘇省教育廳申請了 2000 元官費資助。因此，儲安平一生都對這個伯父心存感激並充滿敬重之情。據儲安平的女兒回憶，儲安平床前一直掛著他伯父的畫像。據說國民黨元老吳稚暉遊覽善卷洞時，看見儲安平智慧出眾，曾大為誇獎。[14]

　　儲炳元，儲安平二伯父，字笛梅，生於光緒庚辰年正月十一日（1880 年 2 月 20 日），卒於民國八年七月二十五日（1919 年 8 月 20 日），娶妻崔氏，崔氏曾祖為咸豐己未年（1859 年）進士，曾任山東黃縣知縣，有一子，字省甫，生於光緒壬寅年四月十四日（1902 年 5 月 21 日）。1949 年後，曾在飯堂工作，不久病逝。儲安平祖母顧氏臨終之前，曾將儲安平託付給他的二伯母崔氏照顧，並留下了一點房產給儲安平。[15]

　　儲林滋，儲安平父親，字滌之，生於光緒丙戌年三月二十日（1886 年 4 月 23 日），卒於 1923 年。儲林滋曾娶了三位夫人，第一位朱氏，生於光緒丙戌年正月二十一日（1886 年 2 月 24 日），卒於光緒辛丑年二月十三日（1901 年 4 月 1 日），未過門就已死。第二位潘氏，儲安平生母，潘氏祖父為道光癸卯年（1843 年）亞魁，曾任溧陽、青浦等縣教諭，父為候選直州判恩貢生。生於光緒乙酉年五月十三日（1885 年 6 月 25 日），卒於宣統己酉年六月初六日（1909 年 7 月 22 日）。儲安平則生於宣統己酉年六月初一日

---

[14]　參見謝泳：《儲安平與〈觀察〉》，北京：中國社會出版社，2005 年版，第 2 頁。
[15]　筆者與儲安平堂妹儲煙水女士的談話，2002 年 7 月。

（1909 年 7 月 17 日），也就是說，儲安平生下來六天之後，他的母親就去世了。

儲安平在光華大學讀書期間，曾在《真善美》雜誌上，發表過一篇文章以紀念他的母親，他說：「我生下來了六天，我的母親就死了。還只有六天生命的小生物的我，所給予我母親的印象，就像白煙一般的淡吧！但母親所給予我的印象更渺茫。⋯⋯母愛是人性間至上的一種愛，然而像那樣至上至深的一種愛，在我一生，是始終如夢一般的永是虛幻的事了！每次，我的思潮一濺上了舊事之記憶，我便會分外地懷念到我的母親；而每當懷念到我的母親時，我便更會感到一種恐懼，一種來日方長的恐懼！」[16]在這裡，儲安平充分表達了他對母親的深切懷念和對未來的憂懼。

生母的早逝，家計的艱難，使儲安平養成了能吃苦愛節儉的品質，也鍛煉了他較強的辦事能力。葉聖陶曾記載了儲安平請客的情景和主編《觀察》時的風格，「儲安平請客單印有三事，別開生面：一、客不多邀，以五六人為度。二、菜不多備，以夠吃為度。三、備煙不備酒。曾參觀其設友工作情形，十數人將新出版之雜誌插入封套，預備投郵。其出版日為星期六，而今日星期三已印就，訂閱者於星期五即可收到。又以紙板分寄臺灣、北平等地，因而該兩地與上海附近同樣，可與星期五閱讀。此君作事有效率，可佩。」[17]

---

[16] 謝泳編：《儲安平：一條河流般的憂鬱》，北京：中國青年出版社，1999 年版，第 62～65 頁。又載張新穎編：《儲安平文集》（上），上海：東方出版中心，1998 年版，第 169～173 頁。

[17] 《新文學史料》，1988 年第 3 期，第 167 頁。

　　儲安平的生母去世之後，他的父親又娶了第三位夫人，也就是儲安平的繼母，姓惲，常州人。生有一女，名字現已不詳，1916年生，嫁給當地一農戶人家，已去世多年。而儲安平的繼母，惲夫人1943年左右在善卷洞死於日本人的刺刀之下。當時的情況是日本人下鄉掃蕩，儲家其他人都四處躲避，惟惲夫人不肯躲藏，並說她在常州見過日本人，並不懼怕，結果不幸遇難。[18]

　　儲安平的大伯父為儲南強，生有兩子三女，長子儲勉甫，生於清光緒庚子年閏八月二十二日（1900年10月25日），妻為俞曼華。次子儲通甫，生於民國四年二月十一日（1915年3月26日），早逝，未有子嗣。長女嫁給當時的江蘇第九師第十八旅三十六團一營營長顧良臣之子，北洋陸軍軍官學校畢業生，曾任大總統府翊衛處書記官。次女殤。三女儲能子，又名儲煙水，1916年生，中年時，曾有一短暫婚姻。據她本人說，她父親儲南強臨終之前，把她託付給自己的一位朋友，姓唐，比她大二十幾歲，宜興人，時在南京工作。由於年齡相差懸殊，雙方瞭解不多，文革發生後，彼此失去聯繫。她還對筆者說道：她父親50歲以後叫簡翁，她年輕時，家裡生活非常艱苦，搞不到錢，僅靠她父親的朋友接濟，而她父親儲南強先生喜歡吃山芋，因為吃飯比較麻煩，要燒菜。這一點與前面所敘之文字材料比較一致，較為可信。而她自己讀書不多，1949年後，進當地農業站，每天出工，1953年，當上村人民代表，負責掃盲等工作。1957年管理善卷、張公兩洞。1959年，儲南強死後，宜興縣政府要她到縣城工作，母親

---

[18] 筆者與儲安平堂妹儲煙水女士的談話，2002年7月。

徐氏不同意,但最後還是無奈為之。開始時,一個人管理文物整理室,1962年左右合併到縣文化館工作。1973年退休。八〇年代,照顧其大哥儲勉甫的生活。1997年,進宜興老年公寓,由於膝下無子女,晚景頗顯淒涼。[19]

　　儲安平的堂兄儲勉甫,生有六子三女。長子儲傳厚,抗戰期間,受家人之託赴廣西桂林尋找其堂叔儲安平,未果。遇見宜興同鄉,時在《大公報》工作的徐鑄成,徐安排他擔任《大公報》記者,前往戰地採訪,不久即失蹤。儲安平後來得知此事後,曾多方尋找這個侄兒,未有任何結果,估計早已遭遇不測。次子儲傳能,現居宜興。三子儲傳亨,現居北京。四子儲傳英,莫斯科大學博士,現居湖北三峽。五子儲傳高,現居北京。六子儲傳福,現居內蒙呼和浩特。長女儲平,現居宜興。次女儲明,曾參加抗美援朝,現居安徽合肥。三女儲全,原在浙江大學任教,已死。[20]

　　1957年,儲安平在北京被打成右派。不久,他在家鄉宜興的侄兒儲傳能及妻子陸肖梅也被打成右派,時間是1958年3月。儲傳能被打成右派的理由是:一、污蔑和攻擊黨的領導及各項政策;二、反對民主集中制;三、污蔑蘇聯,破壞國際團結;四、支持並宣傳右派言論,反對黨對右派分子的駁斥。他認為右派分子儲安平「黨天下」的謬論是「事實」,當「工人說話了」及薄一波同志的報告發表後,儲把報紙一摔,說「收了」「收了」,「共產黨的氣量太小了」,又和右派分子一呼一應說「外行不能領導內行」。

---

[19] 筆者與儲安平堂妹儲煙水女士的談話,2002年7月。
[20] 筆者與儲安平堂侄儲傳能先生的談話,2002年9月。

結果，他被送往江蘇濱海縣東直農場接受改造。但他比其堂叔儲安平的命運要好的多，1961 年 10 月摘掉右派分子帽子，不久回到家鄉。

儲傳能的妻子陸肖梅被打成右派的理由是：一、贊同右派言論，反對黨的領導。她認為「黨天下問題，各單位都要個黨員做頭兒。黨員一發展就提拔是事實，沒有民主黨派做總理，黨是理虧的。」她說：「成績是主要的，缺點是難免的，這是教條主義，我認為是對的。」二、以「右派是少數，右派出身的人是資產階級知識份子，在知識份子中也是少數，秀才造反三年不成。」等謬論來反對把反右派鬥爭看成是關係國家人民的生死存亡之問題。與其丈夫不同，陸肖梅沒有被送往其他地方，只是在宜興接受改造。儲傳能夫婦的右派問題在 1979 年 3 月被正式改正，結論都是：「不屬右派分子言論。」時間都從 1978 年 10 月份算起。兩人一生大部分都在學校教書，也都已從教學崗位退休。[21]

儲安平 1928 年從光華大學附屬中學畢業後，直接考入光華大學文學院政法系。他的第一位妻子叫端木新民，又叫端木露西，江蘇吳縣人，1930 年進入光華大學學習，具體情況不詳。[22]儲安平和端木新民生有四位子女，長子儲望英，現居上海。次子儲望德，女兒儲望瑞，現都居住在北京。幼子儲望華，現居澳大利亞，曾作過一首交響曲《秋之泣》以紀念他們至今下落不明的父親。儲安平的

---

[21] 見宜興市教育委員會所藏人事檔案。

[22] 關於端木新民情況的最新研究，可參見周蕾：〈端木露西的女性主義思想〉，載《紀念儲安平先生誕辰一百周年學術討論會論文集》，廈門大學人文學院中文系，2009 年 7 月。

堂侄儲傳能先生曾對筆者說道，儲安平四位子女的名字是有一定含義的，其長子出生時，儲安平即將前往英國留學，故取名望英。次子出生時，儲安平作為《中央日報》的特派記者前往的德國，採訪柏林奧運會，故取名望德。女兒出生時，儲安平將前往瑞士旅遊，故取名望瑞。幼子出生時，儲安平希望能早日回國報效，故取名望華。這也充分表現了儲安平的愛國之心。[23]

第二節　生平

儲安平 1909 年 7 月 17 日出生於江蘇宜興，幼年初讀於宜興北門關帝廟小學，繼入南京正誼中學，後入上海光華大學附中。儲安平在光華大學附中的時間為 1925 年至 1928 年，年級為壬申級。當時光華附中設有文、理、商科，儲安平就讀的是文科。在 1928 年出版的第三期《光華年刊》上，刊有壬申級班委會（當時稱為級會）名單，儲安平在文牘部，與他同在文牘部的是於在春，江蘇儀徵人，文科。主席是潘炳鱗，安徽涇縣人，文科。副主席是黃觀仲，廣東中山人，商科。會計部是毛壽恒，浙江杭縣人，文科，徐承烈，江蘇昆山人，理科。編輯部是趙家璧，江蘇松江人，文科，孫鎮方，安徽壽州人，文科。交際部是何俊昌，江蘇吳縣人，理科，張華聯，

---

[23] 筆者與儲安平堂侄儲傳能先生的談話，2002 年 9 月。

浙江鄞縣人，文科。遊藝部是朱宗伯，上海人，文科。以及庶務部
與體育部的一些同學。[24]

　　光華大學在當時為一所著名大學，其師資力量自不必多說，就
是光華附中的師資力量也是比較強的。當時光華附中的中學主任是
廖世承，美國勃朗大學博士；教育學教員潘衡，東南大學文學士；
國文教員張枕蓉，江蘇省立第三師範畢業；國文教員洪北平，南京
高等師範國文專修科畢業；英文教員蘇福應，聖約翰大學文學士；
英文教員董小培，光華大學文學士；英文教員周耀，光華大學文學
士；英文教員吳遐齡，光華大學文學士；公民及社會學教員潘序祖，
光華大學文學士；史地教員施復昌，光華大學文學士；歷史及哲學
教員姚璋，光華大學文學士。正是這些教員與他們所授的課程，為
少年時期儲安平的成長打下了堅實的基礎。這一點，不應否認。

　　在壬申級即將高中畢業之際，曾由文牘部起草了一份宣言書，
從這份文章的行文風格與內容來看，很有可能是儲安平所寫，至少
儲安平是有可能參與了這篇文章的撰稿與潤色的，因為當時他就在
文牘部工作。這篇文章充分展現了當時儲安平及其同學的精神面貌
與對未來的期望和抱負。文章寫道：

> 壬申級似乎沒有什麼特點，但是它有一個強有力的級會，在
> 那個級會裡面，通過了幾條可紀念的議決案：一、發起上海
> 各中學壬申級運動會；二、大規模的做學術運動，組織壬申
> 學會；領袖高中二年以下各級中學學生會的獨立。它有那寶
> 貴的精神，那是先知先覺的，那是肯服從真理的，那是富於

---

[24] 《光華年刊》，第三期，1928 年。

奮鬥性的，同時又有力量來完成他們的企求的，那是能自治的，那是互動的，那是不忘記創造也不忘記破壞的，那是從來沒有放棄過他們的責分的。它有天才的級友，看，在文學的創作方面，在學問的修養和探求方面，在藝術的追尋方面，在服務方面，在運動方面，在革命的工作方面，以及那些想不到，數不清的方面和方面，都有天才的級友們，在努力，在努力，在努力。

到這個夏天呀！生命給我們這一個小群（壬申級）一個動盪，朋友們，去，去會晤你們的榮譽吧！[25]

不僅如此，儲安平還積極參與宜興同學會的活動，當時光華大學部在霞飛路，中學部在新西區，相距不遠，「同鄉每月歡聚一次，抵掌而談，怡怡如也。」[26]後來，光華大學部遷往大西路，由於交通不便，同鄉之間交往比較困難，聯繫漸少。1927 年秋，儲安平提議重新組織宜興同學會，得到了各同鄉的一致贊成，於是宜興同學會得以成立。

從上述事例不難看出，少年時期的儲安平性格還是比較活躍的，其組織能力和活動能力都非常強，這對日後他事業的發展有一定的幫助。

1928 年夏，儲安平進入光華大學文學院政法系。[27]當時的光華大學是一所自由空氣很濃的學校，它的校長是張壽鏞先生，文學院院長

25　《光華年刊》，第三期，1928 年。
26　《光華年刊》，第三期，1928 年。
27　目前對儲安平在光華大學究竟就讀何系有三種說法，一為新聞系，一為英

是張東蓀，中國文學系系主任是錢基博，政治學系系主任是羅隆基，教育系系主任是廖世承，社會學系系主任是潘光旦，其他教授有胡適、徐志摩，吳梅、盧前、蔣維喬、黃任之、江問漁、呂思勉、王造時、彭文應等。可以這麼說，二、三〇年代中國活躍的自由主義知識份子的幾個主要人物一時都集中在了光華大學，儲安平的大學生活就是在這樣的環境中開始的，他後來成為胡適之後一位著名的自由主義知識份子的代表，與他早年在光華大學的經歷是分不開的。[28]

也就在光華大學，儲安平遇到了他後來的第一位妻子端木新民，是一位富家小姐，英文名字叫 Lusy，儲安平一生都這樣稱呼她，即使在他們離異之後。初交時，儲安平以一個情竇初開少男的特有心態給 Lusy 寫情書，這些肯定充滿愛意的妙文現在我們已無法見到。當時，Lusy 妹妹們對這些情書的評語是：「跟這樣的人做朋友，看看信也是幸福的」。可見這些文字是多麼充滿柔情蜜意。

國文學系，一為政治系。分別載於戴晴：《儲安平·王實味·梁漱溟》，南京：江蘇文藝出版社，1989 年版，第 132 頁；趙家璧：〈和靳以在一起的日子〉，《新文學史料》1988 年第 2 期，第 111 頁；陳子善：〈「新月派」的後起之秀〉，載謝泳，程巢父主編：《追尋儲安平》，廣州：廣州出版社，1998 年版，第 19 頁。筆者在華東師範大學檔案館實地調查時，檔案館人員告訴筆者當時光華大學只有政法系，儲安平即為該系學生。由於當時檔案館不允許筆者親自查看史料，姑暫且採用該校檔案館人員的說話。最近臺灣學者秦賢次先生的研究成果認為儲安平 1928 年 9 月入光華大學讀的是政治社會學系，1932 年 6 月自政治系畢業。詳細情況請參見秦賢次：〈儲安平及其同時代的光華文人〉，載《紀念儲安平先生誕辰一百周年學術討論會論文集》，廈門大學人文學院中文系，2009 年 7 月。

[28] 謝泳編：《儲安平：一條河流般的憂鬱》，北京：中國青年出版社，1998 年版，第 4 頁。

在看到她手中儲安平的照片時，她們則驚呼：「阿姊，梅蘭芳送妳照片呀！」[29]

1932 年 6 月，儲安平從光華大學政治系畢業，9 月插班考入南京中央大學社會系四年級，一年後畢業。[30]1934 年，儲安平和端木新民成婚，盡情享受生活的甜蜜。不久，國民黨《中央日報》聘請儲安平編文藝副刊，薪水很優厚，於是他租了一所高級住宅，生活美滿。[31]

1933 年夏從南京中央大學社會系畢業後，儲安平加入了國民黨的《中央日報》，從這時開始直到 1936 年赴歐之前，儲安平在中央日報社先後編輯了《中央公園》、《中央日報副刊》、《文學週刊》三種副刊。在這些刊物中，儲安平發表了大量的文字，突出體現了他對言論的經營與知識份子公共論壇的設計。[32]

---

[29] 戴晴：《儲安平‧王實味‧梁漱溟》，南京：江蘇文藝出版社，1989 年版，第 135 頁。

[30] 秦賢次先生的最新研究成果指出儲安平 1932 年 6 月自光華大學政治系畢業後，於同年 9 月插班考入南京中央大學社會系四年級，一年後畢業。參見秦賢次：〈儲安平及其同時代的光華文人〉，載《紀念儲安平先生誕辰一百周年學術討論會論文集》，廈門大學人文學院中文系，2009 年 7 月。

[31] 李偉：〈神龍見首不見尾的儲安平〉，《文史春秋》2001 年第 2 期。目前關於儲安平結婚的具體時間有三種不同說法，具體可參見周蕾：〈端木露西的女性主義思想〉，載《紀念儲安平先生誕辰一百周年學術討論會論文集》，廈門大學人文學院中文系，2009 年 7 月。

[32] 關於儲安平與《中央日報》副刊的關係，以及此一時期儲氏思想、政治態度，可以參見趙麗華：〈「國家觀念」與知識階級「臺柱觀──儲安平與《中央日報》副刊〉，載《紀念儲安平先生誕辰一百周年學術討論會論文集》，廈門大學人文學院中文系，2009 年 7 月。

　　儲安平後來還主編過一本文學月刊，即《文學時代》。它創刊於 1935 年 11 月 10 日，由上海時代圖書公司印刷發行。《文學時代》創刊號沒有發表發刊詞，但我們可以從儲安平寫的〈編輯後記〉裡多少看出編者的辦刊宗旨、指導思想和編輯方針。他說：「我們想出一個文藝刊物的理由十分簡單，無非想借此使自己在寫作上加上一根鞭策的繩索。」「我們並沒有這種企圖，想使讀者從這一個刊物裡看到有任何一種集體的流動──不管是感情的或者是理性的。我們都尊重思想上的自由。我們容許每一個在本刊上寫稿的人，有他自己在文藝上的立場與見解，除了對文藝的本身忠實的這一點之外，我們沒有更大的苛求。」從這裡，我們或多或少可以看出日後儲安平主編自由主義的刊物──《觀察》，決不是偶然的。《文學時代》的作者有老舍、王統照、郁達夫、田漢、宗白華、梁宗岱、季羨林、余上沅、袁昌英、趙家璧等人，聯繫還是比較廣泛的，但由於刊物作品所反映的生活天地比較狹小，所能聯繫的讀者也自然就比較有限。第二年，因儲安平要赴英留學，《文學時代》隨即停刊。[33]

　　1936 年，儲安平以《中央日報》特派記者身份，前往德國柏林採訪第十一屆奧林匹克運動會。接著入英國倫敦大學政治經濟學院深造，師從著名的拉斯基教授。[34]

---

[33] 薑德明：〈儲安平編《文學時代》〉，載謝泳、程巢父主編：《追尋儲安平》，廣州：廣州出版社，1998 年版，第 14～18 頁。

[34] 關於儲安平赴英留學的具體時間，目前有兩種說法。一為 1935 年，二是 1936 年，從目前的材料來看筆者傾向於後一種說法。

　　拉斯基（1893-1950 年），英國籍猶太人，年輕時以叛逆著稱，一生興趣廣泛，著作等身。社會民主主義和政治多元主義的主要思想代表，「費邊」社的重要成員之一。1893 年 6 月 30 日生於曼徹斯特一個猶太富商家庭，卒於 1950 年 3 月 24 日。1914 年畢業於牛津大學，後赴加拿大麥吉爾大學和美國哈佛大學任教，1920 年回國。1926 年起在倫敦大學政治經濟學院教授政治學。他回國後以極大的熱情從事政治活動，為工黨競選奔走。三〇年代，他參加了工黨左派激進分子的「左翼書社」。從 1937 年起擔任工黨全國執行委員會委員，1945 年當選為該委員會主席，1949 年退出。拉斯基的理論工作與政治活動緊密結合在一起，他總是根據現實政治的發展變化修改他的政治理論，因此他的理論具有多變性的特點。二十世紀二、三〇年代，拉斯基在西方社會與學術界曾產生廣泛的影響，在東方國家也擁有眾多門生與信徒。[35]

　　儲安平在光華大學的老師羅隆基與王造時，1925 年在美國威斯康星大學獲得碩士學位後，就曾繼續赴英國，跟隨拉斯基學習。拉斯基對儲安平的影響是肯定的，拉斯基關於人權的著名論點「人權不是法律的產物，是先法律而存在的東西，是法律最後的目的。國家的優劣程度，就以他保障人權成功失敗的程度為標準」等，自然對儲安平影響較深，使他產生對英國政治制度研究的興趣，從而在一定程度上確定了儲安平的思想走向。我們後面在分析儲安平思想的形成與特點時，就將明白這一點。而且兩人關係也應該是一直比較密切的，儲安

---

[35] 關於拉斯基的具體情況，可參見〔英〕金斯利‧馬丁：《拉斯基評傳》，奚博銓譯，北京：商務印書館，1995 年版。

平後來主編《觀察》，拉斯基就曾在《觀察》上多次發表文章闡明他對中國問題的看法與觀點，於此可見兩人關係於一斑。

　　儲安平在英國留學期間的生活是非常艱苦的，有兩個材料可以作為佐證：一是他自己在《英國采風錄》中所說，「當著者在愛丁堡時，雖不敢自謂中國最窮苦的留學生，但至少可以列入第一等的窮留學生名單中。自己燒飯，自己洗衣，每月食宿零用，僅費四鎊，合之當時國幣約為 65 元左右。惟腳爪固無甚營養價值，故久吃之後，健康不支。著者以前不吃乾酪，以其異味難受，至此乃接受房東太太之勸告，勉強日進乾酪少許，嗣後則竟有不能一日無此君之慨。」[36]二是他在 1957 年反右運動中交代的與羅隆基之間關係的一段材料，他說：「大約在 1937 年春天，那時我正在倫敦讀書，羅隆基擔任北京晨報的社長（在宋哲元時代），他託人要我給北京晨報寫歐洲通訊。我是積了三年稿費才到英國讀書的。我在英國讀書的時候很苦，所以願意寫稿子，得些稿費來支持自己的讀書。當時我給北京晨報寫了四、五篇通訊，但是始終沒有收到羅隆基的覆信，也沒有收到一分稿費。在當時我那樣困苦的情況下，羅先生這樣做人，是傷害了我的感情的。但這件事，我出來沒有提過。這是我後來同羅隆基不大來往的一個原因。」[37]從儲安平為人處事與思想的一貫風格來看，如果當時的生活不是極其的艱苦，他是不會如此的怪罪羅隆基的，看來儲安平當時在英國的生活確實是苦不堪言。

---

[36] 張新穎編：《儲安平文集》（上），上海：東方出版中心，1998 年版，第 396 頁。
[37] 戴晴：《儲安平‧王實味‧梁漱溟》，南京：江蘇文藝出版社，1989 年版，第 138 頁。

1939 年，儲安平回國。此時，抗戰已全面爆發，儲安平剛一回國，即有《大公報》聘請他為主筆，經過一番考慮，他還是選擇回到了《中央日報》，任主筆兼國際版編輯。據說，這一時期，儲安平在事業與家庭兩方面都不太愉快。《中央日報》主筆是要奉命寫作的，這與他一貫的主張是相抵觸的，而他的頂頭上司程滄波也對他漂亮的妻子有垂涎之意，這令他無法忍受。後來，儲安平經國民黨宣傳部長張道藩介紹，到中央政治學校任研究員。一年之後，這研究員的差事也做不下去了，因為如果要續聘，必須同時接下兩份聘書，一為研究員，另一份是一紙國民黨特別黨員的入黨志願書。儲安平顯然不會接受，於是他拒絕了。[38]

大約在 1940 年，儲安平到了湖南，任教於藍田國立師範學院。藍田是原安化縣山區一個小盆地，是個理想的辦學位址。師院辦在藍田，習慣上稱為「藍田師院」。抗戰時期的藍田，就有「小南京」之稱，這所有影響的以培養適應戰時人才為目的的高等學府在藍田的崛起，更是為山城增添了一道亮麗的景觀。藍田師院辦學經費有保障，主要是由國民政府財政部撥給，所以能聘請一批一流的教授任教。在這裡聚集的全國知名教授先後就有 87 位之多，如錢基博與錢鍾書父子與高覺敷、鄒文海、李達等等，紛紛不遠千里來師院執教。[39]

當時在藍田國立師範學院負責的是他在光華時期的老師廖世承，還有不少他在光華的同學在這裡任教。1940 年 11 月，儲安平

---

[38] 戴晴：《儲安平・王實味・梁漱溟》，南京：江蘇文藝出版社，1989 年版，第 138～139 頁。

[39] 周達材：〈儲安平的命運〉，《文史天地》2007 年第 1 期。

應聘為國立師範學院公民訓育學系教授。公民訓育學系，簡稱公訓系，相當於政治學系和教育系的結合。儲安平教的是政治學。當時，國立師範學院實行導師制，儲安平為導師之一。在藍田，儲安平和妻子端木露西還開辦了一家出版社，名叫袖珍書店。1943 年 5 月，儲安平主編《袖珍綜合文庫》叢書出版。該叢書收有著名學者錢基博、陳之邁等人的作品。《袖珍綜合文庫》為五十開的薄本子，土紙印刷，但別致得很，售價之廉，一本大約等於一碗陽春麵。[40]

這一時期，也是儲安平一生在寫作上較有收穫的時期。他的幾部重要作品，如《英國采風錄》、《英人‧法人‧中國人》、《英國與印度》都在這一期間完成。同時他在藍田師範學院講授英國史和世界政治概論，還兼授「社會科學」等課，只要哪門課程沒老師上課，系主任袁哲就說：「還不趕快去請儲老師。」[41]那時每逢周會，教授們都要輪流演講，輪到儲安平時，「連走廊都坐得滿滿的，中間不曉得要拍多少次掌」。[42]在國立師範學院期間，儲安平和許多知名教授也結下了友誼，這些人後來有不少成了《客觀》和《觀察》雜誌的撰稿人，比如錢鍾書、高覺敷、鄒文海等。[43]

就在湘西期間，儲安平的妻子端木露西在《新評論》二卷三期上發表了一篇題目為〈村情斷簡〉的文章，這也是目前可見的端木露西僅存的少數文章之一。在這篇文章中，端木露西描繪了

---

[40] 王雨霖：〈儲安平在國立師範學院〉，《書屋》2006 年第 12 期。

[41] 周達材：〈儲安平的命運〉，《文史天地》2007 年第 1 期。

[42] 謝泳編：《儲安平：一條河流般的憂鬱》，北京：中國青年出版社，1999 年版，第 10 頁。又載戴晴：《儲安平‧王實味‧梁漱溟》，南京：江蘇文藝出版社，1989 年版，第 139 頁。

[43] 謝泳：《儲安平與〈觀察〉》，北京：中國社會出版社，2005 年版，第 15 頁。

田野生活的溫馨與優美，對農民生活的同情與理解，並表達了她
對生活的樂觀與憧憬。她在描寫田野生活時，寫道：「那是一片無
垠的新綠的稻田，像是天賜予地的一張綿軟的絲絨地毯，這中間
點綴著一葉一葉茁實而且茂密的樹枝。廣闊的田野的盡頭，模糊
的彎山起伏著，是天地嵌鑲上的邊緣。這些稻田，姿態秀麗地在
驕傲的微笑中迎送著一些過路的人」。又借文中一位美國人之口，
說「太美了，太美了。我們美國人不知道有多少人是永遠見不到
日出和日落的」。在描寫農民時，她寫道：「都市裡的人遠離著莊
稼人的時候，也許會覺得這些鄉下人太骯髒，但是，一旦有機會
和他們交遊，你所得到的觀念恰巧相反，他們太可親切了。我們
的心門如為他們取下了閂，我們可以徒然瞭解人世間『真實』的
意義，而從內心裡迸出一種共鳴」。最後在文章的結尾，她又表達
了對生命的一種樂觀態度，她說：「請相信我，我並不憂傷。我必
能管住我的意識努力下去，因為我們有著一個大的目標而奮鬥的
快樂！生命是無窮的，一個人靜止了另一個人又復活，這戰勝的
鬥爭必須等待它的成功！」[44]然而，不久之後，端木露西還是離
儲安平而去。

　　由於戰事，1944 年春夏，國立師範學院遷至湖南淑浦，儲安
平隨往，十月開學復課。儲安平何時離開國立師範學院，還沒有找
到文獻記載。[45]

[44] 端木露西：〈村情斷簡〉，《新評論》第二卷第三期，1940 年 9 月 25 日出版。
[45] 王雨霖：〈儲安平在國立師範學院〉，《書屋》2006 年第 12 期。周達材認為
　　儲安平是 1940 年 8 月來藍田，1944 年 9 月離開，參見周達材：〈儲安平的
　　命運〉，《文史天地》2007 年第 1 期。

1940 年，儲安平在重慶中央政治學校做研究員時，曾參加過一個名叫「渝社」的組織，它是由當時中央政治學校的一批教授發起組織的，為首的是周子亞教授，後來成為《觀察》的撰稿人之一，其他人有沈昌煥、黃堯和陳紀瀅等。這是個學術性的組織，因此只重清談，而沒有大量吸收社員。「渝社」的成員曾以「未來中國的前途」為題進行過兩次討論，當時他們對國共兩黨都有很清晰的評價。[46]渝社最初有一、二十人，後來只有六、七人，由於渝社是個學術性團體，因此成員之間只重傾談，並沒有大量吸收社員。陳紀瀅後來對當時的儲安平有如此回憶：「曾留英，人非常聰明能幹，而且頭腦清晰。」[47]

渝社成員在重慶，還曾創辦過一個名叫《新評論》的刊物，這個刊物於 1940 年 1 月在重慶創刊，1945 年 10 月停刊。其發刊詞——〈強國的開端〉，即出之儲安平之筆，在這一時間內，儲安平在刊物上還發表了其他幾篇文章，在很大程度上反映了他當時的思想狀況。

1945 年，在湖南晃縣有一位叫李宗理的人，是一位湖南大學的學生，一個偶然的機會做了幾年稅務局長，發了財，想投資辦報，他聽說儲安平能辦報，就用重金把當時還在藍田師範學院教書的儲安平聘來做主筆，這份報紙就是《中國晨報》。儲安平在這份報紙上發表了一些社論，對於這些社論，有人這麼評價：「安平的作品，

---

[46] 謝泳編：《儲安平：一條河流般的憂鬱》，北京：中國青年出版社，1999 年版，第 11 頁。

[47] 陳紀瀅：《三十年代作家直接印象記》，臺北：傳記文學出版社，1986 年版，第 102 頁。

通曉扎實，說理明晰，邏輯思維很強，但常有他自己獨特的見解，為他人所不及。」[48]但儲安平這在裡過得並不愉快，想離開湖南，回到重慶去創立一番屬於自己的事業，如主辦一份晚報。

那時的儲安平已與端木露西離婚，身邊還帶著一個三四歲大的孩子，生活比較艱苦。據當時和他同在《中國晨報》共事的馮英子先生回憶：「《中國晨報》的編輯部設在銅灣溪，而營業部則在辰溪的街上。從銅灣溪去辰溪，隔著一條辰水，辰水上沒有橋，靠小劃子擺渡，上坡下坡，上船下船，安平都背著他的孩子，父親而兼母親生活非常艱苦。有時我們覺得他很累，幫他背背孩子，他總含笑拒絕。我們發現他有一股堅忍之氣，有時也覺得他有一種涯岸自高的知識份子的傲氣。」[49]

後來，《中國晨報》要遷往漢口出版，儲安平則回到了重慶。這時抗戰已結束，儲安平在當年光華大學的同學張稚琴的支助下，主編《客觀》週刊，它的編輯有吳世昌、陳維稷、張德昌、錢清廉、聶紺弩，除了聶紺弩之外，其他人後來都成為《觀察》的撰稿人。二十世紀四〇年代晚期，中國有三家名為《客觀》的雜誌，分別是賈開基為代表人的《客觀》半月刊，凌維素為發行人兼主編的廣州《客觀》半月刊，張稚琴為發行人，儲安平為主編的重慶《客觀》週刊。《客觀》的重點在政論，批評國民黨的「腐化」和「腐爛」，受到重慶知識份子讀者的歡迎。儲安平認為知識份子應該在民主建國中有所作為。總體來看，儲安平在《客觀》

---

[48] 馮英子：〈回憶儲安平先生〉，載謝泳、程巢父主編：《追尋儲安平》，廣州：廣州出版社，1998 年版，第 8 頁。

[49] 馮英子：《風雨故人來》，濟南：山東畫報出版社，1998 年版，第 12 頁。

的政論主要是圍繞這幾個方面展開，一是評價國民黨；二是分析共產黨；三是對美國的態度，四是分析自由知識份子的作用，五是批評國共之間的內戰。

這份《客觀》週刊據儲安平自己後來認為，在一定程度上也可視為《觀察》的前身。不僅給《客觀》撰稿的許多人，後來成為了《觀察》的撰稿人，而且這從《客觀》雜誌的辦刊宗旨中更可以看出兩份刊物的淵源。在《客觀》第一期上，儲安平寫到：「我們認為這就是目前中國最需要的一個刊物。編輯部同人每週聚餐一次，討論每期的稿件支配，並傳達自己的及外來的文章，我並不承認我們彼此的看法、風度和趣味完全一致，我們也不要求彼此什麼都一致，我們所僅僅一致的只是我們的立場，以及思想和做事的態度。我們完全能夠對於一個問題作無保留的陳述，而服從多數人所同意的意見，其權仍在作者；其間絕不致引起『個人的情緒』問題。我並願在此鄭重申明：在《客觀》上所發表的文字，除了用本社同人的名義發表者外，沒有一篇可以被視為代表《客觀》或代表我們一群朋友『全體』的意見，每一篇文字都是獨立的，每一篇文字的文責，都是由各作者自負的。」[50]

儲安平在重慶期間，正值抗戰結束，全國人民希望和平，國共兩黨談判之際，許多民主黨派人士和無黨派人士也紛紛在為和平而奔走、斡旋於國共兩黨之間。這年冬天，儲安平與潘梓年、周谷城等十多位學術界名流，在重慶北碚復旦大學舉行座談會，要求國民黨履行《雙十協議》，停止內戰，反對獨裁，實行民主。

---

[50] 儲安平：〈我們的立場本社同人〉，《客觀》第一期。

儲安平對座談會所主張的「士的使命在於干政，而不一定要執政」，備加讚賞。[51]

1946 年，儲安平從重慶回到上海，並於同年 9 月創辦了一份著名的自由主義的刊物——《觀察》週刊。這是一份在當時產生了巨大影響的刊物，有人因此稱之為中國出版史上的儲安平時代，一時間大有執輿論界之牛耳之勢。此時的儲安平意氣風發，正處於一生中事業的顛峰時期，他宣稱，這是一份獨立的、客觀的、超黨派的刊物，以自由、民主、進步、理性為基本原則，要為國內廣大的自由主義知識份子提供一個說話的地方，它的目的不僅是要對國事發表意見，而且也希望對於一般青年的進步和品性的修養，能夠有所貢獻。

儲安平在主辦《觀察》期間，同時又在復旦大學兼職，並分別在政治系和新聞系開設了「各國政府與政治」、「比較憲法」、「新聞評論練習」等課程。據他當年的學生王火回憶，當時的儲安平「愛穿長袍，或灰或藍，腳穿黑皮鞋，提一只鼓鼓囊囊的黑牛皮大公事皮包匆匆走來上課，走路姿勢瀟灑有神，豐滿略胖的臉很年輕，冬天時面部膚色常凍得白裡泛紅，總是帶著笑容一邊將黑色大皮包放在桌上，一邊從皮包裡往外拿講課提綱和大家寫的評論作業，一邊說：『好！上課！』」。上課時「除了講授報刊評論之重要性和應當如何寫評論之外，主要是通過讓我們實踐來取得認識和進步，也就是經常要我們練習寫評論，由他命題作文。他不時將一些報刊上的

---

[51] 《宜興人物志》中冊，江蘇省政協文史資料委員會，宜興市政協文史資料委員會編：《江蘇文史資料》編輯部 1997 年版，第 209 頁。

社論、評論，包括《觀察》上的論文，作為範例講一講他的體會，或綜合評述一下習作中存在的優缺點；有時也將我們同學中他認為優秀的評論文章讓大家當堂傳閱。他對大家寫的評論，並不在紙上進行批駁，卻有時採取同每個人進行個別談話的方式對評論的優缺點進行批評」。[52]從中我們不難發現儲安平作為一位老師也是非常合格的。有一位作者評價到，「儲安平在復旦期間有過很多學生，他們後來多數成了中國新聞界的主要力量」。[53]

還有一位儲安平在復旦教過的學生回憶了 1947 年的冬天，儲安平佈置學生以〈歲寒論政〉為題，寫一篇時評。這位學生在文章裡以不偏不倚的中立立場對國共兩黨各大五十大板，因此，收到了老師儲安平的大為讚賞，並在班上傳閱此文。[54]顯然，學生在文中所採取的中立立場與此時儲安平在主編《觀察》的宗旨是一致的，自然會得到他的讚賞。

《觀察》是週刊，半年為一卷，每一卷為二十四期。在 1948 年 12 月被封刊之前，一共出了五卷。1949 年 11 月復刊，又出了一卷。儲安平作為刊物的主編與一位自由主義知識份子和刊物其他撰稿人與作者，也多為國內一流的學者和自由知識份子，在《觀察》雜誌上發表了大量的政論文章，他們批評國民黨的統治，支持學生運動，關注民生，反對內戰，宣傳自由、民主，主張在美蘇之間保

---

[52] 王火：〈憶儲安平教授〉，載謝泳、程巢父主編：《追尋儲安平》，廣州：廣州出版社，1998 年版，第 24～26 頁。

[53] 謝泳編：《儲安平：一條河流般的憂鬱》，北京：中國青年出版社，1999 年版，第 29 頁。

[54] 張嘯虎：〈憶儲安平先生與《觀察》週刊〉，載謝泳、程巢父主編：《追尋儲安平》，廣州：廣州出版社，1998 年版，第 35 頁。

持中立，他們的主張自然引起了國民黨當局的關注。而刊物的軍事
通訊專欄又突破了國民黨的新聞封鎖，報導了國民黨軍隊在戰場上
潰敗的真實消息，因此更遭到國民黨當局的忌恨，他們早就把《觀
察》等民主刊物視為眼中釘，必欲除之而後快。但不知什麼原因，
《觀察》一直到 1948 年 12 月，才被封刊。當時國民黨政府以所謂
「攻擊政府，譏評國軍」，違反「動員戡亂政策」為名，下令查封
《觀察》週刊，並逮捕了《觀察》雜誌社的一些人員。[55]此時，儲
安平正在北平，國民黨得知此消息後，即下令在北平搜查，欲逮捕
儲安平歸案，幸虧儲安平事先得到了消息，又得到了清華、北大、
燕大的許多名教授如費青、樓邦彥、許德珩、錢端升、袁翰青等的
照料，才平安脫險。[56]不過無論如何儲安平也不會想到，「他的這
次北平之行，會在他的人生旅途中是一個沒有準備的轉折，這一選
擇，對於他這樣一個自由主義知識份子來說，可能在一開始就種下
了不祥的後果。」[57]

　　1949 年 1 月 27 日，儲安平與樊弘、楊人楩、袁翰青、樓邦彥、
許德珩等三十人在北平《新民報》發表了題為〈北平文化界民主人
士擁護毛澤東八項主張〉的宣言，31 日，人民解放軍進入北平，北
平和平解放，儲安平與楊人楩、樊弘、薛愚等人均留在了北平。[58]

---

[55]　關於《觀察》被封前後的的具體情況可參見唐寶璋：〈民主雜誌《觀察》封
閉前後〉，載謝泳、程巢父主編：《追尋儲安平》，廣州：廣州出版社，1998
年版，第 48～62 頁的相關論述。

[56]　唐寶璋：〈民主雜誌《觀察》封閉前後〉，載謝泳、程巢父主編：《追尋儲安
平》，廣州：廣州出版社，1998 年版，第 56 頁。

[57]　謝泳：《儲安平與〈觀察〉》，北京：中國社會出版社，2005 年，第 45 頁。

[58]　九三學社中央辦公室編：《九三學社歷史資料選輯》，北京：學苑出版社，

　　1949 年，中國社會發生了翻天覆地的巨大變化。10 月 1 日，中華人民共和國成立。這期間，儲安平和《觀察》社的其他同仁一直在為《觀察》的復刊而努力。《周恩來年譜》在 1949 年 7 月 12 日有一條記載：「約胡喬木在中南海頤年堂請新聞界友人朱啟平、高汾、鄧季惺、浦熙修、徐盈、彭子岡、儲安平、薩空了、胡愈之、劉尊棋、宦鄉聚餐，並解決他們提出的問題」。[59]儲安平當時提出的問題可能就有《觀察》的復刊。

　　經過一番努力，[60]《觀察》終於在 1949 年 11 月 1 日復刊。復刊後的《觀察》雖然在篇幅上比以前有所擴大，但在風格、語言、內容等方面都發生了極大的變化，這與當時中國社會形勢的變化是一致的。這一方面體現了歷史有不可抗拒的外力作用，另一方面，也表明了自由主義在近代中國的傳播空間已不復存在。復刊後的《觀察》表示要以馬克思主義為立場，接受「人民」的批評、教育與改造，多寫所謂積極性、鼓舞性的文章，「站在文化的崗位上，按照新民主主義的政治要求，為人民服務，為人民民主事業努力。」[61]刊物的語言也隨之發生變化，內容上也與以前完全不同。以前刊物

1991 年版，第 30～309 頁與第 404～405 頁。

[59] 中共中央文獻研究室編：《周恩來年譜》，北京：中央文獻出版社、人民出版社，1989 年版，第 833～834 頁。

[60] 據徐鑄成回憶：「今天與（儲）安平兄談話，他說《觀察》即將復刊，領導上大力支持，但恐群眾思想難捉摸，如何辦好，毫無把握。」同時，徐鑄成也談到了他主編的《文匯報》的情況，他說：「余如遇事諾諾，唯唯聽命，《文匯報》也不會有今日。以本性難移，要我俯首就範，盲目聽從指揮，寧死亦不甘也。」見徐鑄成：《徐鑄成回憶錄》，北京：三聯書店，1998 年版，第 203 頁。

[61] 儲安平：〈我們的自我批評‧工作任務‧編輯方針〉，《觀察》第六卷第 1 期。

以政論性文章為主，批判的鋒芒指向當時國內有勢力的政黨，復刊後，所刊登的文章完全一邊倒，以歌頌、讚美新政權為主，比較有代表性的是郭沫若的長詩〈我向你高呼萬歲〉。由於種種原因，復刊後的《觀察》，發行量一落千丈。為了適應新的形勢，1950 年 5 月，中共中央決定將《觀察》改組為《新觀察》，[62]儲安平也另有任用。一份以宣傳自由主義，堅守獨立、客觀、超黨派立場的刊物就這樣在歷史的舞臺上消失了，並逐漸淡出人們的記憶之中。

1949 年 9 月，儲安平曾作為新聞界的代表，被邀請參加全國政協會議，後加入「中國民主同盟」，並參加了「九三學社」，擔任理事。1950 年夏，《觀察》被改組後，任新華書店副總經理。1952 年夏，任國家出版總署發行局副局長。1954 年，被選為第一屆全國人大代表。在此期間，儲安平作為人大代表，曾前往新疆參觀考察，寫下了《新疆新面貌》、《瑪納斯河墾區》等著作，熱情歌頌社會主義建設。此時的儲安平可謂春風得意，在度過多年的鰥居生活後，他第二次結婚，據說新婚夫人非常的年輕、漂亮。[63]

1957 年，中共中央決定由一位民主黨派人士來主編《光明日報》，經廣泛徵求意見後，決定由儲安平擔任這一職務。4 月 1 日，

---

[62] 關於《新觀察》前期的一些情況可參見林元：〈從《觀察》到《新觀察》〉，載謝泳、程巢父主編：《追尋儲安平》，廣州：廣州出版社，1998 年版，第 73〜78 頁。

[63] 關於儲安平第二次結婚的具體時間，目前有兩種不同的說法：一種為 1953 年，見馮英子：《風雨故人來》，濟南：山東畫報出版社，1998 年版，第 16 頁；另一種是儲安平先生的兒子儲望華的說法，他認為是 1956 年，參見儲望華：〈父親，你在哪裡？〉，載謝泳、程巢父主編：《追尋儲安平》，廣州：廣州出版社，1998 年版，第 5 頁。

儲安平正式出任《光明日報》總編輯。在離開《觀察》週刊社多年之後，儲安平終於又可以自己主持一份報紙了，他為此感到頗為興奮，一到《光明日報》社，他就迫不及待地告訴大家：「我到這裡來工作，李維漢部長（中共中央統戰部部長）支持我，黨是我的後臺。李維漢部長曾對周揚部長說過，以後有人批評儲安平先生，你要為他撐腰。我有信心，但不可能無困難，這是規律。我只準備和大家商量，受黨的教育要表現在行動中，並需以誠意待人，向人學習！」[64]躊躇滿志的儲安平完全沒有預料到自己人生悲劇的帷幕即將拉開。

　　此時，整風運動即將開始，為了更好地幫助中國共產黨整風，中共中央決定廣泛邀請民主黨派人士開座談會，以幫助整風。6月1日，儲安平經一再要求，在中共中央統戰部召開的黨外人士整風座談會上宣讀了題為《向毛主席、周總理提些意見》的發言稿，批評共產黨是「黨天下」，不久，即被打成右派。隨著地位和名譽的喪失，他的第二位妻子也離他而去，而他的大兒子儲望英則在報紙上聲明與他斷絕父子關係，「人生暮年」就此開始。

---

[64] 鄧加榮：〈尋找儲安平〉，載謝泳、程巢父主編：《追尋儲安平》，廣州：廣州出版社，1998年版，第84～85頁。

第二章　早年文學作品之分析

　　早年的儲安平是一個愛好文學的青年，並且非常地勤奮，被看作是「新月派」的後起之秀，當年在光華大學比他晚一屆後來成為著名小說家的穆時英在《光華文人志》中就曾說「他很努力，時常寫東西。」[1]儲安平早年的文學作品主要分為散文與小說兩類，初期以散文為主，後來轉向小說。這其中的緣由，據他自己在《說謊者·自序》中說：「我最初是學習寫散文的。但是我的年紀太輕，我的感情太浮，這使我覺得自己還沒有寫散文的才氣。我這一點不能數的年齡，我這一點不夠掂量的人生體驗，能夠容許我寫得出什麼深含哲理的東西？我這一點蕪雜的思緒，我這一點浮泛的感情，又能夠容許我寫得出什麼蕭鬱曠遠的文品？我實在沒有理由不允許我自行慚愧，收拾起我從前對於散文的熱望」。[2]有作者認為，從整體上觀察，儲安平早年的文學活動以散文的成就為高，而小說的寫作只是一個人文學青春時代的產物。[3]1980

1　陳子善：〈「新月派」的後起之秀〉，載謝泳、程巢父主編：《追尋儲安平》，廣州：廣州出版社，1998 年版，第 19 頁。
2　張新穎編：《儲安平文集》（上），上海：東方出版中心，1998 年版，第 123 頁。
3　謝泳編：《儲安平：一條河流般的憂鬱》，北京：中國青年出版社，1999 年版，第 6 頁。

年，臺灣出版了由梁實秋與葉公超主編的《新月散文選》，就選入儲安平當時在《新月》上發表的〈一條河流般的憂鬱〉等三篇文章，看來此論有一定的道理。有人更進一步指出：「儲安平的散文那麼詩意蔥蘢，也因他深摯地領悟了生命就像『一條河流般的憂鬱』。……但他寫散文絕不是為了訴苦，而是為了表現他在這種人生況味中所感悟到的憂鬱之美。」[4]此外，從儲安平早年的文學作品中，也可以看出他日後思想發展的一些線索，正如一位論者所分析的那樣，「悲劇的世界，激烈的矛盾」，都被儲安平犀利的目光所發現，「他痛苦、迷茫，想尋求解決之道，於是他的作品理性質素逐漸增多，只有爭取自由，才是社會人生發展之路，這是他一直以來推崇的信條，於是作品中常常出現自由主義的端倪。」「他的小說與他前期在矛盾的現實中追尋自由主義的思想與精神狀態有著密不可分的聯繫。文學創作從一個側面折射出他的思想，同時思想又引導著他的文學創作逐漸走向成熟。」[5]從總體上看，早年儲安平文學作品的主題可分為對生命的感悟、青春的躁動、現實的揭露、人物的描寫等幾個方面，充分展示了儲安平早年歲月的人生追求、審美情趣、思想狀況和人生態度，這對研究儲安平早期思想及其變化，提供了極為寶貴的線索。此外，他在四○年代曾發表了幾篇對戲劇看法的文章，也可視作他對文學的態度。因此，本章一併論之。

---

[4]　朱壽桐：〈以感美感戀心態走出名士傳統：新月派散文的紳士文化特性考察〉，《文學評論》1994 年第 1 期。

[5]　黃鶯：〈追尋文學史上的失蹤者──從現實主義向自由主義轉變的儲安平〉，《宿州教育學院學報》2007 年第 2 期。

第一節　青春的躁動

　　儲安平對文學的愛好，大致是他在光華時期和大學畢業以後至1936 年赴英國留學這一時間內。此時的儲安平正值青春年少，無論是在心理上還是在生理上都已漸趨成熟，對異性的嚮往和渴求，對愛情的追求和夢想都是極其自然之事，正所謂哪個少年不懷春的人生之花季階段。由於自幼失去母愛，少年時期就在外漂泊求學，使得他形成了早慧、細膩、哀惋、多愁善感的心理和性格，這可能使少年時期的儲安平更加渴望來自異性的青睞和愛撫，哪怕一點點的暗示和鼓勵都會讓他那備感孤寂的心靈為之眷戀、為之癡迷、為之瘋狂，而這一切都在他早年的文學作品裡得到了很好的宣洩。在這些文學作品中，既有單相思的煎熬，也有被愛情冷漠與拒絕的痛苦，以及對愛情赤裸裸的表白和渴望，將青年男女之間那種細膩、飄忽、不穩定、易受傷害的微妙感情關係描繪的可謂淋漓盡致，語言也極其的哀婉和感傷，這其中有一些很有可能就是少年儲安平情感和經歷的再現。因此，解讀這些作品，一個少年時期更加真實的儲安平就會呈現在我們的面前。

　　在散文〈殘花〉中，儲安平感受到了愛情的不可捉摸帶給他的傷痛，他在文章的一開頭就寫道：「昨夜，在床上，我哭了。我哭了，那是說，我流了淚。我流淚，一滴，兩滴，三滴，滴滴滴在枕頭上，悲哀的青煙在我心頭絞，我想放聲嚎哭，但，即使淒咽也不敢。心，心在那無極的感傷之海裡就像一條小小的船，失去了舵，也失去了櫓。熱的血，熱的淚，像澎湃的波浪只管向著四周衝。我

只能，只能在一片夜的荒涼裡，感到孤獨，孤獨，無底的孤獨。」因為，此時他對愛的憧憬正如一粒「花之子」，但是，這憧憬，是否為他心愛的人所期望，他感到渺茫和朦朧，他什麼也不想吃，唯一吃得下的就是「她的愛」，心愛的人曾為他摘下一朵花，但此時，這花帶給他的正有如黛玉葬花似的哀傷，「殘花給予我的是什麼，是淒涼，是悵惘，是傷感。我悼花，我悼我自己！」[6]

接下來，儲安平嚐到的就不僅是哀悼殘花那種溫柔般的傷痛，而是撕心裂肺般的絕望。在散文〈牆〉裡，他體會到了由於他的鹵莽與性急，而使一段美好的戀情頃刻之間化為烏有的痛苦。文中一開始，就描敘了整個事情帶給他的淒涼和絕望，「我真想到附近的荒郊去將自己的身子放在草地上，讓風吹；讓風裡的沙土刮；讓只有天，草，樹枝，落葉，黃土他們看見我。我不再去理會自己的活和死，冷和熱。」這件事或許會有另外一種結局，當時「我們認識還不久，但是我們彼此都能給彼此以一種適意。她是一線光，我願意認住了那線光，走過去。我真感謝她，在這短短的季候裡，她已經給了我從未從一個女人心上所能領受到的溫柔。」他們相互依偎著散步，然後又來到她的房間，相擁而坐，那令人心醉的感覺與遠處傳來的鋼琴聲，使得他不能自持，終於「我的嘴唇開始和另外一樣東西接觸了，和為我的嘴唇從來沒有接觸過的一樣東西接觸了。」然而，美好的感覺總是那麼短暫，頃刻間「像經過了一陣風暴，一切變了，從晴朗變到陰霾，夏天變到冬天……我的心，猛地從山頂

---

[6] 謝泳編：《儲安平：一條河流般的憂鬱》，北京：中國青年出版社，1999年版，第74～77頁。又載張新穎編：《儲安平文集》（上），上海：東方出版中心，1998年版，第166～169頁。

上摔下了地。我感到一生從未感到過的那種恐懼。」他失去了她的信任，她的友情，他只能一遍又一遍地寫信給她，並在焦灼中企盼她的原諒，終無回音。於是，他明白「現在，一切都變了，……我們之間已豎起了一座很高很高的牆。我是完全被擯在這座牆外了。我摸索不到那牆的頂點，也摸索不到牆的牆腳。我找不到一扇門，我也找不到一個小孔。我永久地將被擯在這座牆外了，我聽不見一些些牆內的聲音，我看不見一些些牆內的事情，我再也不能幻想出那牆內的那樣溫和的氣候了。我像一個死屍，也許將永遠，永遠就這樣被擯在這荒涼的牆外了。」[7]

在小說〈斷想〉中，儲安平則描寫了他與一位叫雲子的家鄉女孩從相知、相戀到最後分手的過程，文中充滿了一種無奈和淡淡的哀愁。作者寫這篇小說時，已是 1933 年的春天，他是以一種回憶的手法來敘述這一無果的戀情的。初相識雲子，是在五年前家鄉的一次集會上，當時的雲子「身段的均勻寫下了她年華的驕傲，烏黑的秀髮攔在玲瓏的耳朵後面，一張蛋臉上有紅白相映的好血色。五官的端正，說明她一種萬方的儀態，同時在眉目間還有一股不可掩沒的誘人風情。」這一切都讓青春年少的他難以忘懷，一年後的一個夏夜，他（她）們又在家鄉的虹橋相遇，兩人款款而行，來到湖邊促膝而談，「夏夜之風，在田野裡掀起一陣陣的穗浪。青蛙叫得如五月榴花那樣的火。遠山在月色裡就像在一層脂粉裡，我們如沐浴於和風之中。」而他更是感受到她的話中含有一種偉大的力量，

---

[7]　謝泳編：《儲安平：一條河流般的憂鬱》，北京：中國青年出版社，1999 年版，第 78～88 頁。又載張新穎編：《儲安平文集》（上），上海：東方出版中心，1998 年版，第 173～183 頁。

一種不可分析的美,「月色從天空裡瀉下,又從湖面上反映上來,她嫻靜地坐著,南風在她髮上拂過,端正得像一個仙子。」後來,雲子也到了上海讀書,他們終於可以在一起了,然而雲子早已訂婚,她無法衝破世俗的藩籬,她想和他在一起,但又不敢接近他,只能偷偷摸摸地關心著他,她的時冷時熱,使不明事理的他感到悵惘,但他依然相信「我們的戀情如一顆小小青草還是在薄薄的泥土下努力地向上芽長起來的。我們縱然一時落入了似乎不拔的兇險裡,但只要風暴一過,一切仍會恢復到原來的慈祥仁愛的。」但是,他的「相信」失敗了。於是,他逃離上海,躲進一座深山的寺院裡,以期了斷和雲子的糾葛。然而回來之後,依然無法忘懷,因此,在一個黃昏,他唱道:

> 第一次我看見你
> 春雷還不曾下過地
> 流波的動白紙的真
> 一份嬌態我懷慕你
>
> 第二次我看見你
> 八月初秋的好天氣
> 一支不可撼的矜持
> 不敢挨近我愈想接近你
>
> 第三次我看見你
> 三月的桃花沒有你豔麗
> 中夜的南風你的心
> 叫我別怕我憧憬你

第四次我看見你

盛開的牡丹才是你的容儀

但你的眼睛吐出了你的歎息

你歎息沒有一個人戀愛你

第五次我看見你

我們的熱五月的榴花也不夠比

天地孕成了她荒唐的大奇蹟

從那時起我不能一刻沒有你

這次我再看見你

像亮月在重霧裡的迷離

雖然我還想挨近你

我已經捉摸不到你

　　不久，雲子要出閣了，孤獨的他只能在心中為她默默的祝福。但是，命運似乎還想安排他們再相遇一次，他躲避了，「那時，天空裡飄起一層輕煙似的小雨來了。」[8]一段凄婉的戀情就這樣在小雨中結束。

　　然而，他又一次的愛上了已「名花有主」的姑娘，在小說〈口供〉裡，他以一種更加瘋狂、更加癡迷的語言向一位叫桃姝的姑娘傾訴他對她的愛戀之情。「你那敏捷的慧心，窈窕的動作，都使我感到陶醉，麻痺。我是向未享受過有像這般懂事的一顆心的招展，慰貼。你唱起那幽揚的歌，就仿佛是可愛的夜鶯在叫著，而在波頓

8　張新穎編：《儲安平文集》（上），上海：東方出版中心，1998 年版，第 13～33 頁。

的歌聲裡,那潛在的樂,便是人間的樂,那潛在的悲,便是人間的
悲。你舞起那醉心的舞時的腰,臂,肢,就仿佛是和風中的楊柳的
枝,全沒有一絲兒勉強,做作。……啊,這要使人的心,流,流到
天的那一角嚇,我可愛的姑娘!」他認為在 R 花園裡的一個下午,
是他二十年來生命史上最可紀念的一頁,周遭的一切仿佛都在為他
們祝福,那是「一個詩的、藝術的、陶醉的時間,我是再也沒有心
向去理解自己當時的幸福了。」「只有你,可愛的姑娘,才有著真
實的生命。然而,我當著這樣一座真的美的藝術品之前,我的心,
我的血,是要感到多湍急多緊張。我對你講一句話,仿佛比預備一
篇演講還要慎重,比寫一篇散文,寫一首詩,還要細心。我站在你
面前,比在任何一個盛大的宴會裡,還要感到拘束,比在一個腳本
裡扮上任何一個角色,都困難……然而,我感到自己的所以幸福,
愉快的忐忑,正是受了這種情形的反應……啊,可愛的姑娘,你說
著是多麼的矛盾,多麼的不可思議呢?」雖然,他早已知道她是屬
於 K 君的,但是,他已經不能自拔。他要向她表白,等待她最後
的判決,因此,「我跪著,雙手將它捧呈得高高的,顫慄地呈現給
我的,我的司命之主!你─我的命主嚇,我在等著你最後的判裁
吧!我在等著你的,你的最後的判裁吧!」[9]

在目前的材料當中,儲安平僅有一首題名為〈自語〉的詩
留傳於世,也表達了他對愛情的一種感傷和落花流水的無奈,
他寫道:

---

[9] 張新穎編:《儲安平文集》(上),上海:東方出版中心,1998 年版,第125～
139 頁。

說我和她沒關係，

原不過像兩片樹葉，

今天偶爾吹在一起，

誰保的明朝不要分離；

犯著去打聽人家的細底？

但你說奇不，她到東或西，

像太陽的昏暗月亮的缺，

總是那般使我，

比自己的事更關切，更留意。

說：這是自己的願，不是勉強，

幫她的忙，為她提隻箱；

或者問一問天會不會下雨，

路上有沒有風浪。

但要是她真的說出了這話：

「謝謝你，用不著先生──

這樣關切，這樣忙，」

怕我又會像挨近了絕崖般，

一萬分的失神，一萬分的慌張。[10]

---

[10] 張新穎編：《儲安平文集》（上），上海：東方出版中心，1998 年版，第 215～
216 頁。

第二節　生命的感悟

　　在儲安平早年的文學作品當中,除了青春的躁動與對愛情的渴望外,對生命的感悟與理解、對人性的探索也是經常出現的一個話題。母親的早逝,十四歲那年,疼愛他的祖母與父親的相繼過世,以及年少時的漂泊,不僅僅使他渴望來自異性的愛撫與慰籍,更使他形成了一副容易感傷的氣質。一個人在青春年少時期就感受到了生活的辛酸與命運的不可捉摸,並不是一件常事,然而,也唯有這樣,才能使一個人在心理上走向成熟,以便日後能以更好的心態去迎接生活與命運突如其來的挑戰、打擊與挫折,而年少時期的經歷與心態對研究者理解研究對象也是必不可少的一環。細讀儲安平這一時期的文學作品,我們會發現這其中既有對生命如「一條河流般的憂鬱」的感悟,在小病當中對人生的一種透視,在暮色蒼茫之中登上豁蒙樓看水天一色的從容,對幸福的憧憬與理解,也有懷念母親而引發的對母愛的渴望與對生命來日方長的恐懼,更有借與和尚的交談表達其對出世與入世的態度與看法。這其中語言與筆調極其的優美、輕緩與細微,讀來讓人感動不已。

　　或許儲安平與生俱來就是個在他的散文〈一條河流般的憂鬱〉中所自認的那樣是一個 sentimental 的人,「常常為許多極瑣小的事,不自制地悲傷著。看見好山水,也會流下淚來。一切為旁人所引為非常滿足的事,在我感受來是依然失望的。一個人不能不尋出一件適合於他的事來安頓他的心靈,但近來便沒有一件事令我高興。……生活裡像有著無數萬個缺陷,成天地徘徊在孤獨裡。

跑上了樓又想下去，在草地上看見春天也只悲傷。」生活在當時也許確實是百無聊賴，以至於他哀歎「沒有一塊地方我想能比這塊地方更使我咒詛的！全沒有一些生機，全沒有一些蓬勃的氣象。……像這種環境真使我怕再留守下去，我真願意自己能立刻離開這座文明的監獄。」好在當時有 Lusy 的安慰，雖然他不完全同意 Lusy 的見解，但對於她的溫柔，他是無法拒絕的。然而，他的心依舊是那麼的傷感，當「傍晚時拖著孤瘦的身子在路旁散步，籬笆裡已畫上了很濃很幽邃的綠色。樹木到處繁長著，像一個人頭上長久沒剃的頭髮樣的懶散。」他由衷地感歎到：「又一個春天放跑了！」[11]

　　儲安平生下來六天，他的母親就死了，對母親的懷念與對母愛的渴望在他年少時期是那麼的強烈，以至於他想像到，「當我生出來的一剎那，光明的花朵在她酒渦裡一朵朵地流泛出，像落入了幸福之淵裡般，她必定會感到無底的愉快吧。」在這裡，人性的光輝顯露無疑。然而，作為人性間至上的母愛，「在我這一生，是始終如夢一般的永是虛幻的事了！」這永遠無法治癒的傷痛，使得他深感自己的生命就像飄忽在茫茫大海中的一葉片舟，永不能找到停泊的港灣。這種生命的孤獨、淒涼與無歸屬感遠非常人所能體會的到，因此，「每次，我的思潮一濺上了舊事之記憶，我便會分外地懷念到我的母親；而每當懷念到我的母親時，我便更會感到一種恐

---

[11] 謝泳編：《儲安平：一條河流般的憂鬱》，北京：中國青年出版社，1999 年版，第 89～95 頁。又載張新穎編：《儲安平文集》（上），上海：東方出版中心，1998 年版，第 183～189 頁。

懼，一種來日方長的恐懼！」[12]他的未來確實充滿了凶險，難道冥冥之中，儲安平已經感覺到了什麼嗎？

在一個風雨交織的黃昏，懷著傷時之感的儲安平獨自登上了南京雞鳴寺裡題有梁任公「江山重複爭供眼，風雨縱橫亂入樓」詩句的豁蒙樓。當時「天十分慘澹，雲是灰暗的，一層一層泛起，在遠山之頂上廝摩著。」閒散的他覺得自己「儼然如天地萬物之主，又儼然覺得天地萬物間無我。」被疾病和淅瀝之雨愁悶了多時的他，此時盡情地享受著那迷人的湖光暮色，「湖面被夕光耀得加倍平軟，加倍清新，同時又加重慘白。縱然天地立刻將成黑暗，但果能在黑暗前有這樣一次美麗的夕光，則雖將陷入於黑暗，似亦心甘。一群不知是白鴿還是白鷗，總之是那樣白得可愛的一群，在湖面上撲落飛揚，遙遙遙遙，終於又在水光天色裡消滅了，僅僅留下一些殘影在觀者之我的腦子裡。」縱情於山水之中的儲安平厭惡近代都市文明對人性的摧殘，在悠然的鐘聲中，漸有出世之感，感歎「人世一切真是非理可喻。」風雨交集中的雞鳴寺是那麼的冷清，孤獨的他本想與一和尚招呼，但和尚總是以「唔唔」聲回答，敏慧的他卻也因此而更生參悟之感，在暮靄蒼茫與悠揚的鐘聲中昏昏欲睡的他被人喚醒之後，心情已是那麼的從容，正是「走出了山門，大好江山，如一片錦繡，全鋪展在我的腳下了。」[13]此時的他已多了一份悠然自得和對生命的感悟了。

---

[12] 謝泳編：《儲安平：一條河流般的憂鬱》，北京：中國青年出版社 1999 年版，第 62～65 頁。又載張新穎編：《儲安平文集》（上），上海：東方出版中心，1998 年版，第 169～173 頁。

[13] 謝泳編：《儲安平：一條河流般的憂鬱》，北京：中國青年出版社，1999 年

千百年來，人們對幸福的理解，各有不同的看法，而儲安平對幸福的理解卻有其深刻和高明之處，在散文集《給弟弟們的信中》，他具體闡述了其對幸福的理解。他認為：「憧憬的現實就是幸福，但憧憬是沒有底的淵。所以，幸福，永遠是一個抽象的東西，不兌現的『現實』。縱然一種幸福的憧憬到了現實，那時，那現實了的又不叫『幸福』了。」人們總是希望以增加知識來增加幸福，他認為那只是一個不幸的相反。最後，儲安平例舉了一個精彩的事例來結束他對幸福的看法，「中國人的戀愛，常在失戀後一個自殺，日本人的戀愛，常在頂熱戀的時候雙雙自殺，這是日本哲學的高一籌處。」[14]這或許也是儲安平對幸福與人生理解的高一籌處吧。

然而，儲安平對人生的理解還不止於此，善思的他，在小病中也有對人生的領悟，因為「小病像橄欖，它澀，它有一種清香，一種幽高的清香。那種悠然的，就像太陽還沒出來的山頂上所有的那樣悠然的氣息，也只有，只有在這種小病中，使你體味到，使你在極微妙的意境中體味到。」而他體味到的結果是什麼呢？就是「一切事物，人，思想，其形態，總不外乎，是動，或靜。人生如一塊餅，在這面看，餅上有芝麻，有花紋，而站在那一面，除掉一個平凡，此外便看不見什麼。」這並不是對人生的一種悲觀與虛無的態度，小病中的思考同樣也有奮發向上的意義，「每次，我在小病後，我便會有一次更緊張的發奮，一次更有意義的自勵。在小病中，除

版，第 111～116 頁。又載張新穎編：《儲安平文集》（上），上海：東方出版中心，1998 年版，第 205～210 頁。

[14] 張新穎編：《儲安平文集》（上），上海：東方出版中心，1998 年版，第 213～214 頁。

卻疲倦，沒有氣力，沒有神之外，我什麼都不感到痛楚。思緒上，
也許常常會流入乾燥，枯悶，但有時，也便會更精神，更有條理。
周遭的一切，在那更有條理的觀照下閃過，那又深進一層的理解，
便啟示了你一向迷茫了的心和靈。你能夠感受到你平時所不易感受
到的人生，你能夠看到你平時所不易看到的各事件，各人物的真實
面目；只有在那時，你會，你才會得到一面明爽的鏡子，去觀照一
切以社會發展的優性條件為出發點來看所認為完全是耗費的多餘
的行為和思想。」[15]看，這是多麼敏慧的心靈，這是對人生多麼透
澈的理解與感悟！

目前，關於儲安平最後結局的說法當中，有一種即認為他在宜
興家鄉某地出家做了和尚，但並沒有人可以親眼證明。筆者在赴宜
興採訪儲安平的堂妹儲煙水女士時，她對筆者說道，她父親，即儲安
平的伯父儲南強先生信佛，多年來，家中和尚、道士來往比較頻繁。
[16]筆者以為這對青年時期的儲安平肯定有一定的影響。恰巧現存的
資料中，就有一篇儲安平 1933 年秋天在南京寫成，1934 年 1 月 1
日刊登於《文藝月刊》第 5 卷第 1 期上題名為〈無名〉的一片文章。
文中寫道，他有一次與伯父來到宜興家鄉與浙江交界的八達嶺上的
八達廟借宿，第二天，伯父因事下山回去了，他則繼續留在廟中，
在閒散裡與一位法號「無名」的和尚開始了一場關於人生的精彩對
話。從文章的敘述與結尾處他在南京楊公井還曾與「無名」和尚邂

15　謝泳編：《儲安平：一條河流般的憂鬱》，北京：中國青年出版社，1999 年
　　版，第 69～73 頁。又載張新穎編：《儲安平文集》（上），上海：東方出版
　　中心，1998 年版，第 162～166 頁。

16　筆者與儲安平堂妹儲煙水女士的談話，2002 年 7 月。

逅相遇來看，這幾乎可以說是一個真實的事情，同時，也讓我們可從中一窺儲安平當年思想與經歷中比較複雜的另一面。他本想以一種普通的方式向「無名」和尚寒暄，並想探知和尚已往的生活，但和尚卻並不正面回答他的問題，並說：「假如你以為我已往的生活裡有一份勇敢的，那你就以人世間那最勇敢的一份來想像我；假如你以為我已往的生活裡有一份潦倒的，那你就以人世間那最潦倒的一份來想像我；假如你以為我已往的生活裡有一份幸福的，那你就以人世間最幸福的一份來想像我；假如你以為我已往的生活裡有一份淒慘厄難的，那你就以人世間最淒慘厄難的一份來想像我：總之，讓你的假定來建築起你所想知道的我的已往吧。」接下來，「無名」和尚又向他解釋了什麼是境界？即「在身無半文的饑寒交迫中，在百萬家私的奢侈生活中，這些都是人世中的通常的物質境界；在天倫歡晤的融暖中，在客鄉愁旅的荒涼中，在衝鋒赴陣的奔狂中，在遭冤被險的鬱憤中，這些便是人世間的所謂心理境界。」和尚又指出：「你現在是一個進化論者，或者就是一個功利主義者。」「人世間本來就是只有這麼『一道流動』。無所謂『一貫』，也無所謂『矛盾』。什麼人生觀，宇宙觀，那都是書本上名字，真實的社會裡只有『現象』，只有『事實』。」[17]這些見解與看法，儲安平當時是否完全理解與接受，我們現已難以判斷，但肯定對他是有影響的，這也算是儲安平對人生的另外一種感悟吧。

---

[17] 張新穎編：《儲安平文集》（上），上海：東方出版中心，1998 年版，第 84～97 頁。

第三節　現實的揭露

　　儲安平早年創作其文學作品的時間，正是二十世紀二、三〇年代。是時，第一次國共合作早已破裂，以蔣介石為首的南京國民黨政府為維護新政權成立後的權威和秩序，清除異己分子，開始嚴厲鎮壓革命者和廣大的工農群眾。不久，蔣桂戰爭，中原內戰等新軍閥之間的互相殘殺又在更大的範圍內展開。1931 年，日本帝國主義悍然發動九一八事件，而國民黨政府卻採取了不抵抗的政策，東三省開始落入日本帝國主義的鐵蹄之下。這一切給當時中國老百姓的生活與社會經濟的正常發展，造成了極大的破壞。三〇年代，在內外交困的經濟下，以及政府官僚資本對民間資本的殘酷剝削，造成了農村經濟的蕭條和破產。這些，在儲安平早年的文學作品當中都有所反映，雖然，反映的深度與廣度有限，但也多少表明了當時的儲安平對政治與現實還是比較關注的，視野並不是僅僅限於書齋與都市，他對時局的諷刺可謂入木三分。作為一個熱血青年，也曾經準備親往前線抗戰。這種對政治的諷刺，對民生的關注，也為日後他在《客觀》與《觀察》上發表大量的政論文章埋下了伏筆。

　　1928 年 5 月 30 日出版的《流沙》第 6 期上發表了儲安平的一篇文章，它的題材為獨幕劇，題名為〈血之沸騰〉。在這個獨幕劇中，人物為薛耐根，年齡 23 歲，身份工人；黃忠道，年齡 28 歲，身份工人；黃恕道，年齡 26 歲，身份工人；汪氏，年齡 20，薛耐根的妻子；看護婦，年齡 20 餘。時代為現代─某年 5 月 3 日。地

點為上海。該劇主要講述的是工人們為了維護自己的權益，組織起來同資本家抗爭，卻慘遭殘酷鎮壓的一個事件。獨幕劇的開始就是薛耐根作為工人代表在與廠方談判時被打傷，送往醫護室時的血淋淋的場景。在劇中，儲安平借劇中人物黃恕道之口，痛斥那些甘為帝國主義走狗的人，比狗的狗格都不如，「他們的眼睛，只看得見白閃閃的洋錢！……他們不顧到什麼是公眾的幸福，什麼是工友的利益。」劇中，也表現了工人階級意識的覺醒已經達到了一個新的高度，正如薛耐根醒來所說的：「他們的權利，都是我們造成給他們的啊！……我們，難道，就永遠這樣屈服了嗎？！我們的勇氣，消滅到什麼地方去了。我們快快鼓起我們的熱血吧！……啊！火山是終有一天要爆發的啊」[18]二十世紀二〇年代，上海的工人運動正在如火如荼的展開，也遭到了中外反動勢力的血腥鎮壓。儲安平這篇獨幕劇無疑是當時社會現實的一種比較深刻的反映，尤其可貴的是，他在寫這篇獨幕劇時，還只有 19 歲，卻已經開始對現實給予比較密切的關注了。

　　青年時期的儲安平同樣有著愛國的激情，九一八事變後，他曾經與上海的一些熱血青年組成一個團體，欲親往前線抗戰殺敵，這在散文〈一段軍行散記〉中有比較詳細的記述。在這篇文章中，儲安平首先以比喻的手法，描述了當時中國面臨的危機與他們同仇敵愾的壯志。他寫道：「1931 年下半年的中國，是枯枝上將要落下的一枝葉，一粒石子已滾到千丈深的絕崖的角線上。一窠穴蟻眼見大

---

[18] 張新穎編：《儲安平文集》（上），上海：東方出版中心，1998 年版，第 217～227 頁。

流排山倒海的沖過來，拔起了廈屋，拔起了摩天的大樹。像一個怨秋的寡婦，中國人在那時，是哇的一聲哭出來了；一個縱然是下鈍的低能兒，也要捲一捲他的衣袖，將拳頭在他帶著淚花的紅瞳子前揚一個威風。……這幾十個青年，拋下了他們二三年來在他們自己的生活裡所積蓄下來的物質及精神的全部產業，合著他們目標相合的同志，要想爆裂出一聲，爆裂出一聲像獅子的狂吼；演一次，演一次像颶風捲起了太平洋的大浪。他們要帶著他們不可忍的義憤，跨過那雄壯的山海關，上山海關外去灑下一攤血，為他們老大的民族開一朵鮮豔的花。」在離別時，即使是情人的淚水也不能阻擋他前進的步伐，因為「一個男子，畢竟有著他比戀愛更重要的責任。他不能為了愛一個女子，便拋下國家，假如他真正的愛那個女子，他一定格外愛他的國家。」然而，由於當局的阻擾，他們未能按照原計劃乘火車出發，只得改為步行，這一路上的艱辛是不用說的，但這並不能澆滅他們愛國的熱情。到達北平後，雖然接受了一些暫時的軍事訓練，可是，最終他們還是未能實現親赴前線殺敵的願望，他只能將滿腔的激情化著那優美與激揚的文字，「他的心，永遠落在廣漠的塞外的一個帳篷裡，他的眼睛就永遠望著那掛著他自己的心的那個帳篷的頂。他不再讓自己頸子向後畫下一個小角度。一切舊塵，像落花，讓流水帶去，像枯葉，給西風送進黃土。他夢著摩天的關門，關門上的一額橫匾；長城萬里，萬里城上的朔風。絕塞的嚴寒，凝不凍他的熱血；夜半的哭泣，嚇不碎他的雄膽。他要讓自己去承當那幾千里一片廣土上的月色，在白白的月色下吹一段淒壯的胡笳；他要奔上那不長一根青草的山頭，在山頭上引吊一回那破碎的山河。要帶著張飛般的喉嚨，從這個山頭一口氣奔上那

66

個山頭，要在錯縱的山頭，蜿蜒的河流和無邊的平原上，灑遍他的熱血，要用他的鮮血來澆退敵人的氣焰。」[19]

在小說〈世紀與義務〉中，儲安平則繼續譴責了日本帝國主義的對華侵略對人性的摧殘，並表達了他對和平與正義的深切渴望，以及對國家的最高之愛。小說講述了一位叫能子的中國姑娘嫁給了一位叫白井三郎的日本男人，生下小孩原田後，來到日本東京的一段最後以悲劇結尾的淒涼故事。這位叫能子的中國姑娘起初也是對日本人沒有什麼好感的，但白井三郎的誠實打動了她的芳心，在母親的憂鬱和反對中，她勇敢地嫁給了他，並在一開始過著比較美滿與幸福的生活，但日本帝國主義發動的對華戰爭改變了他們的命運。小說深刻地描述了日本國內在發動九一八事變前後那種瘋狂的戰爭狂熱氣氛與對中國人的仇恨與偏見。能子作為一名僑居在日本的中國人，深深地感受到了這一點，她為之感到惶恐不安。這時，她原本善良的丈夫，也因日本對華戰事的勝利而變得狂熱起來，她試著改變這一切，「但現在，她們間卻築下了一種戰壘的嚴重的冷酷的防禦。雖然她相信，丈夫還是愛她的，但，縱然還在愛著她的丈夫，似乎將他自己對於他妻子的愛，又給另外一種力量劫奪了去。被那某一種力量克服了去時的丈夫，只是像受著一種最高命令在戰線上嘶跑著的一員一樣，她要想將她的丈夫，再從那最高之力裡奪回來，在屢次的努力裡，她全失敗了。」而她的孩子原田也和其他日本小孩一樣，要去「學操」，要去殺死支那人，這讓她徹底

---

[19] 謝泳編：《儲安平：一條河流般的憂鬱》，北京：中國青年出版社，1999 年版，第 96～105 頁。又載張新穎編：《儲安平文集》（上），上海：東方出版中心，1998 年版，第 190～198 頁。

絕望，她不能容忍她的孩子長大後，卻成為她自己祖國的一個敵人，「這一種最高的力量，毀滅了一切人類的愛；而在這世紀這年頭，這一種最高之力又似乎流染在每一處和每一個人的血管裡。她當時再一眼回瞥到在酣睡裡的孩子，孩子的柔弱似乎更顯出一種他也將為那某種力量所吞滅的預感。」她感到「世界是無可挽救的。和平如像一根著火的小小火柴，在雪地上莫能存在。所有她周遭的人，似乎都不能理解她；不，毋寧說，她們都不欲來理解她。她們對她躲避著，同時也仇視著──一種傳統的仇恨。她在漆黑的一團裡索摸著。她的靈魂在無邊際的空中亂闖著，她像是想得到一個力量，想抓住一件東西。她又如落在兩種力量的交戰裡，她需要有一個出路，一個奔投。她想到無數條路，但她常常又退了回來。她不能擺脫人類最高的一種愛的力量。」於是，在一個淒慘的夜晚，她結束了丈夫、孩子與她自己的生命。「一切將宣告滅亡了，地球與人類同時滅亡了。」[20]整個故事從頭至尾都被一種淒慘、陰暗的氣氛籠罩著，讀來令人吁噓不已。而這無疑也表達了儲安平對戰爭的一種態度。

小說〈烏鴉與馬糞〉則表達了儲安平對國內軍閥戰爭的憤怒譴責。在一個幾乎與世隔絕的村莊，人們過著耕田與捕魚的平凡與安靜的生活，「每個人都在一份平和的氣息裡流去了他們的年歲，他們所看到的都是白天的太陽和夜晚的月亮，從海邊上拖起的大魚和田土裡長熟的金黃般的稻穀。他們聽到枝鳥的春歌和秋雁的淡唱，

---

[20] 張新穎編：《儲安平文集》（上），上海：東方出版中心，1998 年版，第 33～54 頁。

或者就是偶而從村南抬到村北的一頂花轎前面的鼓樂。每個孩子，從他有記憶的時候起，他所接觸到的和經歷著的，都是一種沈穆樸質的氣氛。」「這一個小村，他們自成為一個國土，他們沒有什麼叫文化，他們也不受外界潮浪的波動。他們是世外的另一個世界，他們繼續著他們中古式的生活，但他們這份生活，是愉快的，樸實的，天真的。」在這裡，儲安平表現了他對田園風光與世外桃源生活的嚮往，以及對所謂文化的一種鄙視的態度。「村後那沿山腳一帶的樹林裡，棲住著烏鴉，據說已有幾百年了。烏鴉與村民，彼此相安無事地，在這村莊住上下來。他們之間雖然沒有什麼接觸，但好似都有一種感情，彼此相熟。」多年來，這些烏鴉的食料非常的豐富，有穀類，漿果，馬鈴薯，昆蟲，樹屑，以及海邊的小魚和貝殼等。而且，這些烏鴉在每次過冬之前，也總能夠儲藏到充足的食料，「它們的生活也是從容而且平和的。」但是，近來這一切都改變了，由於與外界的聯繫日密，小村的生活遭到了外界殘酷的剝削與壓迫，他們的日子變得日益緊張起來，幾百年來與村民相安無事的烏鴉不僅覓食艱難，而且成為村民們捕殺的對象。然而，厄運還沒有結束，不久，軍隊開進了這個小村，村民們為之感到了恐懼，因為「他們有一個傳統的概念：就是軍隊是一種『凶物』，在狂暴的炮火下，可以毀滅了無數的生命和財產的。」戰爭終於開始了，「大部分的村上人，在軍隊退敗下來而還沒到上村之前，便都扶老攜小逃出了村莊。因為他們知道，敗兵是世界上頂沒有紀律的軍隊。他們都在頂悲慘的心情裡逃出來，又顧念著家屋財產，又要顧到自己的生命。」在殘忍的炮火下，一個從前十分安樂太平的村莊就這樣被消滅了。但「戰事一時還不能結束，天氣卻漸漸的挨近了

冬天。這村莊，每到夜晚，便聽見許多悲泣的聲音。」而烏鴉們卻找到了它們新的食料，那就是沿地軍隊遺留下來的馬糞。[21]在這篇作品當中，儲安平並沒有直接描述戰爭的慘烈與軍隊對小村村民的掠奪，卻借村民之口表達了他對戰爭的譴責，而烏鴉以馬糞為食，則更是作者對戰爭的一種絕妙的諷刺。

在儲安平早年的文學作品當中，有一篇行文非常詼諧活潑，極具諷刺筆調色彩的〈來京記〉，它深刻地諷刺和揭露了當時中國官場的黑暗與政治的腐敗。他在文章開頭說到，他準備要住在山中養病，因為「原來我幼有大志，雖不想做萬世皇帝，可起碼也得做一個如現在所謂的要人。可是要做一個現代中國的要人，積20年之經驗，深知欲達此目的，必須先在生病上訓練起來。假如你不懂得在必要時將如何嚷著說生病了，而此病又必須休養的話，那麼要人之夢，便全沒你份了。」他選擇了宜興的庚桑洞，「因為匡廬我雖想去，但已有了林主席；香港即使沒有胡前立法院長，我也嫌他與我的根據地江蘇太遠，有鞭長莫及之慨；妙高臺不消說更有蔣委員長在那兒，莫干山周家雖有淵源，無奈憑空又飛去了汪行政院長。」他們之間是不能隨便亂住的，「原來在中國，我們都必須各據一方，才好做手腳，才能培植自己的聲勢。」但是，令他苦惱的是，竟沒有一個新聞記者前來晉謁。好在不久之後，吳稚輝、何應欽和李書華三位先生都來遊庚桑洞，並且是由他來接待的，於是乎報紙也開始報導他儲安平的消息了，而且他的朋友在談天中也常常提到他，

---

[21] 張新穎編：《儲安平文集》（上），上海：東方出版中心，1998年版，第113～122頁。

他先是莫名其妙，繼之則恍然，原來「捧自己的朋友就等於捧自己，這叫 Team work。」但是，「要人病大概只能生幾天，幾個星期或幾個月，如兩三年這麼生下去還不見起色，也許從此就不『要』了。」在明白了這個道理後，他決計下山。在來京的火車上，他擬就了演說稿，其大意為：「生於今日之中國，其責任較生於任何時代之中國為嚴重。今日之中國者，可憐之中國也。使此可憐之中國變為不可憐之中國，皆吾輩之責也。然則如何方能使此可憐之中國變為不可憐之中國乎？曰，只有一法，即全國必須一心（鼓掌），民眾均服從政府（鼓掌）。蓋未有內不安而能攘外者也（大鼓掌）。諸君其勉乎哉。」他最後說道，「做要人必須肚子裝滿九套話，如九套話應用過了，還有一套，就是：『為政不在多言』。」[22]在這篇文章當中，我們不難發現儲安平實際上是在發洩他對當時政治的不滿，並嘲諷國民黨當局的對日不抵抗政策。青年時期的儲安平此時就顯示了他對政治的觀察具有明銳的洞察力，諷刺與刻畫政治的黑暗現像是那麼的入木三分，讀來不得不讓人驚歎不已。

　　此外，這一時期的儲安平還在小說〈說謊者〉中，辛辣地諷刺了當時公務員的勢利與社會的偏見，而小說〈原記〉則描述了二十世紀三〇年代農村金融業在官僚資本的壓迫下，一步步走向破產的社會圖畫。限於筆墨，本文將不再贅述。

---

[22]　謝泳編：《儲安平：一條河流般的憂鬱》，北京：中國青年出版社，1999 年版，第 106〜110 頁。又載張新穎編：《儲安平文集》（上），上海：東方出版中心，1998 年版，第 201〜205 頁。

第四節　人物的描寫

在儲安平早年的文學作品當中，有兩篇追悼和記述人物的文章，一篇是〈悼志摩先生〉，另一篇是〈記田漢先生〉。這兩篇文章一方面反映了青年時期儲安平的社會交往圈，另一方面也表現了儲安平在人物描寫上深厚的駕馭文字的功底。

1931 年，當時中國著名的詩人徐志摩因飛機失事而遇難，一時間全國文化界都為之哀痛不已，紀念與哀悼文章紛紛而出。徐志摩是儲安平在光華大學時期的老師，又是多年摯友，對他在文學上的造詣也多有指點與提攜，因此，在得知徐志摩不幸遇難的消息後，儲安平懷著沉痛的心情，在當時的《新月》第四卷第一期上發表了〈悼志摩先生〉，深切哀悼他的這位良師摯友。

他在文章一開始就寫道徐志摩的遇難給當時中國文壇的沉重打擊，以及徐志摩對中國文壇的巨大貢獻，「這年代隨處愛給人一份不可言說的苦難，擺著晦澀的臉，教你氣促。全是秋冬景象，一切都掛上死亡的顏色，等著長青芽還遠。國度如深山裡的小部落，睜著眼睛看別人家的長進和熱鬧。孕成的大乳石，只要凶運一到，便是一聲嚇倒人的崩壞。黑漆裡有的是傷感的襲擊。雖然時季在一種窒塞的國難的氣息中，可是對於這一顆大星的隕落，志摩先生的罹禍，我相信在一般困亂的心糟裡，當更滲下了一滴苦汁。……十年來中國文壇的收穫，志摩先生的功績是不可磨滅的，正如一片荒蕪的土地上，由他來砌起了一座樓屋，正還待他的經營。每個人，對於這熟悉的名字，都有著一種親昵的感情。他的恩澤是一道最和

麗的光，大家都收到他的照耀。」接下來，儲安平追憶並記述了他
與徐志摩初次相識以及對他在文學上的教誨，「他的熱心永遠是大
家一個最好的監督。」他又以極其簡練的語言刻畫了徐志摩的才
華，那就是「年輕是他的本分。」「他的興趣永遠是雪天的白瓣，
他的靈感永遠是波濤的洶湧。」「但是天不為這荒蕪的中國的文壇
多延留幾年這卓越的詩人。就在『一球光直往下注，砰的一聲巨響』
裡，炸倒了這破碎的文壇上的中柱。」最後，他以無比悲痛的心情
「祝福他在天的靈魂永遠的輕鬆著；他的精神永遠是不死的。」[23]

　　散文〈記田漢先生〉則描述了儲安平對著名戲劇家田漢當時的
生活和精神風貌。這篇文章發表於 1935 年的《中央日報·文學週刊》
第 38 期上，當時，儲安平正是這份報紙的文藝編輯。事實上，還在
儲安平就讀光華大學時，他就通過「南國社」的活動與演出，對田
漢先生已經有了初步的認識，在田漢先生當時的屋子裡「有一股不
平凡的空氣」。在儲安平看來，「假如這一股可貴的空氣是一個車輪，
那田漢先生就是這一個車輪的軸子。」「田漢先生是一個最富於感情
的人物。他不說話時，他的冰冷實在使你可怕。可是他的感情一來，
簡直是一道洪水。」他認為在田漢的身上有著一股常人難有的熱情
和力量，「他憑著他的一股熱情，在趕戲最吃緊的當兒，可以自朝至
夕，可以夜以繼日。他憑著他的一股熱情，使大家受苦追隨，甘之
如飴。」而且儲安平認為田漢先生在當時不僅是一個戲劇家，也是
一個詩人，因為「詩人的袋子裡什麼都有就是沒有錢！」短短數語，

---

[23] 謝泳編：《儲安平：一條河流般的憂鬱》，北京：中國青年出版社，1999 年
　　版，第 127～129 頁。又載張新穎編：《儲安平文集》（上），上海：東方出
　　版中心，1998 年版，第 198～201 頁。

讓讀者對田漢就有了一個比較深刻的影響，而他之所以寫下這段文字，是因為「我對於這一位人物，有一種說不出的感動。我在此寫下這一點卑微的記憶，吐出我心中這一點真實懇切的情感。」[24]

第五節　對戲劇的看法

　　抗戰後期，在當時的廣西桂林曾舉辦過一次「西南戲劇展覽會」，儲安平就此事在 1944 年 2 月 15、16、17 日的《力報》上，連續發表了三篇文章，討論他對戲劇的看法，分別為〈論劇本〉、〈論劇人〉與〈論觀眾〉，這在一定程度上也反映了儲安平當時對文學的一種態度，值得注意。

　　在談到劇本時，他指出近年來中國戲劇界「劇本荒」的問題是非常嚴重的。之所以如此，在他看來，首先是一般劇作家的為人態度和寫作態度不夠嚴謹，不肯用功，使他們寫不出來深沉的作品。他嚴厲批評這些人對於題材及結構，常常略加思索，即草率下筆，甚至還有漏夜「趕寫」的風氣，他認為文學是需要天才的，但有了天才，還須加上鍛煉，單靠聰明是不夠的。其次，他指出許多的文學理論家，寫起文章來，滿紙的「主觀」、「客觀」、「觀念」、「意識」。他認為劇作家應當認清，戲劇始終是一種藝術。接下來，儲安平痛

---

[24] 謝泳編：《儲安平：一條河流般的憂鬱》，北京：中國青年出版社，1999 年版，第 130～132 頁。又載張新穎編：《儲安平文集》（上），上海：東方出版中心，1998 年版，第 210～213 頁。

陳了當時文藝界的兩大毛病：一、大家自以為天才，抓到一個題材就寫；二、崇信藝術即武器，以為有了「正確」的觀念即無需顧到藝術上的造詣。「這兩大毛病使今日中國文藝界，無論小說、詩歌或戲劇，都不易產生深刻的作品。」當然，他認為在中國的戲劇界裡，特出的人才和劇本還是有的，「曹禺及其作品就是最好的例子。」他希望「中國戲劇界裡有十個『曹禺』，這十個『曹禺』每人每兩年寫一個劇本，讓我們在十年以內，能產生四五十個像樣的劇本。」他同時又提出了一個至今也有其價值的觀點，即文藝工作者不一定要因為政治的理由去學習他人，也應當為了藝術的理由去學習。[25]

在談到劇人（包括導演、演員、舞臺工作者、劇團行政人員）時，儲安平首先指出了中國社會有一個由來已久的現象，那就是「從事戲劇事業的人，在中國社會上素來不受人尊重。」這是為什麼呢？他認為「劇人自身知識的不夠，生活的不檢點，品行的墮落，是他們被人輕視的一個主要原因。」而要改變這種現象，他以為最根本的是戲劇工作者「必須在生活上嚴肅認真。」因為「藝術上的造詣，只能使人崇拜和讚譽；只有生活嚴肅，才能使人尊敬器重。」接著，他又就「生活嚴肅」的問題，談了他的兩點看法，即：一、我們以為一般戲劇工作者對於金錢的處理，應當清清楚楚。「假如一個人，在金錢方面不能清清白白，他將永遠無法得到他人的信託。」二、我們希望一般戲劇工作者，特別是男女演員，對於社交生活，能維持一個較嚴肅的態度。針對此點，他進一步指出「兩性愛好原是人

---

[25] 謝泳編：《儲安平：一條河流般的憂鬱》，北京：中國青年出版社，1999 年版，第 192～195 頁。

情之常，但這種感情應當儘量納入正軌，使它在正常的河床裡活動而不要逸出常軌。」[26]因為只有這樣，才能使社會上對於劇人的看法徹底地加以改變。在這裡，我們也可看出儲安平是一個具有道德感和責任感的人，他的看法可謂一針見血。

最後，儲安平談了他對觀眾的態度，他認為一個戲的演出成功與否，條件很多，觀眾的水準和修養也是一個重要的條件，但中國近三十年的新戲劇運動卻始終未能培養出良好的新戲劇觀眾。針對這點，他指出：「這責任不在戲劇工作者身上，這是因為我們的社會太不上進了。」接著，他列舉了觀眾看戲的一些陋習，即：入場不守時間，隨意談笑，隨意出入，完全不顧到劇場秩序，完全不知道劇場裡需要靜穆的空氣等。雖然，他認為教育觀眾的主要任務仍在戲劇工作者的肩上，但觀眾看戲也應具備一定的修養，因此，他提出了三點建議，即：一、座位必須對號；如能做到此點，劇場裡的秩序可以維持得好，劇場裡的空氣也可避免過分污濁。二、小孩絕對不准入場；他認為這點在中國社會上最不易做到，但必須做到，必須以最大的毅力做到這點。三、在上演時，觀眾不許隨意出入。考察上述幾點，筆者認為這不僅僅是對觀眾的要求，也分明是一種社會教育，具有改變社會風氣的作用。筆者下面還將討論儲安平對中西社會與國民性之比較，而在這裡，其留英時所受的良好教育修養也初現端倪。

---

26 謝泳編：《儲安平：一條河流般的憂鬱》，北京：中國青年出版社，1999 年版，第 196～198 頁。

第三章　編輯思想與編輯事業之分析

　　儲安平在中國現代史上首先是以一個報人的身份出現在歷史的舞臺上的，早在從光華大學畢業後，他就主編或參與過多家刊物，但這些刊物多為文學性之雜誌，唯一的例外是他在 1940 年的重慶參與了當時由周子亞主編的《新評論》刊物。然而這些刊物並不是由他來主辦，而且還或多或少要受到來自政府部門的壓力與干涉，因此從這些刊物的內容與風格來看，我們無法對儲安平的編輯思想獲得一個完整的認識，當然有些刊物還是多少反映了日後他以自由主義為價值立場的編輯思想的一些原則，如他在《文學時代》〈編輯後記〉中所說：「一刊物的內容，就是一個刊物的一篇頂真切的宣言，我們並沒有這種企圖，想使讀者從這一個刊物裡看到有任何一種集體的流動──不管是感情的或者是理性的。我們都尊重思想上的自由。我們容許每一個在本刊上寫稿的人，有他自己在文藝上的立場與見解，除了對文藝的本身忠實的這一點之外，我們沒有更大的苛求。」[1]

---

[1]　謝泳編：《儲安平：一條河流般的憂鬱》，北京：中國青年出版社，1999 年版，第 261 頁。

　　1945 年，抗戰勝利後不久，儲安平在重慶主編《客觀》週刊，這是一份政論刊物，在當時產生了一定的影響。但這份刊物同樣也不是由他來主辦的，它的發行人是張稚琴，張雖然也是一位報人，他並不完全支持儲安平的立場和觀點，儲安平為之感到煩惱與苦悶，正如他自己後來所說：「我們平常有一種基本的理想，即立言與行事應當一致。假如一個言論機構，在紙面上，它的評論寫得頭頭是道，極其動聽，而這個言論機構的本身，它的辦事原則和辦事精神，與它所發表的議論不能符合，我們認為這是一種極大的失敗。假如我們主張政府負責而我們自己做事不負責任，要求政治清明而我們自己腐化，這對於一個懷有高度理想的人，實在是一種難於言說的苦痛。當時的《客觀》只由我們主編，並非我們主辦。我們看到其事之難有前途，所以戛然放手。」[2]但《客觀》刊物的創辦卻標誌著儲安平開始了真正意義上的自由獨立辦報，「他（指儲安平）最有歷史影響力和精神輻射力的的自由主義活動，是從客觀開始的。……儲安平在中國自由主義思想史的地位，也是從《客觀》開始而逐步奠定的。」[3]1946 年，儲安平從重慶回到上海，他要創辦一份屬於自己的刊物，這就是這年九月在上海出版的《觀察》週刊，在這份雜誌上，儲安平投注了他所有的熱情與心血，並將他多年以來所懷有的編輯思想與理念完全付諸於實踐，產生了深遠的社會影響與歷史意義。因此，本章將以《觀察》為重點來論述與討論儲安平的編輯思想與事業。

---

[2]　儲安平：〈辛勤・忍耐・向前〉，《觀察》第一卷第 24 期。
[3]　張育仁：《自由的歷險——中國自由主義新聞史》，昆明：雲南人民出版社，2002 年版，第 567～568 頁。

第一節
「獨立的、客觀的、超黨派」的編輯思想

有一位美國學者在討論上海在現代中國歷史上的重要性時，指出：「上海，連同它在近百年來成長發展的格局，一直是現代中國的縮影。……就現代商業、金融、工業都市的最後成熟階段而論，上海提供了用以說明中國已經發生和即將發生的事物的鑰匙。」[4]同時，上海也是現代中國的文化重鎮，「上海在晚清時就是中國新聞出版業最發達的地方，民國建立後，新聞出版業更加繁榮起來。」[5]著名的商務印書館、世界書局、《大公報》、《申報》等新聞媒體就在上海誕生。儲安平在上海創辦《觀察》週刊，充分利用了上海這個「現代中國的鑰匙」，將刊物的影響和聲譽傳遍了中國的大江南北，甚至海外。

1946 年 9 月 1 日，《觀察》週刊在上海正式發行。儲安平在《觀察》第一卷第一期（即創刊號）上發表了〈我們的志趣和態度〉一文，實際上可以被視作《觀察》的發刊詞，它闡明了刊物的宗旨和職責。在這篇文章中，儲安平敘述了刊物放言論事的基本立場，即民主、自由、進步、理性，「我們謹以上陳四義，作為我們追求努力的鵠的，並本此以發言論事。我們的態度是公平的、獨立的、建設的、客觀的。」「我們尊重獨立發言的精神」。[6]同時，他指出：

4　〔美〕羅茲‧墨菲：《上海：現代中國的鑰匙》，上海社會科學院歷史研究所譯，上海：上海人民出版社，1986 年版，第 4～5 頁。

5　熊月之、周武主編：《上海：一座現代化都市的編年史》，上海：上海書店出版社，2007 年版，第 377 頁。

6　儲安平：〈我們的志趣和態度〉，《觀察》第一卷第 1 期。

我們這個刊物第一個企圖，要對國事發表意見。意見在性質
上無論是消極的批評或積極的建議，其動機則無不出於至
誠。這個刊物確是一個發表政論的刊物，然而決不是一個政
治鬥爭的刊物。我們除大體上代表著一般自由思想分子，並
替善良的廣大人民說話以外，我們背後另無任何組織。我們
對於政府、執政黨、反對黨，都將作毫無偏袒的評論。……
但是這個刊物也不僅僅是一個論評時事的刊物。我們還有另
一個在程度上占著同樣重要的目標，就是我們希望對於一般
青年的進步和品性的修養，能夠有所貢獻。[7]

《觀察》的創辦是具有特定的歷史背景的，1945 年，抗戰勝
利後，國內一批自由主義知識份子紛紛選擇以辦報辦刊的方式，表
達自己對於民族未來發展道路的期望和主張。傅斯年就曾強調說：
「我們自己要有辦法，一入政府即全無辦法。與其入政府，不如組
黨，與其組黨，不如辦報。」他的這一觀點在當時自由主義知識份
子中很有代表性。一時間，在國民黨管轄區域內新增登記註冊的報
刊雜誌急劇增加，而且多數是社會政治類時評刊物，儲安平正是在
這一歷史背景下創辦了當時最具權威影響的《觀察》週刊的。[8]此
外，「四〇年代是一個自由主義思潮的繁盛時期，而且這一時期的
自由主義分子多對於政治表現出極大的熱情，民盟的成立就是一
個典型的代表。但是，相當一部分自由主義知識份子對於民盟那

7   儲安平：〈我們的志趣和態度〉，《觀察》第一卷第 1 期。
8   李靜：〈從《觀察》看儲安平的編輯思想〉，《青海師範大學學報》（哲學社
     會科學版）1999 年第 3 期。

種以組織黨派的形式參與政治的方式並不感興趣，更願意以民間的身份通過大眾傳媒介入政治生活。《觀察》的出現就迎合了這種願望。」[9]

以嚴復為代表的中國早期自由主義者主要是籍翻譯西方名著來闡發自己的政治理念。新文化運動以來，創辦雜誌成為自由主義者用以表達自己思想和政治態度的基本途徑。[10]《觀察》是一份以自由主義為價值立場的刊物。在此之前，中國的自由主義知識份子曾經創辦過《努力週報》、《現代評論》、《新月》、《獨立評論》等刊物和雜誌。《觀察》的風格、立場、精神與它們是一脈相傳的，都充分表達了自由知識份子以言論政的傳統。關於這一點，我們只要比較一下這幾個刊物的風格、立場、精神，就可以瞭解這些刊物、雜誌之間是有相當的傳承關係的。

1922 年 5 月，胡適等自由知識份子創辦了《努力週報》，並在第二期上發表了表明他們立場和態度的〈我們的政治主張〉一文：

> 我們以為現在不談政治則已，若談政治，應該有一個切實的、明瞭的、人人都能瞭解的目標。我們以為國內的優秀分子，無論他們理想中的政治組織是什麼（全民政治主義也罷，基爾特社會主義也罷，無政府主義也罷），現在都應該平心降格地公認「好政府」一個目標，作為現在改革中國政

9　蔣含平：〈刊物本身是可以賴發行收入自給的——儲安平《觀察》的經營策略探析〉，《新聞記者》2006 年第 9 期。
10　閆潤魚：《自由主義與近代中國》，北京：新星出版社，2007 年版，第 174 頁。

治的最低限度的要求，我們應該同心協力的拿這共同目標來
國中的惡勢力作戰。[11]

文章還從消極與積極兩方面具體闡述了「好政府」的含義。「同
心協力」「向國中的惡勢力作戰」這一後來被視為中國「自由主義
的觀點的第一次系統的概況」的宣言，[12]充分表明了現代中國自由
知識份子旨在「輿論干政」的政治立場。

1924 年，正當新文化運動遭到某些文化守舊人士猛烈攻擊
的時候，中國自由知識份子的另一份刊物《現代評論》創刊了。
雖然刊物沒有發表專門闡述本刊宗旨的文章，但發表了一則〈本
刊啟事〉：

> 本刊籌備，已經半載，因為種種原因，至今才獲出版。同人
> 等對於曾允贊助本刊的許多朋友，實深抱歉！本刊內容，包
> 函於政治、經濟、法律、文藝、哲學、教育、科學各種文字。
> 「本刊的精神是獨立的，不主附和；本刊的態度是科學的，
> 不尚攻訐；本刊的言論趨重實際問題，不尚空談。凡對於本
> 刊，願賜佳作者，無論為通信或論著，俱所歡迎。本刊同人
> 不認本刊純為同人之論壇，而認為同人及同人的朋友與讀者
> 的公共論壇。[13]

---

[11] 胡適：〈我們的政治主張〉，《努力週報》第 2 期，1922 年 5 月 14 日。

[12] 格里德：《胡適與中國的文藝復興——中國革命中的自由主義》，魯奇譯，
南京：江蘇人民出版社，1989 年版，第 200 頁。

[13] 《現代評論》第三卷第 53 期。

　　《現代評論》的這則簡短啟事，充分顯示了自由主義知識份子所信奉的理想，雖然這則啟事未能詳細論及刊物的整個傾向，但從「本刊的精神是獨立的，不主附合，本刊的態度是科學的，不尚攻訐」等語中，都能讓讀者感到某種受西方文化影響的自由平等理性精神。

　　1928 年 3 月，胡適與徐志摩、梁實秋等人在上海創辦《新月》雜誌。《新月》雜誌名義上為文藝刊物，標榜只談文藝，不附合任何政治派別，實際上它從一開始就帶有政治色彩。在創刊號上發表了一篇顯然是出自徐志摩手筆的〈《新月》的態度〉。這篇類似於〈本刊宗旨〉的文章寫得充滿激情，它集中體現了該刊同人的胸懷，它宣稱：「新月刊是獨立的」。它強調除了刊物本身和同人在文藝與學術上的努力之外，沒有什麼組織，除了幾個共同的理想之外，沒有什麼一致。那麼他們的共同的理想是什麼呢？徐志摩使用的是極富浪漫氣質的詩一樣的語言，但在這浪漫的激情下，我們不難發現，他們的理想是追求「思想的自由」，理性的原則，用徐志摩的話說就是：「在這頭驃悍的野馬的身背上我們不能不謹慎地安上理性的鞍索。」「我們不能不奮鬥，尤其在人與生的尊嚴與健康橫受凌辱與侵襲的時間。」[14]

　　《新月》刊行初期，胡適主要精力用於學術研究，1929 年 3 月，國民黨召開「三全大會」，確定了國民黨一黨專政的政治體制，繼續執行屠殺共產黨和排斥異己的專制政策。在這樣的政治環境下，胡適改變了《新月》雜誌的編輯方針，公開談論政治，直接宣

---

[14]　〈《新月》的態度〉，《新月》第一卷第 1 期。

傳自己的政治主張。「不錯，我們是談政治了，我們以後還要繼續
地談。……我們沒有黨，沒有派，我們只是個人用真名真姓說我們
的真話。……我們的工作是批評的工作。」[15]

　　九一八事變後的第二年，在內憂外患的局勢下，現代中國的自
由知識份子又創辦了《獨立評論》。在刊物創刊號中編者稱：「我們
現在發起這個刊物，想把我們幾個人的意見隨時公佈出來，做一種
引子，引起社會上的注意和討論。……我們叫這刊物做『獨立評
論』，因為我們都希望永遠保持一點獨立的精神。不依傍任何黨派，
不迷信任何成見，用負責任的言論來發表我們個人思考的結果：這
是獨立的精神。」[16]

　　《觀察》週刊的辦刊宗旨正體現了上述幾個現代中國自由知
識份子所辦刊物的精神。儲安平曾經在一封致胡適的信中，談起
過創辦《觀察》的目的，即「希望在國內能有一種真正無所偏倚
的言論，能替國家培養一點自由思想的種子，並使楊墨以外的超
然分子有一個共同說話的地方。」[17]而創辦《觀察》的理由，是
建立在兩個假定之上的：一、國內擁有極廣大的一群自由思想學
人，他們可以說話，需要說話，應當說話。二、中國的知識階級
絕大部分都是自由思想分子，超然於黨爭之外的，只要我們的刊
物確是無黨無派，說話公平，水準優高，內容充實，則本刊當可
獲得眾多的讀者。[18]

---

[15]　〈《新月》敬告讀者〉，《新月》第二卷第 6、7 期合刊。
[16]　《獨立評論》第 1 號。
[17]　張新穎編：《儲安平文集》（下），上海：東方出版中心，1998 年版，第 324 頁。
[18]　儲安平：〈辛勤・忍耐・向前〉，《觀察》第一卷第 24 期。

作為刊物的主編，儲安平深知要想堅持刊物「獨立、客觀、超黨派」的立場，就必須堅持經濟上的獨立，否則刊物就會成為某個集團或政黨謀取私益的宣傳工具。在刊物創辦一周年的時候，針對社會上一般認為辦一個刊物就一定要有背景，或者一定有什麼人在出錢的成見，儲安平鄭重地說：「一年來本刊所發表的文字，足以證明本刊不僅是一個『無黨』的刊物，並且也是一個『無派』的刊物。本刊確確實實是一個獨立而無任何黨派關係的民營刊物。」「我們唯一希望的，就是絕對維持本刊的超黨派性和純粹民營性。……我們願意遵循這個傳統及方向繼續努力，為中國的前途而奮鬥！」[19]

《觀察》刊行時期正是中國現代歷史將要發生重大變革的時代。這一時代背景，為《觀察》實現自身的編輯思想提供了最充分的現實條件。儲安平不僅自己為《觀察》撰寫了大量政論文章，而且還不斷約請社會各界著名人士針對現實問題提出自己獨到的見解和批評。整個《觀察》期間，儲安平付出了極大的精力和熱情，使《觀察》成為當時最有影響的一個刊物。[20]

《觀察》從 1946 年 9 月創刊起，至 1948 年 12 月 25 日出到 5 卷 18 期時，被國民黨當局以所謂「攻擊政府，譏評國軍」，違反「動員戡亂政策」為名，下令查封。第二年 11 月 1 日復刊，是為第六

---

[19] 儲安平：〈艱難・風險・沈著〉，《觀察》第二卷第 24 期。

[20] 在一封致傅斯年的信中，儲安平談到他對刊物工作的全身心投入時說：「最近五六個月，我每天平均工作 12 小時，幾乎全部的精力都花在這個刊物上，如兜拉廣告，買紙，調度款項，人事管理，核計帳目，校閱大樣，都是我的工作，雖然終日疲乏，但精神上還是十分寧靜愉快，我們應當盡心盡力，替國家做一些自己認為有意義的工作。」載張新穎編：《儲安平文集》（下），上海：東方出版中心，1998 年版，第 328 頁。

卷，由於第六卷的編輯方針、風格、語言等與前五卷都不同，因此，
本章的討論將以前五卷為主。

《觀察》前五卷的欄目主要分為「政治‧內政」、「國際‧外交」、
「經濟」、「思想‧學術」、「文化‧教育」、「科學」、「觀察通信」與
「讀者投書」等。它的立場正如它自己所揭櫫的那樣，為「獨立的、
客觀的、超黨派的。」刊物的氣魄在當時同類刊物中首屈一指。在
創刊號上，這一點就非常明顯。我們可以看到在第一頁就把其六十
八位撰稿人的姓名和單位給列了出來，第二期又有十位，他們絕大
多數為現代中國的自由主義知識份子，不僅在當時，而且對後來中
國現代思想、學術和文化的發展都作出了極大的貢獻。請看部分代
表人物：

卞之琳：著名詩人，南開大學教授。

王芸生：著名報人，大公報主筆。

任鴻雋：著名科學家，曾任四川大學校長。

宗白華：著名美學家，中央大學教授。

馬寅初：著名人口學家與經濟學家。

曹　禺：著名劇作家。

梁實秋：著名文學家。

張東蓀：著名哲學家，燕京大學教授。

馮友蘭：著名哲學家，清華大學教授。

傅斯年：著名歷史學家，中央研究院歷史語言研究所所長。

雷海宗：自由知識份子，清華大學教授。

錢端升：著名政治學家，北京大學教授。

錢鍾書：著名學者。

費孝通：著名社會學家，清華大學教授。

蕭公權：著名歷史學家，燕京大學教授。

楊人楩：自由派學人，北京大學教授。

其他著名的撰稿人還有胡適、傅雷、季羨林、樓邦彥、趙家璧和胡先驌等。當然，《觀察》實際的作者並不限於這些人，而有些人雖然列名撰稿人，如胡適，就從未投稿。

不僅如此，《觀察》還有一個鮮明的特點，它經常在刊物的封面，或者在刊物的中間刊登所謂「本刊傳統」，即：

(一) 只要無背於本刊發刊詞所陳民主、自由、進步、理性四個基本原則，本刊將容納各種不同的意見。我們尊重各人獨立發言，自負文責。本刊發表的文字，其觀點意見，並不表示即為編者所同意者。

(二) 本刊在任何情形之下，不刊載不署真姓名的任何論文。

在當時的政治環境下，《觀察》所堅持的這些原則，其作用也許正如余英時先生所說的那樣，為以後的中國知識份子保留了一點自由思想的種子。[21]

《觀察》作為一份著名的政論刊物，在當時的環境下，遭到的壓力和凶險是可想而知的，[22]但這並不能絲毫地改變儲安平「獨立

---

[21] 余英時：〈中國近代史上的激進與保守〉，載許紀霖編：《二十世紀中國思想史論》（上），上海：東方出版中心，2000年版，第428頁。

[22] 當時有一份《人物雜誌三年選刊》雜誌就發表了一篇〈觀察《觀察》儲安

的、客觀的、超黨派」的編輯思想。他說道：「在這混亂的大時代，中國需要的就是無畏的言論，就是有決心的肯為言論而犧牲生命的人物！假如我們只能說些含含糊糊沒有斤量的話，那老實說，今日中國言論界，擔當這一部分工作的人已經很多，用不著我們再來獻身言論，從事於爭取中國的自由、民主、和平的言論工作。……儘管本刊已遭遇到政治危機，但我們既不因此而增加我們在感情上對政府的不滿，也不因此而減少了我們在理智上對政府的批評。假如有人想搧我們，我們不會被人搧得衝前一步，假如有人想嚇我們，我們也不會被人嚇得後退一步。」並強調刊物的根本原則是「生死之權操之於人，說話之權操之於我。」[23] 在社會上傳聞《觀察》即將被封的消息前，儲安平再次堅定地表示：「我們的原則很簡單：封或不封，那是政府的『權力』，但我們絕對不願因為外來的意見而改變我們的編輯政策。我們的編輯政策是獨立的，不受外來干涉的。我們在商標上標明 Non-party 和 Independent 兩字，Independent（獨立）是我們的主要精神之一。而我們所以如此者，就因為我們認為：要維持完整的人格，必須保有獨立的意志。這個原則是我們絕對不能放棄的。」[24]

平〉的文章，對儲安平和《觀察》週刊提出了批評：「『自由分子』正同非自由分子一樣，也有各式各種，但安平教授這種含混曖昧的『自由』，作個不好聽的比喻，好像是摩登太太小姐們所不離身的法寶，用來塗口紅的鏡子，兩面皆可用，對『高級政界』反映出一副嘴臉，對『我們自由分子』反映出一副勢態，面對於『數以萬計的讀者』則仍然是好的市招。」轉引自謝泳：《儲安平與〈觀察〉》，北京：中國社會出版社，2005 年版，第 32 頁。

[23] 儲安平：〈風浪・熬練・撐住〉，《觀察》第三卷第 24 期。

[24] 儲安平：〈吃重・苦鬥・盡心〉，《觀察》第四卷第 23、24 期合刊。

　　儲安平獨立自主的辦刊思想在《觀察》的創辦與發展上都發揮了重要作用。它一方面拓開了言論的廣闊空間，並使其言論力度得以加強；另一方面，也啟動了期刊的運營機制，並使期刊風格在相應的物質基礎保障下得以持續發展，發揮更大的社會作用。[25]

第二節　以言論政——《觀察》週刊的特色

　　應該指出的是，儲安平主編《觀察》時的「獨立的、客觀的、超黨派」的編輯思想更多地體現在《觀察》的編輯方向上，而《觀察》的編輯方向有三個顯著的特色，即：（一）自由與民主的鼓吹；（二）時政的批評；（三）科學與理性的追求。而重點又在前兩個方面。

一、自由與民主的鼓吹

　　自從嚴復在其著作中首次向國人介紹西方的自由概念以來，自由、民主就開始在中國的知識份子當中逐漸傳播開來。在新文化運動中，自由與民主的傳播更是勢不可擋。儘管後來社會主義和民族

---

[25]　李靜：〈從《觀察》看儲安平的編輯思想〉，《青海師範大學學報》（哲學社會科學版）1999 年第 3 期。

主義逐步壓倒自由主義，成為現代中國社會主流思潮，但仍有許多
自由主義知識份子堅守自由民主的信念。《觀察》作為以自由主義
為發言立場的刊物，對自由民主的鼓吹自然是不遺餘力。

在儲安平為刊物闡明的放言論事的四個基本立場當中，自由、
民主居其二。他認為：「民主是今世主流，人心所歸，無可抗阻。
我們不能同意任何少數人利益的集團獨斷國是，漠視民意。我們不
能同意政府的一切設施措置都只是為了一部分少數人的權力和利
益。國家政策必須容許人民討論，政府進退必須由人民決定，而一
切施政必須對人民負責。民主的政府必須以人民的最大福利為目
的：保障人民的自由，增進人民的幸福。同時，民主不僅限於政治
生活，並應擴及經濟生活；不但政治民主，並須經濟民主。」[26]在
談到自由時，他說道：「我們要求自由，要求各種基本人權。自由
不是放縱，自由仍須守法。但法律須先保障人民的自由，並使人人
在法律之前一律平等。」「沒有自由的人民是沒有人格的人民，沒
有自由的社會必是一個奴役的社會。我們要求人人獲有各種基本的
人權以維護每個人的人格，並促進國家社會的優性發展。」[27]

正因為作為《觀察》主編的儲安平如此倡導自由與民主，因此
在刊物當中發表了許多提倡自由民主的文章。比較著名，並在當時
社會上產生一定影響的有吳恩裕：〈家庭關係‧政治關係‧民主政
治〉和〈自由乎？平等乎？〉，吳世昌：〈政治民主與經濟民主〉，
莊智煥：〈如何走上民主建設之路〉，蕭公權：〈說民主〉，韓德培：

---

[26] 儲安平：〈我們的志趣和態度〉，《觀察》第一卷第 1 期。
[27] 儲安平：〈我們的志趣和態度〉，《觀察》第一卷第 1 期。

〈我們所需要的法治〉，李澈廬：〈以民主締造統一〉和〈服從社會
與意志社會〉，鄒文海：〈民主政治與自由〉，楊人楩：〈自由主義者
往何處去〉、〈科學精神與民主態度〉和〈再論自由主義的途徑〉，
施復亮：〈論自由主義者的道路〉，張東蓀：〈政治上的自由主義與
文化上的自由主義〉和〈知識份子與文化的自由〉等。

　　這些著名的自由主義知識份子在他們的文章當中，大力倡揚自
由民主。他們認為「自由和民主，是要人民自己用力量去爭取的，
不是任何人所能恩賜的。」[28]「什麼是民主？──人民有說話的機
會，有聽到一切言論和消息的機會，有用和平方式自由選擇生活途
徑的機會，有用和平方式選擇政府和政策的機會。」[29]「自由之類
是可以用教育的方式來改變的。」「我們現在只有根深蒂固的不民
主，卻還沒有根深蒂固的政治民主或經濟民主，二者可以得兼，必
須為兼。」[30]「我們今日所需要的法治，乃是民主政治的法治，是
建立於民主政治之上的法治。」[31]「言論自由是民主政治的先決
條件，若不給言論自由，而高談民主政治，是欺人也是自欺」[32]自
由主義「是近代思想的產物，其功能在指示一種生活態度，尤其是
有關政治生活的態度。」「自由是人類進化所必需的條件。」「自由
是促成人類進步的動力。」[33]

[28] 施復亮：〈論自由主義者的道路〉，《觀察》第三卷第 22 期。
[29] 蕭公權：〈說民主〉，《觀察》第一卷第 7 期。
[30] 吳世昌：〈政治民主與經濟民主〉，《觀察》第一卷第 1 期。
[31] 韓德培：〈我們所需要的法治〉，《觀察》第一卷第 10 期。
[32] 李澈廬：〈服從社會與意志社會〉，《觀察》第一卷第 19 期。
[33] 楊人楩：〈自由主義者往何處去？〉，《觀察》第二卷第 11 期。

事實上，刊物的主編儲安平為首的一大批自由主義知識份子對自由、民主涵義的認知與闡釋，無論是從當時和現在的眼光來看，都達到了較高的水準，凸顯了當時中國自由主義學人的思想、理論水平，表達了他們在中國實現自由、民主社會的企圖。我們首先來考察《觀察》作者群對自由的認知：

（一）自由的界定與功能

一般言之，對自由主義者來說，自由是他們政治理念的題中應有之義。現代自由主義者認為：「自由主義最重視的價值就是自由。自從西歐文明在十七、八世紀向全世界擴展以來，自由主義的理想，也隨著散播到全世界多個角落去。對於自由的追求，成了全人類共同的目標。今天世界上絕大部分的社會及政治運動都是以追求自由、實現自由作為它們的終極目標。」[34]因此，在自由主義者的眼裡，自由是高於一切價值的價值，它處於自由主義價值序列的最頂端。[35]

《觀察》的撰稿人作為自由主義學人，對「自由」自然是極為重視的。

他們首先認為「自由不是一個人的自由，而應容許所有人的自由。」因為，「一個人的自由是專制，而允許大家自由，則我

---

[34] 石元康：《當代自由主義理論》，臺北：聯經出版事業公司，1995 年版，第 1～2 頁。

[35] 劉軍寧：《共和・民主・憲政──自由主義思想研究》，上海：上海三聯書店，1998 年版，第 24 頁。

的行為無往不受他人自由的限制。」他們追求相對的自由，反對絕對的自由。「絕對的自由，只有少數的幸運者可以享受，而相對的自由，才是大家可以分享的美味。我們既不願意自由成為少數人的禁果，自然應當大家尊重這個客觀的限度。不過這客觀的限度，必須十分客觀，換句話說必須得大家的同意，而決不能是少數人武斷地規定下來的原則。」[36]在這裡，自由是明顯有其限度的。因此，在他們看來，追求全民自由或全體自由，是人類最終的目標。[37]

其次，把自由等同於一些具體的權利，而不是一種抽象的概念。這在刊物的主編儲安平那裡，體現的最為明顯。例如，他認為：人民的基本公民權利包括人身自由、居住自由、職業自由、財產自由、宗教自由、言論自由、集會自由及結社自由。而「其中人身自由尤為一切自由的基本。」[38]把人身自由作為一切自由的基石，綜觀百年來中國的歷史和現實，這種看法可謂一針見血，在近現代中國政治思想史上也應佔有一席之地。

在對自由的概念界定一番之後，《觀察》撰稿人又對自由的功能進行了闡釋。他們認為自由和自由主義的「功能在指示一種生活態度，尤其是有關政治生活的態度。」[39]

從這個觀點出發，他們認為自由是人類實現進化和美好生活所必需的條件。楊人楩說：「自由是人類進化所必需的條件，」「自由

36　鄒文海：〈民主政治與自由〉，《觀察》第一卷第 13 期。
37　李澂盧：〈服從社會與意志社會〉，《觀察》第一卷第 19 期。
38　儲安平：〈我們對於美國的感覺〉，《觀察》第一卷第 11 期。
39　楊人楩：〈自由主義者往何處去〉，《觀察》第二卷第 11 期。

是促成人類進步的動力。」[40]鄒文海則認為:「自由是發展人類潛藏智慧的工具,因此自由主義之下人類乃能充分利用其才能。自由是反抗武斷的利器,因此自由主義之下人類乃能不受專橫的毒害。自由是權利的基礎,因此自由主義之下人類的利益乃能有充分的保障。總之,自由能使人類有更美好的生活。」[41]張東蓀進一步指出:「倘使沒有這種自由的精神,恐怕就不會有實驗的科學,不會有進步的觀念,不會對於人生幸福,不論從個人方向,抑或從社會方向,設法去加以改良,所以西洋文化雖不免有種種弊病,但其中所含的這個自由主義精神卻是最可貴的,而為其他文化所無。」[42]而李澈盧則把自由與否作為衡量社會進步的尺度,他說:「社會永遠在變動之中,但變化不一定就是進步,有時也向著退步的方向走去。其所以進步或退步的原因,固然複雜,但最重要的關鍵,在於人民是否獲得自由。」[43]

因此,「自由是反現狀的。自由是反干涉的。自由具有鬥爭性。自由是反定命論的。」[44]並且,「自由是要人民自己用力量去爭取的,不是任何人所能恩賜的。」[45]在這裡,自由的作用是非常顯著的,並帶有明顯的行動特徵。

---

[40] 楊人楩:〈自由主義者往何處去〉,《觀察》第二卷第 11 期。

[41] 鄒文海:〈民主政治與自由〉,《觀察》第一卷第 13 期。

[42] 張東蓀:〈知識份子與文化的自由〉,《觀察》第五卷第 11 期。

[43] 李澈盧:〈服從社會與意志社會〉,《觀察》第一卷第 19 期。

[44] 鄒文海:〈民主政治與自由〉,《觀察》第一卷第 13 期。

[45] 施復亮:〈論自由主義者的道路〉,《觀察》第三卷第 22 期。

（二）積極自由與消極自由的朦朧劃分

　　自由主義的大師以撒‧柏林把自由分為積極自由與消極自由。何謂「積極自由？」他說：「是源自個人想要成為自己的主人的期望。我希望我的生活與選擇，能夠由我本身來決定，而不取決任何外界的力量。我希望成為我自己的意志，而不是別人意志的工具。我希望成為主體，而不是他人行為的對象」等。[46]何謂「消極自由？」他說：「在什麼樣的限度以內，某一主體（一個人或一群人），可以，或應當被容許，做他所能做的事，或成為他所能成為的角色，而不受到別人的干涉？」[47]

　　有學者認為：中國的自由主義者由於面臨的種種問題，在理論上從不屑於對積極自由與消極自由作仔細的區分。在他們看來，自由只是達到國家富強的手段。並舉胡適為例，說中國的自由主義者追求的只是一種積極自由的觀念，而與西方自由主義以政治自由為內容的個人自由有相當大的分野。[48]筆者認為，這個觀點在《觀察》撰稿人身上不完全正確。[49]

---

[46]　以撒‧柏林：《自由四論》，陳曉林譯，臺北：聯經出版事業公司，1986 年版，第 241 頁。

[47]　以撒‧柏林：《自由四論》，陳曉林譯，臺北：聯經出版事業公司，1986 年版，第 229～230 頁。

[48]　胡偉希：《理性與烏托邦──20 世紀中國的自由主義思潮》，載高瑞泉主編：《中國近代社會思潮》，上海：華東師範大學出版社，1996 年版，第 237～238 頁。

[49]　筆者將在第五章論述儲安平自由主義思想的特徵時對此予以比較充分的闡述。

　　吳恩裕就曾把自由分為消極與積極兩種意義。他說：消極自由有取消或限制之意，而積極自由有任意選擇辦法或觀點意思。[50]而刊物的主編儲安平在創辦《觀察》之前，就在《客觀》雜誌上撰文對政治自由與社會自由進行了劃分，[51]並把人身自由作為一切自由的基本。儘管他們的解釋和自由主義大師的解釋不盡相同，但已開始意識到兩種自由的區別。由於時勢的緊迫，他們並未深入下去，留下了歷史的遺憾。

　　我們再來考察《觀察》作者群對民主的認知：

（一）民主的定義與功能

　　有學者考察了民主在近代中國的涵義衍變，認為民主這個詞在近代中國發生了由「君之民主」到「尊民為主」的轉變。[52]這在《觀察》的作者那裡也有所反映。例如，吳世昌就說過：「尚書中的『厥作民主』是為民之主而尊民為主。『民』為邦『本』，『天聽視我民聽』，孟子的政治思想，以及其他類比的思想，直至最近傅作義將

---

[50] 吳恩裕：〈自由乎？平等乎？〉，《觀察》第三卷第 12 期。

[51] 林建華：〈儲安平自由主義思想評析〉，《史學集刊》2002 年第 2 期。

[52] 參見金觀濤、劉青峰：〈《新青年》民主觀念的演變〉，(香港)《二十一世紀》1999 年 12 月號。謝放：〈戊戌前後國人對「民權」、「民主」的認知〉，(香港)《二十一世紀》2001 年 6 月號，香港中文大學中國文化研究所。方維規：〈「議會」、「民主」與「共和」概念在西方與中國的嬗變〉，(香港)《二十一世紀》2000 年 4 月號，香港中文大學中國文化研究所。王爾敏：〈十九世紀中國士大夫對中西關係之理解及衍生之新觀念〉，載王爾敏著：《中國近代思想史論》，臺北：臺灣商務印書館，1995 年版。

軍那一套辦法，都只能是『民本思想』，而不是民主思想。這一字之差，是不可以道裡計的。」「『民本』之『本』，亦即近人所謂『政治資本』之『本』，『主』動者仍為統治者，而不是被當作資本的『民』。」[53] 那麼《觀察》的作者們是怎樣具體闡述民主的呢？

　　蕭公權說：「人民有說話的機會，有聽到一切言論和消息的機會，有用和平方式自由選擇生活途徑的機會，有用和平方式選擇政府和政策的機會。」即為民主。並認為「用不民主的手段來推行民主，其結果終是有害於民主的。」[54] 吳世昌也持類似的看法，他指出：「民主若照英美的定義，則人民可以自由批評政府的政策及施政情形。人民可以用暴力以外的方法，改換政府；凡是公民，都可以用自由結合的方式，組織政黨，用競爭選舉的方式參加政府。」[55] 吳恩裕則認為只有民主政治下的關係才是真正的政治關係，他說：政治就是「眾人用公共的強制力來治理眾人之事。」何謂公共的強制力？即「這強制力的產生、運用、目的，都必須以公共的意志為依歸。」而「此處所謂『眾人』乃指全民。因為政治是大家的事，是人民全體的事，而非某一個人或某些少數人的事。」[56] 從上述言論當中，我們不難發現《觀察》的作者對民主的看法有以下幾點，一，民主是眾人的事；二，可以自由批評和改換政府；三，必須採取和平的手段實現民主；四，民主是人民自己作主。

---

[53]　吳世昌：〈從中國的歷史看民主政治〉，《觀察》第三卷第 18 期。
[54]　蕭公權：〈說民主〉，《觀察》第一卷第 7 期。
[55]　吳世昌：〈從中國的歷史看民主政治〉，《觀察》第三卷第 18 期。
[56]　吳恩裕：〈家庭關係・政治關係・民主政治〉，《觀察》第一卷第 4 期。

在論述民主的功能時,除了和自由一樣可以使人類有更美好的生活以外。主要有三點,一是民主對科學的作用。「必須先有民主的態度,始有探求及接受新知識的可能。」[57]二是民主對國家統一的作用。「唯有實行民主政治,才能統一,才能真正的統一,永久的統一。」為什麼民主具有如此的功能?因為「民主政治最起碼的涵義,是每一個國民都有說話的機會,並有容忍別人說話的自由;每一個國民都有選擇生活的機會,並獲得生活安全的保障;每一個國民都有選舉政府、決定政策的權力,並保有批評政府及政策的權力。」[58]三是民主有助於法治的實現。韓德培說:「居今日中國而言法治,當不能不以各方面所急切期待的民主政治為其精髓,為其靈魂。」他認為:法治如不建築於民主政治之上,則所謂法治云云,定不免成為少數人弄權營私欺世盜名的工具。唯有在民主政治的保證之下,法治才能成為真正於人民有利的一種制度。也唯有在民主政治的保證之下,法治才更易求其充分徹底的實施。所以,「我們今日所需要的法治,乃是民主政治的法治,是建立於民主政治之上的法治。」[59]在這裡,民主的功能再次彰顯無疑。

(二)政治民主優於經濟民主

政治民主與經濟民主是民主的兩個方面,當時社會普遍的看法是英美有政治民主,蘇聯有經濟民主。《觀察》的作者也多持類似觀點。

[57] 楊人楩:〈科學精神與民主態度〉,《觀察》第五卷第 6 期。
[58] 李澂廬:〈以民主締造統一〉,《觀察》第一卷第 12 期。
[59] 韓德培:〈我們所需要的「法治」〉,《觀察》第一卷第 10 期。

　　蕭公權就說：「今日民主爭執的要點，實在乎『政治民主』觀念與『經濟民主』觀念之未能協調。政治民主的觀念可用英美的傳統自由主義來代表。經濟民主的觀念可以拿社會主義，尤其是共產主義來做代表。」[60]吳世昌也認為：「英美有政治民主而無或缺少經濟民主。蘇聯有經濟民主而無或缺少政治民主。」即所謂英美人民有充分的權，而利則不足；蘇聯人民有充分的利，而權則不足。[61]

　　那麼政治民主與經濟民主有什麼區別？在中國是否二者可以得而兼之呢？蕭公權認為：「政治民主注重個人自由，經濟民主注重人類平等。後者偏重物質的滿足，前者偏重意志的解放。」[62]吳世昌強調：「我們現在只有根深蒂固的不民主，卻還沒有根深蒂固的政治民主或經濟民主。二者可以得兼，必須為兼。」[63]

　　政治民主與經濟民主孰輕孰重？這個問題不僅在當時，就是在現在，人們對此都有不同的看法。自由主義者認為政治民主優於經濟民主。在這個問題上，《觀察》的作者堅持了自由主義的立場。他們認為：「自由主義所注重的是政治民主。」「只要有了政治的自由（政治的民主）人民的一切權利都有了保障。」「政治民主的中心，就是人民的政治平等。社會經濟平等不是自由主義的主要目標。」[64]「自由意志，不受暴力壓制而能自由發展的意志似乎比豐

---

[60] 蕭公權：〈說民主〉，《觀察》第一卷第 7 期。
[61] 吳世昌：〈政治民主與經濟民主〉，《觀察》第一卷第 5 期。
[62] 蕭公權：〈說民主〉，《觀察》第一卷第 7 期。
[63] 吳世昌：〈政治民主與經濟民主〉，《觀察》第一卷第 5 期。
[64] 蕭公權：〈說民主〉，《觀察》第一卷第 7 期。

衣足食更可貴些。」[65]楊人楩則進一步指出：雖然政治民主（一張票）與經濟民主（一碗飯）是絕對不相衝突的，但在某種意義上，政治民主比經濟民主更為重要。因為有了一張票，可以爭取一碗飯，而有一碗飯，並不意味著有一張票。「思想史上的叛徒，有誰是因為缺少那一碗飯呢？」[66]

從以上論述當中，我們可以發現《觀察》的作者在政治民主與經濟民主的問題上雖有錯誤的認識，比如，認為英美有政治民主而少經濟民主，蘇聯有經濟民主而少政治民主等，但是他們強調政治民主優於經濟民主，從而最終堅持了自由主義的立場。他們對這個問題的認識至今也有其現實的意義。

（三）直接民主與間接民主的區分

直接民主指的是統治者與被統治者的身份的重合，公民作為國家的主人直接管理自己的事務，而不通過仲介和代表。間接民主指的是公民通過由自己的同意所選舉出來的代表來負責制定法律和管理公共事務，它通常又被稱為代議制民主，即人民通過其代表來進行統治，而不是直接進行統治。間接民主最重要的一點就是權力必需受到人民的監督。[67]

---

[65] 吳世昌：〈政治民主與經濟民主〉，《觀察》第一卷第 5 期。

[66] 楊人楩：〈再論自由主義的途徑〉，《觀察》第五卷第 8 期。

[67] 劉軍寧：《共和‧民主‧憲政——自由主義思想研究》，上海：上海三聯書店，1998 年版，第 200～201 頁。

　　現代自由主義者已就直接民主與間接民主的優缺點進行了詳盡的闡述，筆者無須贅述。本文所要說明的是，在《觀察》的作者群當中，已經有人注意到了直接民主與間接民主的區別，並就此進行了精彩的論述。下面讓我們來看看他們的論述：

　　吳恩裕說：「政治就是『眾人用公共的強制力來治理眾人之事』。」那麼「最理想的，當然是直接民主制。因為只有在直接民主制下，才可能全體人民，即所謂『眾人』，都參加治理眾人之事的事實。但是由人民大會來主持國家立法、行政、司法各方面的事務，就是在希臘的城市國家，也不能完全實行。在現代國家，因為國家的人口，國土廣大，事務的繁雜，更不能實行直接民主制了。因此，就只好由全民選舉代表，來參加治理，這就是所謂間接民主制。因為代表都是由真正民意選舉出來的，故我們應該把他們的治理，視為和全民的治理，或『眾人』的治理一樣。所以，我們認為：間接民主制乃是真正的『政治』制度，在這種制度中的治者與被治者之間的關係，才是真正的『政治』關係。」[68]

　　蕭公權又進一步分析到：「為了適應近世廣土眾民的環境起見，人民不必行使古希臘式的直接民權，但人民必須有選舉代表和改組政府的權力。人民不必自己操持行政之權，但決定何事須辦的權力必須操於人民之手。」[69]

[68] 吳恩裕：〈家庭關係‧政治關係‧民主政治〉，《觀察》第一卷第4期。
[69] 蕭公權：〈說民主〉，《觀察》第一卷第7期。

法國大革命與中國文化大革命已證明了直接民主的破產，《觀察》作者對直接民主與間接民主的區分，無論是從對歷史經驗的總結，還是對未來的警示，都是一筆寶貴的歷史遺產。

《觀察》撰稿人對自由與民主的認知也決定了他們這些自由知識份子革命的態度。當時，在《觀察》所發表的文章中，直接闡述自由知識份子們對革命看法的並不多見，前嶺南大學教授周鍾歧在刊物一卷二十二期上發表了一篇題為〈論革命〉的文章，從文章所持的觀點來看，應該在當時自由知識份子對待革命的態度中是非常具有代表性的。

在文章一開始，作者就認為人們對革命有兩方面錯誤的看法。即一方面革命必須推翻一個政治組織，另行建立一個新政府，現在政權未被推翻之前，任何改革是不可能的；另一方面革命必須是以人民暴動的形式，以屠殺為手段，徹底破壞，然後再重新建設起來，革命的源頭是貧窮饑餓，或者說革命是由於人民因饑餓及不平的壓迫而起。作者根本反對此種對革命的解釋，在他看來，革命非但不必另行建立一個政府，而且在現有組織下完全可以進行一個大革命，十九世紀英國的工業革命和二戰後英國工黨的執政即為成功的榜樣，因為「真正的革命需要很長的時間，必須經過若干階段，若干時間，甚至數十年方能完成。」而且真正的社會革命也是由於社會的工作程式及組織機構上的變化而起，革命的力量也不在於暴動群眾，而在於「智識分子」。[70]顯然，我們不難看出作者在

---

[70] 周鍾歧：〈論革命〉，《觀察》第一卷第 22 期。

社會發展上所持的實質上是一種漸進的改良觀，而根本反對暴力革命的必要。

在當時國共武力對峙的歷史形勢下，作者雖然認為中國革命的希望寄託在三個力量上，即國民黨、共產黨和中間派。但他認為前兩者不能承擔歷史的重任，中國真正的希望在於「中間派起來領導一個不流血的社會革命。」因為中間派「就是智識階級和自由主義的溫和分子，他們有理智，有信仰，有專長，他們懂得人民的需要，可博得人民的支持。倘使他們能夠推行緩進的社會主義，領導革命，組織一個多黨的聯合政府，只需三十年的時間，這班人必能安定中國，完成革命的最後一步。」[71]主張在國共兩黨之間，由他們這些自由知識份子所組成的「中間派」，或「第三方面」來承擔歷史的重任，這種觀點在當時還是有一定代表性的。

《觀察》撰稿人之一張東蓀從內戰的重新爆發與和平的失敗，以及中國在國際關係上所應採取的政策出發，認為需要有一個強大的中間階層的大聯合，張氏痛惜國內外的「第三方面」未能真正瞭解他們所應擔負的「神聖使命」，和平之所以失敗，「就是因為沒有一個中間者，不論是團體或個人，而能為國共雙方同等信託的。」[72]因此，他認為一個獨立於國共之外的「第三方面」不僅是必須的，也是必要的，「以廣大與強盛並富有獨立性的第三者人們作為國共的橋樑。將國共兩黨各迫使其趨於正軌，同時把他們拉攏起來，得到大合作。」從而，「把國民黨由特別的政黨變為普通政黨」對共

---

[71] 周鍾歧：〈論革命〉，《觀察》第一卷第 22 期。

[72] 張東蓀：〈和平何以會死了？〉《時與文》第 3 期。

產黨由「革命的政黨變為普通的政黨」。[73]然而歷史的發展卻讓這些自由知識份子的美好設想落了空。

二、時政的批評

《觀察》的創辦和經營期間，正是國共在戰場上激烈決戰之時。國民黨不僅在軍事上節節敗退，政治上也日趨腐敗，經濟瀕臨崩潰，外交上更是對美國亦步亦趨。這一切引起了自由知識份子的強烈不滿。他們紛紛撰文，抨擊時局，在《觀察》一～五卷上，批評的文字隨處可見。

面對日益升級的內戰和雙方都以冠冕堂皇的名詞為己辯護，他們指出：所謂內戰只是同一民族中自相殘殺的戰爭。內戰在進行時，可能有種種名稱，但旁觀者及後人都要目之為「內戰」。不幸所有的內戰都不曾解決他們所要解決的問題。今日內戰的後果：（1）生命的傷害；（2）物質的毀滅（3）經濟的崩潰；（4）人權遭受蹂躪；（5）外力的干涉；（6）文化的衰落；（7）道德墮落。長期內戰往往會斷送一個民族的政治生命至少會使此民族停留在落伍的階段。從歷史上看是如此，從現實上看亦如此。內戰不能解決問題，避免內戰而另覓途徑卻往往能解決所要解決的問題。[74]

---

[73] 張東蓀：〈追述我們努力建立「聯合政府」的用意〉，《觀察》第二卷第 6 期。
[74] 楊人楩：〈內戰論〉，《觀察》第四卷第 4 期。

他們批評國民黨對中共的政策，說「今日國民黨腦子裡所想的是如何消滅共產黨，然而他兩隻手所做的卻無一不是在培植共產黨，替共產黨製造有利於共產黨的政治形勢。」[75]「和共產黨鬥爭與其用武力，不如用政治，不如在政治上有顯著的事實，表示其確為安定人民生活的清明政治。」[76]

當時，全國各地的學生運動風起雲湧，而國民黨當局則採取高壓政策，《觀察》認為「今日中國最迫切需要者，實莫過於執政當局之能夠犧牲他們已得的一部分權利，唯有這樣，人心才能平，社會才得安定！今日這批青年都是來日建國的樑棟，如何使這批青年的力量不致在消極方面消耗，就看政府當局如何的領導這批青年。」[77]同時「對於政府，希望細察社會為學生被捕而發生的各種呼聲，並忽以此各種呼籲為有罪。」[78]

早在政協會議期間，國民黨與民盟的關係就已開始惡化。1946年7月發生「聞李慘案」，此後國民黨當局開始一步步打擊民盟。1947年10月1日，國民黨政府新聞局長董顯光招待記者宣佈民盟「是中共之附庸」，「民盟分子破壞總動員，參加叛亂，反對政府」。[79]在事先經過一系列有預謀的打擊事件後，國民黨政府於1947年10月27日宣佈民盟為「非法團體」。次日，國民黨中央社發表《政府宣佈民盟非法》的聲明，聲稱民盟「勾結共匪，參加叛亂」，「煽動五

[75] 儲安平：〈中國的政局〉，《觀察》第二卷第2期。
[76] 楊人楩：〈國民黨往何處去？〉，《觀察》第二卷第3期。
[77] 儲安平：〈大局浮動，學潮如火〉，《觀察》第二卷第13期。
[78] 張志讓：〈評全國學生被捕事〉，《觀察》第五卷第4期。
[79] 《中國民主同盟四十年》（1941～1981），中國民主同盟中央文史資料委員會編印，1981年版，第44頁。

月學潮及上海工潮」，「作叛亂宣傳掩護共匪之間諜活動」，令各地
治安機關對於民盟及其分子一切活動「嚴加取締，以遏亂萌，而維
治安」[80]11月，民盟被迫解散。對此，北大、清華、燕京三校四十
八名教授聯名在《觀察》撰文，抨擊此事「且不論其直接影響，實
對民主憲政的前途留下極為惡劣的影響。」「對於一個持異見的在
野團體如民盟者橫施壓迫，強加摧殘，這是不民主，不合理，而且
不智的舉動。」[81]希望國民黨政府能恢弘大度對待民盟為代表的民
主力量。

　　針對經濟崩潰的局面，有人認為「在內戰的環境中，一切「竭
澤而魚」，只顧財政的目的，不顧經濟的目的。」要挽救當前的危
機，「只有首先努力結束殘酷的內戰，使少數人的政權變為多數人
的政權。不然，生產者和消費者的利益都會被犧牲殆盡。」[82]

　　抗戰期間，由於財政支出增加，法幣大量發行。到了戰後國民
黨為支付與共產黨作戰的軍費，法幣的發行量更加大增，三年間增
加超過一千倍。在政府庫存黃金、外幣都沒有實質增加的情況下，
造成了民間的惡性通貨膨脹。更曾經有造紙廠以低面額的法幣作為
造紙的原料獲利。宋子文為行政院長時，試圖以金融政策穩定法幣，
拋售庫存黃金購回法幣。但因為法幣發行量仍在增加而沒有成果。
1948年5月，「行憲國大」後，由著名地質學家翁文灝出任行政院
長，商務印書館總經理王雲五被任命為財政部長，開始籌畫貨幣改
革。翁氏剛一出任行政院長，《觀察》主編儲安平即發表文章予以評

[80]　《中央日報》，1947年10月28日。
[81]　周炳琳等：〈我們對於政府壓迫民盟的看法〉，《觀察》第三卷第11期。
[82]　施復亮：〈論當前的經管情形〉，《觀察》第五卷第10期。

論，作者指出在目前的局面下，無論誰來做行政院長都解決不了問題，除非行政院長有左右大局的權力，而最重要的是結束當前的內戰。「現在一切的毛病出在內戰，一切的苦難出在內戰，這個僵局的『結』就是內戰，只有停止內戰，才能救活中國。」在作者看來，翁文灝出任行政院長，「一切中國官場的虛文俗套也許可以減少一點，整個的行政情緒也許可以提高一點。」但是要希望翁氏來扭轉乾坤，改變目前的局面，「假如不是一種幻想，就是一種奢望了。」因為「大勢如此，這已不是翁氏等一兩人所能撐支得了的了。」[83]歷史果然被作者言中。8 月，國民黨政府以總統命令發佈《財政經濟緊急處分令》和其他一些條例，決定廢棄法幣，改發金圓券。企圖以此來挽救日益崩潰的經濟，但以行政方法意圖控制物價，結果造成金融失調，市場崩潰。翁文灝內閣被迫於 11 月總辭職。

　　在《觀察》的政論文章當中，儲安平的〈失敗的統治〉和〈一場爛污〉大約最為尖銳。他指出：「國民黨一黨專政，前後垂二十年。二十年執政的結果：一般人民的物質生活，愈來愈艱難；一般社會的道德生活愈來愈敗壞。」「二十年的時間不算短；二十年的歷史說明單靠消極的政治控制維護不了既得的政權；這條路走不通，越走越近死路。一個執政的政黨，必須以政績來維護其既得的政權。能如此，國家有利，黨亦有利；否則，國家也許有前途，而黨決決無前途。」[84]「七十天是一場小爛污，二十年是一場大爛污！爛污爛污！二十年拆足！爛污！」[85]

---

[83] 儲安平：〈評翁文灝內閣〉，《觀察》第四卷第 15 期。

[84] 儲安平：〈失敗的統治〉，《觀察》第一卷第 3 期。

[85] 儲安平：〈一場爛污〉，《觀察》第五卷第 11 期。

　　此外，在國大召開，外交政策等方面，《觀察》也有許多文章進行了抨擊。在當時也都是引人注目的，並產生了一定的社會影響。

　　1948 年，面對深刻的政治危機，國民黨政府於 3 月至 5 月在南京召開國民大會，由於此次國大正式選舉總統與副總統，故又稱為「行憲國大」。「行憲國大」遭到了全國各階層的強烈反對。還在國大召開期間，中國民主同盟就發出《通知》，要求各級組織積極行動起來，抵制「行憲國大」的召開。「行憲國大」剛一閉幕，民盟又發表緊急聲明，否認偽國大偽憲法偽總統。指出國民黨的「行憲國大」「不僅對於中國之民主政治之實毫無關係，相反，南京獨裁政府，經過了這次民選的粉飾，民主的偽裝，將更盜用民主民意的名義，來施行其法西斯獨裁的暴政，並騙取美帝的種種援助，以延長中國內戰的戰禍」。[86]

　　《觀察》的主編儲安平在「行憲國大」開會期間，發表了〈國大評論〉一文，指出國民黨二十年的「訓政」是失敗了，國民黨應該有勇氣承認此種失敗，並能從失敗中吸取教訓，同時敬告國民黨「只有以國家為第一，才能大公無私；只有大公無私，才能在政治上有所成就；只有有成就的人、團體、黨派，才能在這時代的洪流中立腳！」[87]

　　在《觀察》作者對時政的批評中，《觀察》的對外主張也是極其重要的一面。這主要包括對日政策、對美國對華政策的批評、主張在美蘇之間保持中立等三個方面：

---

[86]　《中國民主同盟歷史文獻》（1941-1949），北京：文史資料出版社，1983年版，第 415 頁。

[87]　儲安平：〈國大評論〉，《觀察》第四卷第 9 期。

（一）對日政策方面

　　中國經過八年浴血奮戰，慘烈犧牲，終於在 1945 年取得了抗日戰爭的輝煌勝利。《觀察》主張，戰後為了防止日本侵略勢力的再起，應在公正、和平的基礎之上締結對日和約。針對美國完全不顧盟國的利益，姑息、縱容日本法西斯勢力，企圖把日本建成反蘇、反共基地，《觀察》指出，根據「開羅宣言」與「波茨坦公告」的原則，及日本國內的實際政治情況，「應廢除天皇制，懲辦財閥，懲罰曾任侵略政府的官吏，禁止法西斯或半法西斯的結社」，「應規定一個相當長期為再教育日本的時間，及防止日本侵略勢力再起並保證不侵略日本。」[88]並主張約束日本的金屬工業，具體辦法為：（1）限制日本製鐵業的出產生鐵能力，不得超過每年二十萬噸；（2）限制日本製鋼業的出產鋼錠能力，不得超過每年一百萬噸；（3）禁止日本出產輕金屬；（4）禁止日本利用電熱冶金。「假使用教育洗滌日本的心念，用改革摧毀日本的腐敗，當然是最理想。」「在東亞，倘能削除大部分的日本重工業，而把這削除的期限定為三十年，相信日本也只能走向和平之路，自然走向和平之路。不獨是日本人民之福，也是全球人民所願望的。」[89]

　　關於日本復興會不會威脅中國，《觀察》絕大多數作者認為，鑒於美國對日扶持及美國的佔領政策，戰後日本的復興的確會嚴重威

---

[88]　李純青：〈對日和約政治問題〉，《觀察》第三卷第 6 期。

[89]　王遵明：〈任何約束日本的金屬工業〉，《觀察》第三卷第 8 期。

脅中國的安全，並認為美國應對此付主要的責任。「其實，如果中國不能在短期中完成安善的轉變，而日本繼續獲得美國的扶植，則不待十年，日本富強，必有可觀，而此富強的日本就要現出其侵略的原來面目。是則，此不僅為中土之憂患，實亦為目前之近憂。」[90]「世界在和平不絕如縷的場合，突變是隨時可來的，所貴的在乎外交當局能有先見之明，速為屈突徒薪之計，否則我們很懷疑國家的命運，是否能在新的暴風雨中再渡過其難關。」[91]

對此，當然也有不同意見，認為必須從中日美三角關係的角度來認識日本及戰後日本的復興問題，「立國之道，需要生存競爭，和平之本故需要共濟合作。」中日之間應採取學習性、選擇性的合作與競爭；中日之間對於美國援助應取優越性、領導性的合作與競爭；中美之間對於日本復興應取參加性、支配性的合作與競爭。「在這種光明正大，不偏不倚的立場上，深盼國內早日安定，在外交上樹立旗幟，取得美國的信任博得日本的欽佩。進而發揮合作競爭的原則，謀求整個遠東經濟調適的基礎。這才可以賡續抗戰的光榮，跨過內戰的挫折，而名正言順的把握東南亞洲盟主的地位。」[92]應該承認此一看法更合乎現實，更富於理性。

在《觀察》的對日主張中，要求收回琉球也是一個較為重要的方面。有人從國防、歷史、人種、文化的角度，認為琉球都無可爭議地屬於中國，「從這種方面看，琉球應當歸還中國，中國必須收

90　王鐵崖：〈此中土之遠患而非目前之近憂〉，《觀察》第四卷第 11 期。

91　錢克新：〈評對國際現勢的一種論調〉，《觀察》第四卷第 2 期。

92　劉子健：〈日本復興會不會威脅中國？中國應該怎樣應付復興的日本〉，《觀察》第三卷第 24 期。

回琉球，希望國人群起呼應。」[93]還有人從法理立場、實際的政治形勢出發，提出了解決琉球歸屬的另外一種見解，即：（1）首先讓琉球人民投票願不願加入中國；（2）如其不願，則實行有期限的托治，扶助琉球民族自由獨立。托治形式，可交一國或數國共管；（3）托治國不得有久占琉球的企圖或設施，並不得利用琉球作戰，除非為對付日本；（4）聯合國保證琉球永遠脫離對日本的從屬關係，並保證其永不受侵略。[94]

（二）對美國對華政策的批評

抗戰勝利後，尤其是內戰爆發之後，美國政府以金錢、物質、彈藥等援助國民黨政府，助長了中國的內戰，加上在華美軍的暴行和美國移民法中對華人的歧視，引起了中國知識份子的強烈抗議。本來在抗戰期間，美國援助中國抗戰及中美聯合抗擊日本侵略勢力，使得中國人民引起是知識份子對美國有普遍的好感，如儲安平說「在戰爭時期，中國人對於美國都懷有一種廣泛的好感。這種感情，包含著感激和敬佩兩種成分。」「中國人感激美國，器重美國，甚至崇拜美國！這種廣泛普遍的友情，在國際歷史中亦不多見。」[95]但是，隨著戰後局勢的變化，這種感情也隨之發生了變化。

針對美國援助國民黨政府以及企圖把中國建成反蘇基地，《觀察》作者們認為「因為全世界的反動政權因了他的貪污腐敗促使

---

[93] 萬光：〈琉球應歸還中國〉，《觀察》第二卷第 24 期。

[94] 李純青：〈論琉球歸屬問題〉，《觀察》第三卷第 12 期。

[95] 儲安平：〈我們對於美國的感覺〉，《觀察》第一卷第 11 期。

「人民」與「政府」離心，幫助發動政權，就是以全世界人民敵對。」[96]「中國人的願望是很簡單的，即請美國不要把中國列為反蘇基地之一。」[97]對於中蘇之間隙，美國有造成之責，[98]並指出：「中國的反動派想利用美國的恐蘇心理，加緊製造美蘇的尖銳化，意圖自己在東亞替美國擔任反蘇先鋒隊，這件事不但於美國有大害，並且亦是無濟於事的。」「中國的民主人士願意以至誠至懇的態度向美國保證：絕對擔保中國於和平成立以後不會偏向到蘇聯一方去。」[99]《觀察》同時警告美國：「中國大多數知識份子中間階級是對蘇聯有惡感的，但萬一不幸，將來不能不偏向於蘇聯的那一天，那是美國逼迫出來的，這卻必須由美國負完全責任。」[100]「我們不欲否認，美國之過問中國政治，到頭還是為了美國的利益。但是美國一方面為了他自身的利益同時也須真為中國的幸福前途公道打算。能如此，中國人民會得在心裡感激美國，否則，美國必將失去眾多中國人民對於美國的感情，而這種感情，就是多年以來美國的政治家外交家所要求獲致的。」[101]

　　1946 年 12 月，駐華美軍士兵強姦北京大學一女學生，引起了全國各界的普遍憤怒，約有五十萬學生舉行遊行示威，抗議美軍暴行。當時，《觀察》刊有許多文章支持學生遊行，但也有一些作者

---

[96] 楊光時等：〈我們對於大局的看法與對策——正告美國〉，《觀察》第二卷第 21 期。

[97] 張東蓀：〈為中國問題忠告美國〉，《觀察》第二卷第 20 期。

[98] 吳世昌：〈論當前的政局和美國對華政策〉，《觀察》第三卷第 5 期。

[99] 張東蓀：〈美國對華與中國自處〉，《觀察》第二卷第 6 期。

[100] 張東蓀：〈為中國問題忠告美國〉，《觀察》第二卷第 20 期。

[101] 儲安平：〈我們對於美國的感覺〉，《觀察》第一卷第 11 期。

態度比較冷靜客觀。他們指出「此類暴行即為一種國際罪行，則此暴行之本身仍屬一種私人行為，而非直接與國家有關者，國家至多只負代理責任。」主張應根據法律與國際慣例來處理，並認為「我國府今所頒佈延長之『處理駐華美軍人員刑事案件』失之寬泛，致使美軍當局得在我領土上行使審判權，有損國體，本年（三十六年）三月一日，是項條例之延長有效期間，即將到達，屆時，應根本的加以廢退，以維國權。」[102]更有人把此事件與內政聯繫起來，說「你們青年人因皮爾遜案而引起的憤怒，我是十二分同情的。同時，我們也得反躬自省，在今天的中國國內，貪污枉法，倒行逆施，那裡還尋得到一點公道正義？對自己人都沒有公道，我們還能希望人家以公道相待麼？」[103]

1946 年 11 月，《中美商約》簽訂，其中規定：締約國一方之國民，得享有進入他方領土之權利，以從事並經營商務、製造、加工及所定其他之種種事業與職業；且應享受最惠國國民之待遇即不得低於任何第三國國民所享受之待遇。但事實上，美國移民法中有種種規定和限制中國人入境，雙方並不平等，且中國人入境與取得合法居住權遠低於其他國家之國民，這嚴重損害了許多海外僑胞的利益。針對此事，有人建議政府將來有修改中美商約的機會時，力爭三點：（1）假如美國不願中國國民毫無限制的進入美國，美國便應允許增加中國國民每年入美之配額；（2）凡非法入境之在美華僑，如以往在美並無犯罪之記錄，而確係從事或經營正當之職業或

---

[102] 周子亞：〈從國際法立場論美軍暴行之性質及外國軍隊之刑事管轄權問題〉，《觀察》第一卷第 23 期。
[103] 費青：〈皮爾遜強姦案翻案事答問〉，《觀察》第三卷第 1 期。

事業者，應一律視為合法入境，准許其在美居住並享受其他種種權利；（3）凡專為中國人或中國人之後裔而設之歧視待遇，應一概廢除，不復適用，中國人所享受之待遇，不得低於任何第三國國民所享受之待遇。[104]

（三）主張在美蘇之間保持中立

二戰後，隨著美蘇爭霸與兩個陣營的形成，中國成為雙方角逐的一個重要場所，都想把中國納入自己的陣營，以期在爭奪全球霸權上，增加一個重要砝碼。而在國內，國民黨政府為了尋求美國的援助，一昧聽從美國，不惜犧牲國家主權和利益。

針對上述現象，《觀察》指出：「國際政治具有兩種不同的矛盾的性質，其一是現實性，其二是進步性。」無論是從國際政治的變化，還是從過去的是非曲直，以及我們自己的利害來看，我們都不可將美蘇視為敵對國家。「我們惟有兼親美蘇，才能因世界的安全而獲致中國的安全，才能因兩國之資助而致力國內的建設。」[105]「中國人民不反美，也不反蘇，孫中山先生是列寧的朋友，也是林肯的信徒，我們只願意在中國的國土上成為中國人民安寧幸福的樂土，不願意成為國際鬥爭的基地。」[106]

他們也清楚地認識到「在目前的狀況下，美蘇兩國要恢復到像戰時那樣的融洽關係，簡直比駱駝穿針孔還要難。」但「美蘇

---

[104] 韓德培：〈評中美商約中的移民規定〉，《觀察》第一卷第 24 期。

[105] 錢端升：〈世界大勢與中國地位〉，《觀察》第二卷第 3 期。

[106] 許德珩：〈魏德邁回國後美國將如何的對中國〉，《觀察》第三卷第 1 期。

間既不會訴諸戰爭也不會言歸於好，則目前這種拖的局面，顯然還要延續下去，所謂冷戰一時還不會終止。」[107]「中國過去一兩年的作法是基於美蘇必將激烈鬥爭——甚或開戰的一個大前提，不特政府中有力人物作此看法，准政府派，甚或政府以外的人士也多作如此看法。」[108]

他們進一步指出「即使假定美蘇的鬥爭仍將劇烈，我們仍是沒有理由偏美反蘇。美蘇如有鬥爭，我們第一工作應是盡力以疏解雙方，使鬥爭變成合作。疏解不成，則我們應本我們的道義感，站在有理的一方。」[109]「雖然蘇聯在東北拆運日本人留下的工廠設備、材料等，這並不能構成反蘇的理由，更不是一個非訴諸戰爭不可的事件，退一步，縱使這件事構成了反蘇的條件，我們也沒有反蘇的本錢。」「美國人的錯誤，在於只看見自己的利益，俄國人也如此，中國人的錯誤在於不看見自己的利益。推本窮源，我們太不瞭解蘇聯，不過跟美國人的誤解蘇聯，剛好處於兩個極端。如果能正確瞭解蘇聯，則結果不但對我們國內政治有良好的貢獻，即對美蘇關係也不無貢獻。」[110]

當時，《觀察》也有一些文章指出中國應該成為美蘇的橋樑，不應盲從任何一方，應有自己獨立自主的外交政策，並與國內政治聯繫起來。「中國在亞洲方面，應成為美蘇兩強的橋樑。為著要達到這一點，中國應依照西歐英法兩個國的模型，在政治方面採行民

---

[107] 蔣學模：〈美蘇關係的現在和未來〉，《觀察》第五卷第 18 期。
[108] 錢端升：〈世界大勢與中國地位〉，《觀察》第二卷第 3 期。
[109] 錢端升：〈世界大勢與中國地位〉，《觀察》第二卷第 3 期。
[110] 傅雷：〈我們對於美蘇關係的態度〉，《觀察》第二卷第 10 期。

主政治,而在經濟方面採行溫和社會主義,並在外交方面超出於任何集團而為集體安全等理想而努力。」[111]「中國如果不能積極地成為美蘇間的橋樑,也決不可能消極地成為美蘇間的隔離物。政治現象,正和自然現象一樣,是不容有真空地帶的。」[112]並建議「對於亞洲民族主義,中國應處於領導的地位。我們應不顧忌任何國家的邦交,對民族主義的興起表示同情,並於必要時代替被壓迫民族在聯合國提出上訴。」[113]

　　抗戰結束前,蘇聯出兵中國東北,對抗戰的最後勝利作出了應有的貢獻,但隨後,蘇聯反而極力搶奪日本留下來的物資和資源,嚴重侵犯了中國的主權和利益。當時,許多進步人士和刊物對此表示沉默。《觀察》批評到「二次大戰結束以後,國內很少用不偏不倚的立場,觀察國際關係,進步分子也有近乎教條主義的成見,同時更受熱情的矇蔽,服膺某種主義的,以為天下的『是』都在這一面,天下的『非』都在那一面。不幸事實並非如此簡單。」「紅軍在東三省搬走日本人的工廠,進步的刊物噤若寒蟬,不執一辭。」「中蘇條約的公佈,國內所有的報紙,不分派別,一致頌揚。」[114]這些觀點和見解在當時的年代都是難能可貴的。因為一個國家為了生存,其外交政策是不斷變化的,儘管有時打著「革命」或「友誼」的旗號。

---

[111] 伍啟元:〈從世界潮流論中國出路〉,《觀察》第二卷第 7 期。

[112] 端木正:〈中國能永久中立化麼?〉,《觀察》第三卷第 16 期。

[113] 伍啟元:〈從世界潮流論中國出路〉,《觀察》第二卷第 7 期。

[114] 傅雷:〈我們對於美蘇關係的態度〉,《觀察》第二卷第 10 期。

　　《觀察》的對外主張，在一定程度上反映了自由主義學人對國家、民族命運的關注，由於他們能堅持獨立、自由的態度與立場，因此，他們的主張既不同於國民黨，也不同於共產黨，某種意義上真正體現了第三者的政治立場。雖然其中有一些觀點不切實際，但也不乏真知灼見。由於近代中國特殊的歷史狀況，他們的主張未能成為現實，留下了歷史的遺憾。

三、科學與理性的追求

　　在中國多數知識份子看來，科學與理性是解決中國問題的一副靈丹妙藥。有學者在分析現代中國的唯科學主義思潮時，曾明確指出：「就科學的全面應用來說，在二十世紀前半葉，中國的各種條件是令人沮喪的，但卻激發了思想界對科學的讚賞，對此，我們可稱之為『唯科學主義』。」[115]正是這種對科學的讚賞態度，以及將西方自由主義同科學方法和科學精神聯繫起來的做法，使得現代中國的「自由主義者產生了一種『理性崇拜』的傾向。」 即視理性為萬能，「相信理性是人類歷史發展的基本動力和社會改造的基本工具。」在他們看來，「唯有運用理性和使理性得到充分發展，社會才會逐漸進步並最終臻至完善的境界。」[116]因此，作為《觀察》的主編和自由知識份子的儲安平，對科學和理性的追求自然也不例外。

---

[115]　〔美〕郭穎頤：《中國現代思想中的唯科學主義（1900～1950）》，雷頤譯，南京：江蘇人民出版社，1995 年版，第 1 頁。

[116]　胡偉希：〈理性與烏托邦──20 世紀中國的自由主義思潮〉，載高瑞泉主編：《中

　　在儲安平為《觀察》所標明的四個基本立場中，除了民主和自由之外，就是進步和理性。「我們要求國家進步，我們絕對反對國家停滯不前。」怎樣才能實現進步？他認為「我們要求民主政治，要求工業化，但要民主政治成功，工業化成功，先須大家有科學精神，現代頭腦。我們要求在政治、經濟、社會、教育、軍事各方面的全盤現代化。我們希望人人都有現代化的頭腦。唯有現代化了，才能求得更大更迅速的進步，才能與並世各國並駕齊驅，共同生存。」[117]在這裡，科學的作用明顯是重大的。緊接著，他又談到理性的功能。他說：「人類最可寶貴的素質是理性，教育的最大目的亦即在發揮人類的理性。沒有理性，社會不能安定，文化不能進步。現在中國到處都是憑藉衝動及強力來解決糾紛，甚至正在受著教育的青年也是動輒用武。……我們要求政府及社會各方面能全力注意這點。只有發揮理性，社會始有是非，始有和平，始有公道。我們要求一個有是非有公道的社會，我們要求各種糾紛都能運用理性來解決。唯有這樣，才能使一切得到合理的發展，才能加速一切建設的成功。」[118]

　　在《觀察》一至五卷中，設有專門的「科學專欄」。刊登的多為介紹科學常識的文章，撰稿人基本上是大學教授。其中比較著名的是曾經擔任中央研究院天文研究所研究員和燕京大學教授的戴文賽，一共投稿十篇，有一定影響的為〈我們的太陽〉、〈隕星與流星〉、〈原子時代第三年〉等。除了這些科普性文章之外，也有一些提倡

國近代社會思潮》，上海：華東師範大學出版社，1996 年版，第 233 頁。
[117] 儲安平：〈我們的志趣和態度〉，《觀察》第一卷第 1 期。
[118] 儲安平：〈我們的志趣和態度〉，《觀察》第一卷第 1 期。

科學精神、科學態度的文章。影響較大的是北大教授楊人楩的〈科學精神與民主態度〉一文。在這篇文章中，作者認為「提起科學，容易使我們想到純科學的原理與實驗，應用科學的技巧與發明。……可是，離開了科學精神，這一切都不能生根。」他指出：科學的精神與民主的態度是相關的和同時並存的。「科學精神與民主態度配合而成為促進社會進化的主要動力，此一動力可使愚昧及支持愚昧的強力同時消滅，從而可使科學更發達，民主更徹底，可使我們易於合理地解決一切問題，易於消除一切阻遏社會進化的障礙。」[119]

　　至於理性，除了前述儲安平的闡明文字以外，直接籲求理性的文字和文章並不多見。但細查刊物的政論文章，尤其是有關對國際局勢和中國應採取的外交政策，比如在具體的外交事件上，理性的風格和色彩就非常明顯，「我們是一個理性的刊物，我們絕不感情發言；一切感情衝動的文章，概所不取。」[120]對理性的追求可見一斑。

第三節　《觀察》撰稿人分析

　　《觀察》的創刊號上，列有六十八位撰稿人姓名，第二期上又有十位，加上主編儲安平，這樣基本撰稿人一共七十九位。當然給刊物寫文章的人還有很多，無法一一分析這些作者的詳細情況，我們就以這七十九人為《觀察》基本撰稿人作一簡要分析。

---

[119] 楊人楩：〈科學精神與民主態度〉，《觀察》第五卷第 6 期。
[120] 儲安平：〈辛勤・忍耐・向前〉，《觀察》第一卷第 24 期。

　　《觀察》週刊大體上是二十世紀上半葉中國自由知識份子創辦的最後一份同人刊物。在談到這份刊物創辦的緣起時，儲安平曾說起關於邀集刊物撰稿人的一些情況，「我們擬了一張『擬約撰稿人名單』，分別函洽。函洽時，一共附去印件三件：一、緣起，二、『擬約撰稿人名單』，三、擬就之覆信。函附『擬約撰稿人名單』的目的，乃在於使收信人於考慮允任或不允任時，獲得一種參考材料。」除此之外，「另外附有私人親筆的長信，以最大的熱忱，要求允諾，共同為國家的福利努力。……允任撰稿人的意義是雙重的，第一表示願為本刊撰稿，第二表示至少在道義上支持這個刊物。」[121]然而，即使是刊物的撰稿人，文章也不一定被採用。「我們自信我們用稿在大體上還能保持客觀的標準，避免偏私。稿件用否與是否是『撰稿人』或是否是『教授』並無必然關係；『撰稿人』中的稿件也有許多退還的，外來的投稿，只要重量夠，我們極願採用，並給以應有的地位。」[122]至於為什麼不用「特約撰稿人」一詞，而一律稱為「撰稿人」，「目的在使本刊的撰稿人在精神上能和本刊發生更密切的感情。」[123]

　　謝泳先生把《觀察》撰稿人分為三種類型：一是以儲安平為代表的企圖通過自己辦報辦刊來積極參與國家政治生活的人；二是以費孝通為代表的在專業之外對政治懷有濃厚興趣並試圖在具體的政治運作中扮演某種角色的人；三是以錢鍾書為代表的對政治完全看透而鍾情於學術的人。並進一步分析第一種人常常以自

---

[121] 儲安平：〈辛勤・忍耐・向前〉，《觀察》第一卷第 24 期。

[122] 儲安平：〈艱難・風險・沈著〉，《觀察》第二卷第 24 期。

[123] 儲安平：〈辛勤・忍耐・向前〉，《觀察》第一卷第 24 期。

己所認定的的政治理想為追求目標，用自己的思想影響政府，但又不願完全陷入政治的漩渦中去；第二種人是徘徊在政治與學術之間的人，他們不如第一種人超然，如果有機會，他們願意參加到一定的政治集團中去；第三種人則是看透政治並厭惡政治，他們對於政治絕非不關心，但這種關心有兩種方式，一種是完全退入內心，對政治冷眼旁觀，另一種是把對政治的理解融入到自己所選擇的專業中。[124]

　　許紀霖先生認為二十世紀中國，總共有六代知識份子。以 1949 年作為中界，可以分為前三代和後三代，即晚清一代、五四一代、後五四一代和十七年一代、文革一代和後文革一代。[125]《觀察》撰稿人中的絕大多數在刊物創刊時，年齡在三、四十歲之間，因此，按照許紀霖的說法，他們基本上屬於二十世紀中國知識份子中的後五四一代。當然像胡適、張東蓀、馬寅初、傅斯年等一小部分撰稿人就不屬於後五四一代。

　　《觀察》撰稿人中許多人都受過完整的高等教育，並有留學歐美等國的經歷。從所從事的專業角度而言，除少數從事自然科學外，絕大多數是從事社會科學研究的；從職業角度看，除少數為政府官員外，大部分是國內知名大學的教授；從黨派屬性看，除少數中共人士外，大多數在當時還是無黨派人士。1949 年，隨著中國政局的巨大變化，除一小部分人以外，《觀察》撰稿人中的許多人

---

[124] 參見謝泳：《儲安平與〈觀察〉》，北京：中國社會出版社，2005 年版，第 146 頁。

[125] 參見許紀霖：《許紀霖自選集·自序》，桂林：廣西師範大學出版社，1999 年版，第 2～4 頁。

在有離開大陸的條件下，選擇了留在大陸。而在 1957 年的反右運動中，《觀察》撰稿人的相對一部分被中共當局劃為「右派」分子，儲安平更是赫赫有名的大右派。[126]

此外，作為刊物的主編，儲安平和《觀察》撰稿人中的絕大多數有著相當密切的社會交往。「張東蓀、潘光旦、胡適為儲安平光華大學讀書時期的老師；伍啟元、吳恩裕、樓邦彥、費孝通、鮑覺民、錢歌川、夏炎德、蕭乾等人是儲安平倫敦大學同學；錢鍾書、吳世昌、高覺敷為儲藍田師範學院同事；梁實秋、葉公超、卞之琳、季羨林是儲安平所熟識的文藝界人士；許德珩、呂復、笪移今是儲安平在重慶結識的民主界進步分子；楊人楩、戴文賽、戴鎦齡、錢清廉、李浩培、張印堂等則與儲安平同為留英派，通過留英同學會相識；趙超構、浦熙修、王芸生、許君遠、徐盈夫婦、李純青則為儲安平新聞界的朋友；而在政府中就職的陳之邁、郭有守、顧翊群等學者型官員，也與儲安平頗有私誼，尤其陳之邁，是儲安平可以稱兄道弟的朋友。」[127]正是在主編儲安平和這些《觀察》撰稿人的共同努力下，《觀察》週刊成為現代中國歷史上一份最具影響的同人刊物。

---

[126] 關於《觀察》撰稿人的一些具體特點可參見謝泳：《儲安平與〈觀察〉》，北京：中國社會出版社，2005 年版，第 154～155 頁中的有關論述。

[127] 許紀霖等《近代中國知識份子的公共交往（1895—1949）》，上海：上海人民出版社，2008 年版，第 413 頁。

《觀察》撰稿人情況簡表[128]

姓名	生卒年	籍貫	國內畢業院校	留學國家	專業	任職單位	1949年去向	反右運動中
儲安平	1909-1966？	江蘇宜興	光華大學	英國	政治學	復旦大學政治系	大陸	右派
卞之琳	1910-2000	江蘇海門	北京大學	英國	詩人	南開大學	大陸	
王芸生	1901-1980	天津靜海			新聞	《大公報》總主筆	大陸	
王訊中						清華大學		
王贛愚	1906-1997	福建福州	清華大學	美國	政治學	南開大學政治學系	大陸	
伍啓元	1912-	廣東臺山	滬江大學	英國	經濟學		美國	
任鴻雋	1886-1961	重慶巴縣		美國	化學		大陸	
呂　復	1879-1955	河北涿鹿		日本	法學	中央大學	大陸	
何永佶	1902-1966	廣東番禺	清華大學	美國	政治學	中央政治學校	大陸	
沈有乾	1900-	上海嘉定	清華大學	美國	哲學		美國	
吳世昌	1908-1986	浙江海寧	燕京大學	英國	文學	中央大學中文系	英國[129]	

---

[128] 此表的製作是在參考謝泳：《儲安平與〈觀察〉》中的「《觀察》撰稿人簡況」一表，北京：中國社會出版社，2005年版，第150～152頁，和許紀霖等：《近代中國知識份子的公共交往：1895～1949》中的「《觀察》撰稿人」一表，上海：上海人民出版社，2008年版，第480～483頁的基礎上修訂而成。

[129] 吳世昌於1947年赴英國牛津大學講學，任牛津、劍橋兩大學博士學位考試委員，1962年又回到大陸。

吳恩裕	1909-1979	遼寧瀋陽	清華大學	英國	政治學	北京大學政治系	大陸	
吳澤霖	1898-1990	江蘇常熟	清華大學	美國	民族學	清華大學人類學系	大陸	右派
李純青	1908-1990	臺灣臺北	中央政治學校	日本	社會學	《大公報》社論委員	大陸	
李浩培	1906-1997	上海	東吳大學	英國	法學	武漢大學法律系	大陸	
李廣田	1906-1968	山東鄒平	北京大學		文學	清華大學中文系	大陸	右派
沙學浚	1907-1998	江蘇泰州	中央大學	德國	地理學	中央大學	臺灣	
周子亞	1911-	浙江杭州	中央大學	德國	法學	浙江大學法學院	大陸	
周東郊	1907-1978	浙江紹興	東北大學		歷史學		大陸	
宗白華	1897-1986	江蘇常熟	同濟大學	德國	美學	中央大學	大陸	
季羨林	1911-	山東臨清	清華大學	德國	語言學	北京大學東語系	大陸	
胡　適	1891-1962	安徽績溪	清華大學	美國	哲學	北京大學校長	臺灣	
胡先驌	1894-1968	江西新建	京師大學堂	美國	植物學	靜生生物研究所所長	大陸	
柳無忌	1907-2002	江蘇吳江	清華大學	美國	文學	中央大學外文系	美國	右派
徐　盈	1912-1996	山東德州	金陵大學		新聞	《大公報》	大陸	
孫克寬						國民政府內政部	臺灣	
馬寅初	1882-1982	浙江嵊縣	北洋大學	美國	經濟學	中華工商專科學校	大陸	

高覺敷	1896-1993	浙江溫州	北京高師		心理學	國立編譯館、金陵大學	大陸	右派
許君遠	1905-1962	河北安國	北京大學		新聞	《大公報》編輯部	大陸	右派
許德珩	1890-1990	江西九江	北京大學	法國	政治學	北京大學政治學系	大陸	
陳之邁	1908-1978	廣東番禺	清華大學	美國	哲學	中國駐美大使館參贊	臺灣	
陳友松	1899-1992	湖北京山		菲律賓	教育學	北京大學教育學系	大陸	
陳衡哲	1890-1976	江蘇武進	清華大學	美國	歷史學		大陸	
陳瘦竹	1909-1990	江蘇無錫	武漢大學		戲劇	國立戲劇專科學校	大陸	
陳維稷	1902-1984	安徽青陽		英國	紡織	交通大學紡織系	大陸	
夏炎德	1911-	上海南匯	暨南大學	英國	經濟學	復旦大學經濟學系	大陸	
曹　禺	1910-1996	天津	清華大學		戲劇	戲劇學院	大陸	
梁實秋	1903-1987	北京	清華大學	美國	文學	燕京大學	臺灣	
張印堂	1902-	山東泰安	燕京大學	英國	地理學	清華大學地學系	大陸	
張沅長	1905-	上海	復旦大學	美國	文學		臺灣	
張忠紱	1901-1977	湖北武漢	清華大學	美國	政治學		美國	
張東蓀	1886-1973	浙江杭州		日本	哲學	燕京大學	大陸	
張德昌	1907-	河南林縣	清華大學	英國	政治學		美國	
笪移今	1909-	江蘇句容			經濟學	上海銀行	大陸	

黃正銘	1903-1973	浙江海寧	中央大學	英國	法學	中央大學政治學系	臺灣	
郭有守	1900-	四川資中		日本	教育學	聯合國教科文委員會	臺灣	
章靳以	1909-1959	天津	復旦大學		文學	復旦大學	大陸	
馮　至	1905-1993	河北逐縣	北京大學	德國	文學	北京大學西語系	大陸	
馮友蘭	1895-1990	河南唐河	北京大學	美國	哲學	清華大學文學院	大陸	
程希孟	1901-1976	江西南城	北京高師	英國	經濟學	中國駐聯合國代表團顧問	大陸	
曾昭掄	1899-1967	湖南湘鄉	清華大學	美國	化學	北京大學化學系	大陸	右派
傅　雷	1908-1966	上海南匯	徐彙公學	法國	文學		大陸	右派
傅斯年	1896-1950	山東聊城	北京大學	英國德國	心理學	中研院歷史語言研究所	臺灣	
楊　剛	1905-1957	湖北沔陽	燕京大學	美國	新聞	《大公報》駐美特派員	大陸	
楊　絳	1911-	江蘇無錫	東吳大學	英國法國	文學	震旦女子文理學院	大陸	
楊人楩	1903-1973	湖南醴陵	北京師大	英國	歷史學	北京大學史學系	大陸	
楊西孟	1900-	四川江津	北京大學	美國	經濟學	北京大學經濟學系	大陸	
葉公超	1904-1981	廣東番禺		美國英國	文學	國民政府外交部	臺灣	
雷海宗	1902-1962	河北永清	清華大學	美國	歷史學	清華大學歷史學系	大陸	右派
費孝通	1910-2005	江蘇吳江	清華大學	英國	社會學	清華大學社會學系	大陸	右派

趙家璧	1908-1997	上海松江	光華大學		新聞	晨光出版公司總經理	大陸	
趙超構	1910-1991	浙江文成	中國公學		新聞	《新民報》總編輯	大陸	右派
潘光旦	1899-1967	上海寶山	清華大學	美國	社會學	清華大學社會學系	大陸	右派
蔡維藩	1898-1971	江蘇南京	金陵大學	美國	歷史學	昆明師範學院	大陸	
劉大杰	1904-1977	湖南岳陽	武昌師大	日本	文學	暨南大學	大陸	
樓邦彥	1912-1979	浙江鄞縣	清華大學	英國	法學	北京大學政治系	大陸	右派
錢能欣	1917-	浙江湖州	北京大學	法國	法學	中國駐法大使館	大陸	
錢歌川	1903-1990	湖南湘潭	東京高師	日本英國	文學	臺灣大學	臺灣	
錢清廉				英國	法學	中央幹部學校	大陸	
錢端升	1900-1990	上海	清華大學	美國	政治學	北京大學政治系	大陸	右派
錢鍾書	1910-1998	江蘇無錫	清華大學	英國	文學	國立編譯館、暨南大學	大陸	
鮑覺民	1909-1994	安徽巢縣	中央大學	英國	地理學	南開大學	大陸	
戴文賽	1911-1979	福建漳州	協和大學	英國	天文學	燕京大學	大陸	
戴世光		湖北武昌	清華大學	美國	統計學	清華大學經濟學系	大陸	
戴鎦齡	1913-1998	江蘇鎮江		英國	文學	武漢大學	大陸	
韓德培	1911-	江蘇如皋	中央大學	加拿大	法學	武漢大學法律系	大陸	右派

蕭 乾	1910-1999	北京	燕京大學	英國	文學	復旦大學 新聞系	大陸	右派
蕭公權	1897-1981	江西 大餘	清華大學	美國	政治學	國立 政治大學	美國	
顧翊群	1900-	江蘇 淮安	北京大學	美國	經濟學	國際 基金銀行	臺灣	

第四節　編輯事業之影響

　　儲安平「獨立的、客觀的、超黨派」的編輯思想及其實踐在當時產生了相當的社會影響。事實上，一個刊物的成功與否，在很大程度上是要取決於刊物發行人的編輯思想與辦事原則的，前面，我們已論述儲安平的編輯思想，而他的基本原則則是：一、一個刊物要維持他超然的地位，這個刊物的編者必須是真正絕對超然的，二、我們這個刊物是全國自由思想分子的共同刊物，這個刊物所代表的理想是全國自由思想分子的共同的理想，這個刊物絕不能成為編者個人活動的工具。[130]也就是說，編者個人的感情與活動是絕對不能攙進編輯事業中去的。

　　有作者認為，《觀察》的創辦實績，為研究四○年代中國社會的發展狀況以及自由主義知識份子的文化性格提供了有益的鑒借。而我們從期刊本身的創辦、編輯、發展角度來看，儲安平的《觀察》實踐以及貫穿其中的編輯思想，對於今天期刊的發展也將不無

---

[130] 儲安平：〈辛勤‧忍耐‧向前〉，《觀察》第一卷第 24 期。

啟示。[131]這一評價是恰如其分的。而《劍橋中華民國史》的作者則認為：「1946 年 9 月一份新週刊《觀察》的出版可以被看成本世紀中期中國自由主義分子的最後抵抗。」[132]充分肯定了《觀察》對自由、民主、法制與理性的宣傳及其巨大的歷史意義。

　　下面，我們將通過儲安平為《觀察》一至四卷所寫的報告書中所作的發行與訂戶分析來考察《觀察》在當時所產生的廣泛影響。從這些報告書中，可以看出《觀察》的銷售量和基本訂戶數量都呈逐步上升的趨勢，發行量也遍及全國各個地區。儲安平說：「在發行上，本刊最大的一個特色是分佈普通，關於這一點，今日國內恐怕沒有一個刊物甚至一個報紙，可以和本刊比擬。平津出版的刊物大都局促於華北東北一隅，上海一般刊物的發行，亦多以京、滬、東南一帶為主要市場。……本刊雖在上海發行，但其分佈並不限於東南一隅；以京滬杭為中心的東南一帶，在本刊的發行額中，僅佔 1/3，其餘 2/3 都是分佈在華北、華中、華南及西南西北各地的。這是本刊在中國出版界中最特殊的一個情形。」[133]

　　在《辛勤・忍耐・向前》，即《觀察》第一卷報告書中，儲安平曾經為《觀察》第一卷一至二十四期的發行量作了一個統計，列表如下：

[131] 李靜：〈從《觀察》看儲安平的編輯思想〉，《青海師範大學學報》（哲學社會科學版）1999 年第 3 期。

[132] 〔美〕費正清，費維愷編《劍橋中華民國史》（下），劉敬坤等譯，北京：中國社會科學出版社，1994 年版，第 476 頁。

[133] 儲安平：〈艱難・風險・沉著〉，《觀察》第二卷第 24 期。

第 1 期　初版	5000 份
再版	1000 份
3 版	1000 份
第 2 期　初版	5000 份
再版	1000 份
3 版	1000 份
4 版	1000 份
第 3 期　初版	7000 份
再版	1000 份
3 版	1000 份
第 4 期　初版	7000 份
再版	1000 份
第 5 期　初版	8000 份
再版	1000 份
第 6 期	9000 份
第 7 期	9000 份
第 8 期	9000 份
第 9 期	9000 份
第 10 期	9000 份
第 11 期	9000 份
第 12 期	9000 份
第 13 期	10000 份
第 14 期	10000 份
第 15 期	10000 份
第 16 期	10000 份
第 17 期	10000 份
第 18 期	9000 份
第 19 期	9000 份
第 20 期	7000 份
第 21 期	7000 份
第 22 期	7000 份
第 23 期	7000 份
第 24 期	8000 份

　　在第一卷一至二十四期的 2709 名訂戶中的職業分類中,「學」
為 627 人,占 23%,「政」為 595 人,占 22%,「工、商、銀行」
為 589 人,占 22%,「軍」為 172 人,占 6%,「其他」為 86 人,
占 4%,職業不祥的為 640 人,占 23%,其中「其他」包括律師、
醫生、教師等。而則 2709 名訂戶的地域分佈,四川為 462 人,華
中為 496 人,江浙為 318 人,華北為 284 人,西北為 273 人,平津
為 140 人,南京為 175 人,上海為 202 人,雲貴為 159 人,華南為
150 人,此外,東北和國外也有一些訂戶。在這裡「華北」包括冀、
魯、晉、豫、綏、察、熱等省,「西北」包括甘、陝、新、青、康、
寧等省,「華中」包括湘、鄂、皖、贛四省,「華南」包括港、粵、
閩、桂、台等地。[134]
　　接下來,我們看看儲安平在《觀察》第二卷報告書中,所作的
各期訂戶的進度表:

第 1 卷	第 24 期出版日止	2800 份
第 2 卷	第 1 期出版日止	3311 份
	第 2 期出版日止	3541 份
	第 3 期出版日止	3802 份
	第 4 期出版日止	4005 份
	第 5 期出版日止	4157 份
	第 6 期出版日止	4258 份
	第 7 期出版日止	4425 份
	第 8 期出版日止	4656 份
	第 9 期出版日止	4796 份
	第 10 期出版日止	4934 份

[134] 儲安平:〈辛勤・忍耐・向前〉,《觀察》第一卷第 24 期。

	第 11 期出版日止	5052 份
	第 12 期出版日止	5191 份
	第 13 期出版日止	5369 份
	第 14 期出版日止	5558 份
	第 15 期出版日止	5757 份
	第 16 期出版日止	6025 份
	第 17 期出版日止	6276 份
	第 18 期出版日止	6572 份
	第 19 期出版日止	6842 份
	第 20 期出版日止	7094 份
	第 21 期出版日止	7269 份
	第 22 期出版日止	7489 份
	第 23 期出版日止	7682 份

　　因此，《觀察》第二卷的訂戶，應為 7682－2709＝4973 名，這 4973 名直接訂戶的職業分類中，「學」為 930 人，占 19％，「政」為 1042 人，占 21％，「工、商、銀行」為 1239 人，占 25％，職業不祥的為 1457 人，占 29％，「其他」與「軍」則各占 3％。他們的地域分佈是，西北為 624 人，華中為 893 人，四川為 624 人，江浙為 600 人，華北為 496 人，華南為 388 人，雲貴為 245 人，上海為 371 人，南京為 310 人，平津為 305 人，同第一卷一樣，《觀察》第二卷的訂戶中也有東北與國外的讀者，而第二卷第二十四期的發行量則達到了 17000 份，其中各期的發行量也基本上是呈逐步上升的趨勢。[135]正因為如此，刊物的主編儲安平才會自豪地宣稱：「本刊的經營足以為中國言論界開闢一條新的道路，並給一切懷有成見

───────────────

[135] 儲安平：〈艱難·風險·沉著〉，《觀察》第二卷第 24 期。

的人們以新的認識：即辦刊物不一定要靠津貼，刊物本身是可以賴發行收入自給的。」[136]

在《觀察》第三卷報告書裡，訂戶和發行量繼續上升，其中到第三卷第二十四期出版日止，刊物的發行量已達 25000 份，而這期間，物價飛漲已到了驚人的地步，但這絲毫不能消減讀者購買《觀察》的熱情。在這一卷 6732 名訂戶的職業分類中，「學」為 1572 人，占 23.4％，「工、商、銀行」為 1515 人，占 22.3％，「政」為 1132 人，占 16.9％，「軍」為 308 人，占 4.6％，職業不祥的為 2205 人，占 23.4％。而他們的地域分佈則是，華中為 1264 人，西北為 917 人，江浙為 828 人，華南為 905 人，四川為 803 人，華北為 559 人，東北、雲貴、上海、南京、平津與國外也仍然擁有《觀察》的訂戶。當時，《觀察》在經濟上遇到了一些困難，即有讀者呼籲向《觀察》捐款，以增強刊物的經濟力量，對此，儲安平表示：「我們對於這些熱心的讀者先生，心中不勝感激。但是我們總不敢接受這個建議。一方面，事實上我們到底還沒有到非向讀者呼籲捐款的地步，一方面我們平時一貫的做人原則是要求公道。……我們現在想起：一切願意捐款幫助我們的朋友，與其用捐款的方式幫助我們，不如用介紹訂戶或贈送朋友的方式來幫助我們。」[137]在這裡，一方面體現了儲安平的編輯原則，另一方面也說明《觀察》在當時讀者心目中所佔有的重要位置。

《觀察》的讀者本以高級知識份子為主，例如儲安平就曾經說過「本刊是一種高級讀物，是給高級知識份子看的。(在本刊的基

---

[136] 儲安平：〈艱難・風險・沉著〉，《觀察》第二卷第 24 期。
[137] 儲安平：〈風浪・熱練・撐住〉，《觀察》第三卷第 24 期。

本編輯方針上，中學生不在我們的讀者對象範圍之內。）」[138]但事實上，刊物的讀者範圍非常廣泛。在儲安平自己所作的《觀察》第四卷報告書中，訂戶職業分類的調查中，我們可以看到總數為 16086 名的訂戶裡，「學」為 4182 人，占 26%，「工、商、銀行」為 2735 人，占 17%，「政」為 2091 人，占 13%，「軍」為 643 人，占 4%，職業不祥的為 6435 人，占 40%。[139]甚至，也有部分中學生成為刊物的讀者。[140]同樣，在這份報告書中，我們也可以看到這 16086 名訂戶的地域分佈，華中為 2896 人，華南為 2091 人，雲貴為 482 人，四川為 1769 人，江浙為 2252 人，上海為 1903 人，南京為 1448 人，西北為 1126 人，華北為 965 人，平津為 965 人。此外，在東北和國外也有訂戶。[141]這足以說明它的影響之廣泛。

另外，當物價飛漲，刊物不得不削減篇幅的時候，有許多讀者來信表示反對。「其中有幾位特別強調，說他們都是「窮光蛋」，但願意加重負擔，不願減少篇幅。」[142]《觀察》聲明說「我們做的是一種影響思想的工作，這個工作是替『國家』做的，不是為了『我們』做的，我們絕無意要本刊的讀者成為我們的『群眾』。我們的目的乃在替國家培養一點自由思想的種子，因為我們認為替國家培養這種『種子』，就是替國家培養元氣。」「我們認為我們今日所做的一種工作，就是一種真正的『建國工作』！」[143]

---

[138] 儲安平：〈辛勤・忍耐・向前〉，《觀察》第一卷第 24 期。

[139] 儲安平：〈吃重・苦鬥・盡心〉，《觀察》第四卷第 23、24 期合刊。

[140] 《觀察》第二卷第 10 期讀者投書上可以說明。

[141] 儲安平：〈吃重・苦鬥・盡心〉，《觀察》第四卷第 23、24 期合刊。

[142] 儲安平：〈編者報告〉，《觀察》第五卷第 1 期。

[143] 儲安平：〈辛勤・忍耐・向前〉，《觀察》第一卷 24 期。

　　有人分析到,「從一至四卷的報告書中看出,直接訂戶的地域分佈不僅包括江浙、華中等上海周圍地區,就是較遠的四川、雲貴、華南、西北、華北、平津等地也同樣如此,最多一地如江浙滬占總比例的 20% 左右,最少的地方如西北、華北也占總比例的 5% 左右。直接訂戶的職業分佈包括學界、政界、軍界、工商銀行以及醫務等各個行業,以學界為主,比例維持在 25%,其他各行業不等。另外,從第二卷第十二期發表的儲安平所寫的〈三百二十三位意見的分析與解釋〉一文中得知:『南京的高級政界,大都訂閱《觀察》』。」[144]

　　此外,當《觀察》被迫停刊之後,在當時有一份雜誌這麼評論到《觀察》的停刊,它說:「隨著勝利復員,三年來《觀察》在儲安平先生主持之下,日益進步,在通訊上對讀者作了翔實的報導,在論文上對於一些重大問題也對讀者提供過不少寶貴的意見,《觀察》可以說已經盡到了她在文化崗位上應盡的義務。現在,在大局即將明朗化的前夕,這個勇敢的文化戰士倒下去了,自然叫人倍覺惋惜!現在《觀察》雖然停了刊,但我們相信她會繼續生存在萬千讀者的心中,」[145]它又說道:「我們抗議觀察的停刊!我們抗議政府對觀察社同仁所加的迫害!我們更為三年多來所有受迫害的報刊、民主人士、青年學生和愛國人民抗議!」[146]

　　因此,我們可以毫不誇張地說,《觀察》在當時確實是一個產生了很大影響的刊物,這一方面說明了刊物所宣傳的自由、民主、

---

[144] 王明星:〈儲安平與《觀察》週刊〉,載謝泳,程巢父主編:《追尋儲安平》,廣州:廣州出版社,1998 年版,第 45 頁。

[145] 《大學評論》,第二卷第 9 期,1949 年 1 月 1 日出版。

[146] 《大學評論》,第二卷第 10 期,1949 年 1 月 8 日出版。

理性等價值是如此的深受讀者歡迎，另一方面也表明了它所宣傳
自由、民主、理性等價值已在廣大讀者心中產生了不可磨滅的痕
跡。儘管，日後它受到了政治權力的壓制，並被人們所淡忘，但
思想的震動與影響是永遠也抹殺不了的。誠如一位作者所論：「儲
安平創辦《觀察》週刊是中國新聞史上新聞人追求新聞自由的一
次偉大實踐，值得新聞界後人學習和借鑒。儲安平本人對新聞自
由的嚮往和追求，體現了中國自由主義知識分了的遠大理想和社
會良知。雖然他的新聞實踐失敗了，但這份刊物和他本人所代表
的自由主義思想堪稱為中國思想史上的一筆精神財富，深深地影
響著我們的精神生活。」[147]這的確可以稱之為中國出版史上的「儲
安平時代」。

儲安平在主編《觀察》期間，還利用《觀察》週刊社可以出書
的有利條件，主持出版了《觀察》叢書。因而，《觀察》叢書和《觀
察》週刊成為了《觀察》週刊社的兩大主要業務。

《觀察》叢書一起出了下列十六種：

張東蓀：《民主主義與社會主義》

潘光旦：《政學罪言》

潘光旦：《優生原理》

吳恩裕：《唯物史觀精義》

費孝通：《鄉土中國》

---

[147] 馬曉楓：〈《觀察》週刊與儲安平自由主義新聞思想評析〉，《華中師範大學
研究生學報》2006 年第 1 期。

費孝通：《鄉土重建》

費孝通、吳晗等：《皇權與紳權》

吳世昌：《中國文化與現代化》

儲安平：《英人・法人・中國人》

儲安平：《英國采風錄》

朱自清：《論雅俗共賞》

何永佶：《中國在戢盤上》

蕭乾：《紅毛長談》

樊弘：《兩條路》

王了一：《龍蟲並雕齋瑣語》

周東郊：《新疆十年》

　　至於《觀察》叢書的出版動機，儲安平說：「一、週刊只能刊
載短文，並且大都是有時間性的，所以我們另出叢書，以便容納較
有系統，字數亦較多的著作。二、有許多作者，有著作物出版，而
找不到比較合適的出版人。……我們願意來擔當這個任務，，為許
多讀者服務。三、現在一般出版界都很消沉，大家都很少出書，《觀
察》週刊略有贏餘，我們的目的既然不在謀利，願意以週刊的贏餘
來幫助叢書的出版，使讀者增加一些精神糧食，並未消沉的出版界
增加一點生氣。」[148]

　　《觀察》叢書的出版發行在社會上產生了一定的影響，有些著
作銷路也很好。如吳恩裕的《唯物史觀精義》在十天之內就銷了三

---

[148] 儲安平：〈吃重・苦鬥・盡心〉，《觀察》第四卷第23、24期合刊。

千冊，張東蓀的《民主主義與社會主義》在一個月內銷了五千冊，費孝通的《鄉土中國》更是載譽一時。但是「即使銷路如此好，也還是賠的。」原因是當時的紙價漲得太快。不過，儲安平卻並不為此沮喪，「在業務上雖然是賠的，在精神上卻是有收穫的。」[149]「在精神上是有收穫的」正體現了儲安平一貫的編輯思想，而《觀察》叢書的出版也在一定程度上了擴大了儲安平編輯事業在社會上的影響。即使到了現在，《觀察》叢書中一些著作也仍然具有相當的學術價值和地位。

　　總而言之，《觀察》叢書的出版和《觀察》週刊的發行都在很大程度上體現了一種儲安平等自由知識份子所嚮往的「公平、獨立、建設、客觀」的發言立場，以及在此基礎上力圖營造一個現代中國獨立、客觀、超黨派的，真正「以言論政」的輿論空間的美好意圖。

---

[149] 儲安平：〈吃重・苦鬥・盡心〉，《觀察》第四卷第 23、24 期合刊。

第四章　民族主義思想之分析

　　一般說來，自由主義具有超民族的普世價值，而民族主義主要以利益認同為基礎。從價值體系的角度看，自由主義與民族主義之間存在著矛盾和衝突之處，但兩者也有契合點。兩種主義的結合，就形成了自由主義的民族主義思想。其主要特點是：「它在鞏固民族理想的同時並不無視其他的人類價值理念——民族的理想應該依據這種人類價值來衡量。這個過程的結果是：對於合法的民族目標以及追求整個目標的手段的重新界定。自由主義的民族主義因而珍視民族文化的特殊性和人權的普遍性，珍視個體的社會和文化嵌入性以及人的自治。……自由主義的民族主義依賴如下假設，正如自由主義是關於個人自由和人的自治重要性的理論，民族主義是關於民族文化的成員身份和歷史連續性，關於將個人當前生活和未來發展視為與他人共用的經驗的重要性的理論。」[1]有學者認為：「愛國家、愛民族是人類的一個重要的情感，是凝聚國家與民族的紐帶。在現代社會，國家往往呈現為民族國家。故對待國家與對待民族的態度也常常密不可分地糾結在一起。在對待國家與民族的態度

---

[1]　〔以色列〕耶爾·泰咪爾：《自由主義的民族主義》，陶東風譯，上海：上海譯文出版社，2005年版，74頁。

上，有兩種根本不同的立場。一種主張無條件的愛國主義，不論國家如何對待你，你對待國家必須是忠貞不渝的。另一種主張愛國是有條件的，人民如何對待國家，取決於國家如何對待個人。自由主義者通常都是有條件的愛國論者。自由主義衡量一個國家是否值得一愛，要看這個國家對其公民的自由和權利的態度。自由主義也強調愛國，政府若要真得鼓勵民眾愛國，就應允許並鼓勵公民參與國是。國家既然是公民的國家就應允許公民對國家的事務『指手劃腳』、『說三道四』。」[2]事實上，民族主義不僅是現代中國最普遍和最重要的意識形態，也在很大程度上對其他思想體系產生了相當的影響，也支配了其他思想的主要傾向，這在中國自由知識份子的思想當中也是如此。

儲安平作為中國現代自由主義的一代代表人物，他的民族主義思想是怎樣的呢？在他青年時期，面對日本帝國主義發動的「九一八」事變，他自然是一個民族主義者，主張抗擊日本帝國主義的對華侵略，關於這一點，我們在前面分析他早年文學作品時，已作了一些論述，如《一段軍行散記》裡所記敘的那樣，但那是一個人在國難當頭時，最原始的愛國與愛民族熱情與熱血的迸發，還上升不到一個系統的民族主義思想的高度。筆者以為，儲安平成熟的民族主義思想則更多地體現在抗戰期間與抗戰後他在上海主編《觀察》時期，抗戰期間，他主張以戰爭為民族主義的原動力，中日之間的戰爭是中國走向強國的開端；抗戰後，面對當時國際上美蘇爭霸的

2　劉軍寧主編：《北大傳統與近代中國：自由主義的先聲》，北京：中國人事出版社，1998 年版，第 422 頁。

局面，儲安平與同時期的許多自由知識份子一樣，主張在美蘇之間保持中立，批評國民黨政府的對外政策，希望以現代文明方式處理外交問題。

第一節　以戰爭為民族主義的原動力

　　1940 年，儲安平為重慶《新評論》雜誌撰寫了題名為〈強國的開端〉的發刊詞，在這篇文章中，儲安平首先敘述了自抗戰全面爆發以來，中國人民所蒙受的苦難以及面對強敵入侵中國人民不屈的意志。他寫到：「我們對日本的戰爭，已經延續到三十個月。在這三十個月之中，我們在戰場上葬身的英勇將士，在轟炸中犧牲的善良人民，以及在流離失散中死亡的老弱婦孺，無從統計。我們被敵人炮火所毀壞的建築，被敵人掠劫所損失的財產，以及在流亡搬移之中所耗費的物力，更無從估量。這三十個月來在中國人民的命運上是一次大蹂躪，一次幾百年來未有的災禍。這蹂躪與災禍仍在延續著，而尚未臨到看見盡頭的時候。意志衰弱的人，不能忍受這個折磨，有的沉不住氣已露出他們最醜陋的面相，在敵人的鼻息下保持他那一脈脆弱的呼吸，有的則感覺煩悶，在煩悶裡顯得局促與頹唐。我們沒有理由否認我們全國家所忍受的糜爛，這一次糜爛無人能說明須經若干十年方能復甦。我們同樣尊重我們千百萬人民親歷到的不可言說的侮辱與憤怒，這些侮辱與憤怒，一千頁白紙也寫不完記載不盡。這誠然是太平洋上前所未有的一次最劇烈的血難，

但這血難對中國不是一次災禍，應該算是一次福幸。我們相信新一代的中國青年，或者凡是有骨氣的中國國民，終能接受我們這一個嚴謹而渾厚的詮釋。」[3]

他指出近幾十年來中國社會上所表現的只是爭奪，自私與散漫，而「一個國家從散漫到統一，從衰弱到富強，對外戰爭常是自然的階段。我們看歷史，歷史將給我們最不欺人的證明。」[4]他首先列舉了哈勒爾在德國史綱裡所敘述的十五世紀德國內戰的情形，並與當時中國的國內形勢相比較，認為當時德國各邦主毫無世界大勢的眼光，以及德國國內的混亂形勢，正是近幾十年中國的一個摹影。然而，他並不悲觀，因為「十年來我們的國家終於走上了有定律的方向，這個方向就是走向有組織有權力的國家的一個軌道。」[5]接下來，他又列舉了英國、法國、西班牙、瑞典、美國、義大利等國的具體事例，指出這些國家無一不是通過戰爭而走上獨立或富強之路。因此，「我們明白我們在抗戰中所受的折磨和損失，然而我們終帶著笑容和健康的心情面對著這個戰爭。」[6]

他對抗戰開始後，中國工業與交通的發展以及中國人民在戰爭中顯示出來的精神與面貌非常滿意，「我們本是一個沒有一點工業

---

[3]　謝泳編：《儲安平：一條河流般的憂鬱》，北京：中國青年出版社，1999 年版，第 264 頁。

[4]　謝泳編：《儲安平：一條河流般的憂鬱》，北京：中國青年出版社，1999 年版，第 265 頁。

[5]　謝泳編：《儲安平：一條河流般的憂鬱》，北京：中國青年出版社，1999 年版，第 265 頁。

[6]　謝泳編：《儲安平：一條河流般的憂鬱》，北京：中國青年出版社，1999 年版，第 266 頁。

基礎的國家，但自『七七』以後，在萬分艱難之中，我們現在已有
了四個冶煉廠，四個電機廠，兩個水力電廠，八個火力電廠，五個
金礦，兩個銅礦，兩個鐵礦，兩個油礦，三個錫礦，一個水銀礦，
八個煤礦，化工部分也有了四個單位。再說交通方面，我們在抗戰
中完成了湘桂線的衡桂段，正在趕築中的有昆敘線、成渝線、滇緬
線。而公路方面的建設，更不須我們特別指出，每一個山坳，每一
頂橋樑都有著我們千百萬中華民族的血肉與汗流。我們在各方面的
建設，實遠出於我們當初預料之外，而一切建設現正和戰爭配合著
在加速進行之中。同時我們全民族在精神、道德，及心理方面也顯
然受到戰爭的影響而發生變動。最新一代的青年，不論在體格上、
興趣上、觀念上以及理解的能力上，均勝於前一代的人物。中華民
族正如一塊陰濕的密雲，戰爭的風暴終使這密雲揭開而現出千萬縷
鮮豔無比的光輝。我們的國土上隨處都流動著那堅忍的活力，隨處
都觸著為我們民族所特有的那種沉毅的魂魄。新一群的中華兒女開
始在他們祖國的原野上馳騁。他們的勇敢，他們的強壯，他們所孕
育的那種健康的心靈，實為中國前所鮮有。」[7]

　　他又一針見血地指出當時的世界是一個民族主義的世界，「民
族主義在法國大革命及拿破崙時代，原已光芒四射，浸至今日，復
達到了它最炫耀奪目的一段。我們看，今日世界上哪一片土地上有大
同主義的影子？……現世各國的人民，沒有一個不愛他的國家。」[8]「今

[7]　謝泳編：《儲安平：一條河流般的憂鬱》，北京：中國青年出版社，1999 年
版，第 266～267 頁。
[8]　謝泳編：《儲安平：一條河流般的憂鬱》，北京：中國青年出版社，1999 年
版，第 267 頁。

日的世界就是一個民族主義的世界，三十個月之前，宛平縣城外的一支火箭，燃燒起了中華四萬萬五千萬男女不變的決心。在那遼闊的祖國的原野上，我們看，哪一個角落裡沒有愛國的火焰？我們聽，哪一個角落裡沒有衛國的聲音？」[9]他認為，抗戰以後，全國更見統一有力，而在戰後，中國自益更見獨立自由昌平繁榮。雖然，他在這篇文章當中，未明確提出以戰爭為民族主義的原動力這一觀點，但考查通篇文字，這一思想還是非常清晰的，「我們若從稍遠看，中國要變成強國，容非僅此一戰，但目前這對日抗戰，卻是其中最主要的一戰。這一戰敗，真是一切從何談起，這一戰勝，我們有的是黃金般的前程。」[10]

因此，在文章的最後，儲安平對抗戰的勝利充滿信心，並認為這在很大程度上是幾千年來傳統文化所孕育的強大的民族主義的結果，他說：「我們這次抗戰，正是近代中國全國一致抵抗外侮的大表現。我們無須動盪我們的信念。三十個月前也許無人想像到我們今日有這樣一幅莊嚴雄壯的局面，然而三十個月的奮勇戰鬥與刻苦建設，終使我們以及我們的友人敵人，瞭解中國民族潛力的渾厚。這一份渾厚的民族的潛力，非三十個月來磨礪之果，乃是五千年中國文化所孕育的結晶。我們全無疑問，中國要成強國，必須經此一戰；而戰爭的勝利，方是走向強國的一個開端。」[11]

9　謝泳編：《儲安平：一條河流般的憂鬱》，北京：中國青年出版社，1999年版，第268頁。

10　謝泳編：《儲安平：一條河流般的憂鬱》，北京：中國青年出版社，1999年版，第269頁。

11　謝泳編：《儲安平：一條河流般的憂鬱》，北京：中國青年出版社，1999年版，第269～270頁。

　　後來，儲安平在《力報》發表了〈愛國之戰〉一文，進一步闡述了他以戰爭為民族主義原動力的民族主義思想。儲安平首先歷數百年來中國的屈辱：「這一百年來，中國在國際社會裡是供人宰割不圖自強的一個積弱之國。在外交上，這百年間，我們割香港，丟琉球，讓越南，喪緬甸，棄朝鮮，失台失土之廣，喪權之多，以及辱國丑事之百出，不僅歐美絕無，抑亦國史罕見。」外交脆弱如此，因而終有九一八之變。儲安平斷言：「九一八之變是這一百年來我們外不能追隨世界大勢，接受西洋文化，內不能刷新政法經濟，登國家於富強的一大結局。這一大變局在中國現代史上實是一個劃時代的分水嶺。」既然抗戰已經發生，我們該採取什麼態度呢？文章在列舉了英國、法國、西班牙、荷蘭、瑞典、義大利、德國等國都是通過戰爭「由散漫走向統一，由衰弱變成富強」之後，得出結論：「外患常促成國家的團結，對外抗戰凝煉了全國人民的體力和智慧，燃燒起他們最高的衛國的情緒和心靈。」儲安平強調民族主義是抵抗侵略的關鍵。他引法國歷史為證後，又指出：「自從海禁大開東西接觸以後，社會文化起了徹底的變動，西洋式的民族主義的思潮，逐漸灌輸入中國。這種受西洋文化影響的新的民族思想，因外患的迭來愈益深入……今日中國人民正以同樣的愛國心驅逐我們的敵人，我們已將我們的血肉，智慧與靈魂，砌成了一條新的長城。」[12]

---

[12] 儲安平：〈愛國之戰〉，轉引自王雨霖：〈儲安平在國立師範學院〉，《書屋》
2006 年第 12 期。

在《新評論》第一卷第 5 期上，儲安平發表了〈論抗戰之影響〉一文，繼續闡述了他的以戰爭為民族主義原動力的民族主義思想。他認為，戰爭的功能是推陳出新，一個國家一旦從事對外戰爭，那麼這個國家在政治、經濟、文化各方面，都會發生劇烈的變動，並且這種變動也會隨戰爭的延長而擴大深刻，戰爭所產生的廣泛而深遠的影響，是遠非一國的革命所能比擬的。他將戰爭所產生的影響比喻為地球上的水流，這些水流有的激盪於江河，有的潛流在地層裡，但它們之間又息脈相通，而戰爭則可以使繁華的城郭變成荒郊，荒蕪的地方上出現一個新的城堡，或者創立出各種戰事的機構與制度，而且這些機構與制度在戰後，因為其靈活性仍將繼續存在下去，因此，他對戰爭產生的影響的看法是，它不僅廣泛錯綜，而且可能在當時並不為人們所感覺，「一個大變亂在精神方面所遺留之影響，有時須歷一頗久之時期，方能發現其作用，而後世人民之人生觀念與該時政治文化之背向，自又互為表裡。」[13]

當時中國的抗戰，什麼時候能結束？在國內外都還未有一致的看法，太平洋戰爭也還要等到第二年年底（1941 年）才正式爆發，儲安平當時也對戰爭結束的具體日期不能把握，所以他認為在當時要論述抗戰所發生的影響，還為時過早，但是他又覺得有些觀點還是可以成立的，他指出：「中日的戰爭，或者說中國求真自由真獨立的解放戰爭，不僅只此一次。中日兩國國民，現正投身於東亞霸權的爭奪。這爭鬥發端於日本之懷有統治中國的野心，而真正角力則開始於中國之武力反抗。……因它所引起的一切變革建設，不僅

---

[13] 儲安平：〈論抗戰之影響〉，《新評論》第一卷第 5 期。

有關此次戰爭的勝敗，並影響於下次戰爭的基礎。同時，這次戰爭在中國人民心理上及道德上所發生的影響，對後半世紀甚至一世紀中太平洋西岸的大局，自然更是一個不可忽視的主要因素。」[14]因此，他認為從全局看，這次戰爭對中國未來的影響有三個方面，即：一、西部的開發；二、中央政府權力的增強；三、民族思想的深入。

西部的開發與中央政府權力的增強，屬於其他範疇，故本章暫不討論，下面我們仍將重點論述儲安平有關抗戰之影響之一，即：民族思想的深入。

他認為，愛國思想不是憑空而來的，它首先是一種教育的結果，中國人民歷來就富有民族思想，所以元清兩代的統治都能被推翻。此處，他也看到了西方民族主義思想對中國人的影響，「自從海禁大開，東西接觸以後，社會文化起了徹底的變動，西洋式的民族主義的思潮灌入中國。我們現在這一代後期青年以及中年之士，在過去所受的教育中，多少受到這種民族思想的薰陶。」[15]然而，他反對盲目的排外，認為盲目的排外只是民族主義所流入於極端的一種表現，並把愛國與國內政治聯繫起來，「真正的愛國，不是破壞的，而是建設性的，不是毀滅他人，而是自我努力。所以，對外禦侮固是愛國，對內爭取選舉權與納稅權也是愛國。」[16]在這裡，一個自由主義者的愛國與民族主義思想是非常明顯的。他將中西社會做了一番比較後，指出愛惜與節省國力也是愛國的一種具體表現，他認為歐美社會這一點做的很好，而中國就差強人意，

---

[14]　儲安平：〈論抗戰之影響〉，《新評論》第一卷第 5 期。

[15]　儲安平：〈論抗戰之影響〉，《新評論》第一卷第 5 期。

[16]　儲安平：〈論抗戰之影響〉，《新評論》第一卷第 5 期。

他希望國人愛國的思想能與生活打成一片,「其實真正的愛國主義教育的目的,除教人民衛國守土外,還教人守公負責,忠勇正直,作一個良好的公民。愛國的目的非在打倒人家,而為建設自己。過去中國的愛國主義的教育,也許尚未注意到這點,但這點顯非屬於次要。我們的愛國主義教育的目的,是內求國家的富強,外抗強權的侵略。」[17]同本文前面所敘一樣,在這裡,儲安平對中國未來的民族主義熱情的高漲與前途充滿信心,「我們相信將來二十年三十年後,真正的民族思想必大為加深,其力量亦自更為強大。我們這一代,民族思想與愛國情緒潛伏藏在皮裡,在骨裡。而後一代的青年,他們的民族思想與愛國情緒,說得文藝化些,將潛流在他們的血裡。」「無論如何,來日的一代二代,必比我們的前一代以及我們自己的一代,愛國來得勇敢、真誠,而且切實。他們必更富於犧牲的精神而更能精誠合作。一切乘國家多難做出自私自肥的眛良勾當,必將大為減少,而漢奸偽軍的出現,也許將僅為例外。我們今日的對日抗戰,當然是一個民族主義的戰爭,但吾人認為中國民族主義所開的燦爛的花朵,非在今日,而仍在將來。後一代的青年,從家庭、學校、政府、社交、報紙、教會等各方面所吸收的教育,自與前一代大不相同。愛國思想自小就隨著米穀與飲水輸入了他們的血胳。」[18]接下來,儲安平列舉了一個漢口小學生愛國的生動事例,在戰時漢口的一個小學校裡,漢奸們為了準備歡迎日本人的視察,特意囑咐小學生們在日本人

---

[17] 儲安平:〈論抗戰之影響〉,《新評論》第一卷第 5 期。
[18] 儲安平:〈論抗戰之影響〉,《新評論》第一卷第 5 期。

視察時，高喊：「打倒國民政府。」與「擁護日本帝國。」，誰知在日本人來視察時，這些小學生們卻異口同聲地喊道：「打倒日本帝國主義。」與「擁護蔣委員長。」儲安平認為這些是戰爭的直接後果，是戰爭給中國人民以最好的民族主義的教育，它刺激了中國人民的愛國情緒，哪怕是童稚未開的兒童也不例外，「兩年來日本之飛機大炮幫助我們完成了十年八年難以完成的民族主義教育，雖然此種民族主義教育灌輸於一般人者，猶只是一個輪廓，但它顯已刺入每一個鄉村的角落而遍及全國的版圖。全中國的良好人民，現都知道什麼是『國家』，並有愛護他們祖國的觀念與感情。吾人既認為中國求真正獨立自由平等的解放戰爭，恐不僅此一項，則此種全國人民民族情緒之培養，自然重要。所幸吾人終受抗戰之賜，在這方面得到了高度的意外收穫。」[19]最後，儲安平以充滿激情的筆調總結了這次抗戰，「至於全國人民民族思想之蓬勃澎湃，與外侮的繼續入境，自然相為比例。所以我們平時一貫的主張，就是戰爭到底。戰爭不僅僅全是破壞的行為，同時它常潛有建設的作用。戰爭可以鍛煉人民，改革社會，並創生新的國家。」[20]

我們通過上述分析，可以看出，儲安平在論述抗戰之影響時，不僅僅是含有以戰爭為民族主義的原動力的思想，實際上，在這中間，其以現代文明方式處理外交問題的民族主義思想也已初現端倪，下節我們就將論述這一方面。

---

[19] 儲安平：〈論抗戰之影響〉，《新評論》第一卷第 5 期。
[20] 儲安平：〈論抗戰之影響〉，《新評論》第一卷第 5 期。

第二節　以現代文明方式處理外交問題

　　儲安平作為一個自由知識份子,其以現代文明方式處理外交問題的民族主義思想是理所當然的,然而他並沒有文章直接的闡述其以現代文明方式處理外交問題的民族主義思想。他在這一方面的立場與見解更多地體現在抗戰後,批評國民黨政府的外交政策以及美國的對華政策上,也就是說他在主編《觀察》期間所發表的時論上,而這在一定程度上又與內政相關聯。

　　與其他自由知識份子一樣,儲安平在戰時對美國是懷有一定好感與幻想的,然而戰後,由於美國的對華政策,這種感覺發生了某些變化,「在戰爭時期,中國人對於美國都懷有一種廣泛的好感。這種感情,包含著感激和敬佩兩種成分。在戰爭中美國援助我們,鼓勵我們,支援我們;除了在日後發覺的雅爾達會議一次以外,美國沒有背負過我們。我們賴有美國的支持和援助,乃得咬緊牙關,撐過最艱苦最黑暗的日子,以期獲取最後的勝利。」「中國人感激美國,器重美國,甚至崇拜美國!這種廣泛普遍的友情,在國際歷史中亦不多見。但是這種感情在過去短短幾個月中,已經起了很大的變化。這種變化是複雜的,然而卻是苦痛的。」[21]造成這種變化的原因是什麼呢?他認為是戰後美國的對華政策,而其中主要為兩項,一為美軍駐華,一為參加調解。他對美軍駐華政策持強烈的批評態度,「美軍繼續駐華確是一種不合事宜的行為。美國也許認為,在華駐軍,可以有助於中國的和平統一。但事實上,這個假定無法

---

[21]　儲安平:〈我們對於美國的感覺〉,《觀察》第一卷第 11 期。

成立。這幾個月來，中國的『和平』絕無任何足以令人安慰的進步，內戰的範圍和程度反而與日俱深；這足以表示美軍繼續駐華絕無助於中國的締造和平統一的工作；美軍繼續駐華這一行為，僅僅使在中國內政上業已複雜混亂的局面，因此增加若干更多的意外的糾紛，同時並因此引起許多在中美國民邦交上所不必要的批評和指摘。在理論上，除了戰勝國駐軍戰敗國以外，我們亦絕難承認，乙國之國內和平，可以以甲國之駐軍而贏致之。」[22]在美國參加調解中國內政問題上，儲安平也同樣持批評的觀點，因為他認為當時的國民黨政府是一個極端反動的政府，而美國支持國民黨政府有背於它一貫宣揚的自由與民主的原則，「美國參加中國的和談，在政黨的糾紛上，企圖調解國民黨及其反對黨之間的衝突；在統治的精神上，企圖使中國變獨裁而為民主；在國家的內容上，希望中國和平、統一、民主、繁榮。一個現代化的中國，是中國之幸，美國之幸，世界之幸。」「在法律上，美國承認的中國政府是國民政府，美國當然尊重國民政府。在政治上，我們絕對非常公道地同情：美國之支持國民政府，誠亦事理之常。但是，美國之支持國民政府應該是有條件的。易言之，美國之支持國民政府，必須這個政府真能向民主之路進行。而我們歷觀往事，面視實際，我們實難發現任何足使美國必須支持今日中國這樣一個政府的理由。」他希望美國政府改弦更張，「否則，美國必將失去眾多中國人民對於美國的感情，而這種感情，就是多年以來美國的政治家外交家所要獲致的。」[23]

22　儲安平：〈我們對於美國的感覺〉，《觀察》第一卷第 11 期。
23　儲安平：〈我們對於美國的感覺〉，《觀察》第一卷第 11 期。

　　儲安平批評美國的對華政策，一方面表明了他當時已對國民黨政府統治的失望，另一方面他以著文的方式表達他的觀點，也說明他希望以說理的方法來解決國家間的關係，捍衛國家主權與民族利益，而不希望以武力或者孤注一擲的方法來消弭彼此間的分歧，這顯然是以現代文明方式處理外交問題的方式，也符合中國人民的根本利益。對於這一點，我們在他的編輯原則上也可以很清楚地看到。

　　1946 年 12 月，駐華美軍士兵強姦北京大學一女學生，引起了全國各界的普遍憤怒，約有五十萬學生舉行遊行示威，抗議美軍暴行。當時，《觀察》刊有許多文章支持學生遊行，但也有一些作者態度比較冷靜客觀。他們指出「此類暴行即為一種國際罪行，則此暴行之本身仍屬一種私人行為，而非直接與國家有關者，國家至多只負代理責任。」主張應根據法律與國際慣例來處理，並認為「我國府今所頒佈延長之『處理駐華美軍人員刑事案件』失之寬泛，致使美軍當局得在我領土上行使審判權，有損國體，本年（三十六年）三月一日，是項條例之延長有效期間，即將到達，屆時，應根本的加以廢退，以維國權。」[24]更有人把此事件與內政聯繫起來，說「你們青年人因皮爾遜案而引起的憤怒，我是十二分同情的。同時，我們也得反躬自省，在今天的中國國內，貪污枉法，倒行逆施，哪裡還尋得到一點公道正義？對自己人都沒有公道，我們還能希望人家以公道相待麼？」[25]

[24]　周子亞：〈從國際法立場論美軍暴行之性質及外國軍隊之刑事管轄權問題〉，《觀察》第一卷第 23 期。

[25]　費青：〈皮爾遜強姦案翻案事答問〉，《觀察》第三卷第 1 期。

1946 年 11 月，《中美商約》簽訂，從字面上看，這項條約似乎保證了國人的利益。但事實上，美國移民法中對中國人入境有種種規定和限制，雙方並不平等，且中國人入境與取得合法居住權遠低於其他國家之國民，這嚴重損害了許多海外僑胞的利益。針對此事，《觀察》即有作者建議政府將來有修改中美商約的機會時，力爭三點：（1）假如美國不願中國國民毫無限制的進入美國，美國便應允許增加中國國民每年入美之配額；（2）凡非法入境之在美華僑，如以往在美並無犯罪之記錄，而確係從事或經營正當之職業或事業者，應一律視為合法入境，准許其在美居住並享受其他種種權利；（3）凡專為中國人或中國人之後裔而設之歧視待遇，應一概廢除，不復適用，中國人所享受之待遇，不得低於任何第三國國民所享受之待遇。[26]

上述兩個事件，儲安平在當時雖未直接著文發表他的意見，但是作為《觀察》的主編，刊物既然刊載例如這些與當時國內主要態度與觀點截然相反，而主張以法律與理性解決問題的文章，充分表明他是支持這些文章的作者提出的解決問題的路徑的，而這當然也符合他以以現代文明方式處理外交問題的民族主義思想。儲安平以現代文明方式處理外交問題的民族主義思想也體現在他對國民黨政府的對外政策的批評上。

抗戰結束後，國際上形成了美蘇對立的格局。當時中國的許多知識份子和民主人士主張中國在美蘇之間保持中立，他們批評國民黨政府一昧迎合美國，反共反蘇，這在許多刊物和言論上都有所反

---

[26] 韓德培：〈評中美商約中的移民規定〉，《觀察》第一卷第 24 期。

映。儲安平也持類似的看法，他說：「就對外關係上講，今日絕大多數的中國人，都不願意反美，也不願意反蘇，都主張同時與美蘇友善，甚至希望中國成為美蘇之間的橋樑。」「但是中國的現存政府，因為要維護他們個人或集團的權勢利益，他們堅決排斥共產黨；因為排斥共產黨，連帶仇視蘇聯；因為仇視蘇聯，所以一昧的投入美國懷抱，甚至一部分人幻想挑撥美蘇之間的感情，引起第三次世界大戰。這種做法，並不為大多數的中國人民所附和。」[27]

1947 年 6 月，時任國民黨政府副主席的孫科在南京分別對國內外媒體發表談話，聲稱：「目前蘇聯贊同指示中共在東北反攻，並以日軍配備移交中共，有半數受蘇聯訓練及配備之韓軍參加中共作戰，及中國之東北現已成為國際問題，英美應為之注意等。」

儲安平立刻在《觀察》撰文批駁孫科談話，他認為孫氏首先應向國民政府建議，由國民政府正式向蘇聯提出嚴重抗議，假如孫氏已提這個建議，政府是否業已採納履行？其次，假設「東北現已成為國際問題」，但在這一個「國際問題」中，中國的交涉對象是蘇聯而非美國。但孫氏並未對蘇聯作一句正面的責難，卻側過臉來專門向美國說話，可謂文不對題，找錯了對象；其三，在這一個「國際問題」中，居於最主要地位的中國不負起責任來直接和蘇聯解決困難，卻只希望美國有所表示，此種態度，既不勇敢，亦欠公道。「自己挺不起，只想人家來替我們撐腰，替我們收拾，這種心理和作風是要不得的。」緊接著，儲安平又嚴厲批駁孫科談話中所謂「美國反應冷淡，即等於放棄中國，是在中國之

---

27 儲安平：〈評蒲立特的偏私的、不健康的訪華報告〉，《觀察》第三卷第 9 期。

外國勢力，惟有蘇聯，則政府將重新考慮態度。」認為孫氏此言，甚不得體。指出：中國自有其主權，自有其獨立的國格，對於任何一個外國的對華關係，根本上談不到什麼「放棄」「不放棄」。因而不得不表示異議。[28]

　　從這些批評的觀點當中，我們可以發現，儲安平作為一個自由主義者，是非常希望能通過合法的外交手段來處理國際關係的，對任何有損國格的行為都持強烈的批評態度，其以現代文明方式處理外交問題的民族主義思想是非常明白與堅決的。

　　通過上述分析，可以看出，儲安平成熟的民族主義思想更多地體現在抗戰期間與抗戰後他在上海主編《觀察》時期。抗戰期間，他主張以戰爭為民族主義的原動力，指出中日之間的戰爭是中國走向強國的開端；抗戰後，面對當時國際上美蘇爭霸的局面，儲安平與同時期的許多自由知識份子一樣，主張在美蘇之間保持中立，批評國民黨政府的對外政策，希望以現代文明方式處理外交問題。前者體現了作為一個普通中國人，儲安平最原始的和本能的愛國情感，後者則表明了儲安平的民族主義思想是建立在自由主義的基礎之上。因此，儲安平的民族主義思想是屬於有條件的愛國主義，或者說，他是有條件的愛國論者。他認為作為一個公民應該積極參與國事，並對國家政策和民眾的愛國熱情持理性的態度，決不能喪失理性的立場。在面對重大的事關國家和民族生存的歷史時期，以及事關國家和民族榮辱，或者說牽涉到國家和民族切身利益的事件時，既要有高漲的愛國熱情，以及對民族未來的前

---

[28]　儲安平：〈讀孫科談話〉，《觀察》第二卷第 18 期。

途與信心,同時,更要以寬闊的視野,民主的角度來處理外交問題,愛國但不盲從,以自由主義為基石建構民族主義思想。這不僅是民族主義思想發展的一個正確方向,也是我們研究儲安平民族主義思想的意義之所在。

第五章　自由主義思想之分析

　　自嚴復在十九世紀末首次向傳統中國社會和思想界介紹西方自由主義思想以來，自由主義思潮就在二十世紀中國自由知識份子當中廣泛傳播開來，這其中比較著名的有梁啟超、胡適等人。[1]雖然，在此後的年代裡，自由主義思想在現代中國的政治舞臺上屢遭挫折和打擊，但是仍有相當數目的知識份子鍥而不捨地在嚴峻的政治局勢下宣傳他們所理解的西方自由主義思想。正如論者所分析的，從現代政治理論互動的社會政治情形來看，百年中國政治致思演變的實際歷史線索，體現的是「大同」與「自由」兩種社會政治運思與運作模式的替代過程，「二十世紀初年的中國政治改革運動，正是自由取代大同的社會運動。世紀中期的中國政治改革走向，也是在祈求自由的基礎展開的。」[2]儲安平作為現代中國自由知識份子其中的一員，其自由主義思想也有其一定的特色。

　　儲安平在現代中國歷史上的身份與地位不僅僅是以一個傑出的報人面目出現在歷史的舞臺上的，事實上，他更是一位著名的自

---

[1]　有關自由主義在現代中國傳播的早期情況的簡要介紹，可參見章清：《「胡適派學人群」與現代中國自由主義》，上海：上海古籍出版社，2004年版，第17～28頁。

[2]　任劍濤：《中國現代思想脈絡中的自由主義》，北京：北京大學出版社，2004年版，第88頁。

由主義者。當今學術界就認為他是繼胡適之後，中國自由主義的又一位代表人物，「是中國戰後最著名的自由知識份子之一。」[3]儲安平的侄子儲傳能先生在接受筆者採訪時，曾以自豪的口氣對筆者說道，儲安平是中國民主的一面旗子。[4]筆者認為這句話是不無道理的。本文第三章在論述儲安平的編輯思想與事業影響時，曾指出儲安平主辦的《觀察》是當時最有分量與影響的自由主義刊物，實際上，儲安平自由主義思想的許多方面也是通過《觀察》雜誌而產生廣泛影響的。而儲安平早年的生活經歷，尤其是他赴英留學所受的英國自由主義思想傳統的薰陶與教育，則對他自由主義思想的形成與特徵產生了比較大的影響。雖然作為一個自由主義者，儲安平的自由主義思想對當時中國的政治生活未能產生比較大的影響，未能培育出自由主義的國度，但其在中國現代思想史上的地位是不應忽視的。本章將圍繞儲安平自由主義思想的形成背景、特徵與影響來論述儲安平的自由主義思想，以揭示他自由主義思想的內涵、特性與價值所在。

第一節　儲安平自由主義思想的形成背景

　　儲安平作為現代中國一位傑出的自由主義者，其成長的階段與環境為二十世紀的二、三〇年代。1928 年，儲安平從光華大學附

---

[3]　汪榮祖：〈儲安平與現代中國自由主義〉，載劉軍寧，王焱編：《直接民主與間接民主》，北京：三聯書店，1998 年版，第 348 頁。

[4]　筆者與儲安平堂侄儲傳能先生的談話，2002 年 9 月。

屬中學畢業後，進入了光華大學文學院政法系學習。光華大學的前
身是著名的教會學校聖約翰，是一所自由空氣很濃厚的大學。當時
光華大學文學院的院長是張東蓀先生，而在這裡執教的則有胡適、
羅隆基、王造時、彭文應等學者，而這些人都是中國著名的自由主
義者，儲安平就是在這樣的環境中開始其大學生活的。有學者比較
了儲安平與中國老一代自由派知識份子，例如嚴復、梁啟超、胡適
等人早年所受的教育，指出與這些人早先都接受過堅實的儒學訓練
不同的是，儲安平所受的則完全為現代教育。同時也指出了「儲和
上一代一樣充滿愛國熱忱。」[5]

　　儲安平在光華大學讀書期間，正是中國自由主義知識份子的活躍
時期。「九一八」事變後，儲安平曾經準備前往東北參加抗日活動，
但走到北平便不能繼續成行，這在他早年的散文〈一段軍行散記〉中
有所反映。由於不能繼續北上抗日，儲安平留在了北平，進入了燕京
大學的研究生院，在這裡，他受到了燕京大學自由派教授和新月社的
影響。這是個由胡適、徐志摩和羅隆基領導的喜愛英美文學的圈子，
並主要由羅隆基主持出版了《新月》雜誌。這份雜誌雖然原本是一本
文學性的刊物，但雜誌的作者，尤其是胡適與羅隆基，也關注政治問
題，並積極傳播自由主義思想，不久就引發了中國現代思想史上著名
的人權與約法的論戰。胡適的論戰文章〈人權與約法〉就尖銳地批判
了國民黨政府以專斷的法律為政治工具侵犯人權，胡適在文章中要求
真正的共和憲法，以保護法制，保護所有中國公民的權利。胡適的這

---

[5]　汪榮祖：〈儲安平與現代中國自由主義〉，載劉軍寧，王焱編：《直接民主與
　　間接民主》，北京：三聯書店，1998 年版，第 350 頁。

篇文章惹怒了當時的國民黨當局，為此，胡適受到了國民黨控制的報紙的猛烈抨擊。雖然儲安平沒有在這次論戰中留下什麼文字，但《新月》的精神與氣質影響了他。有人這麼說道：「當時的儲安平對《新月》是瞭解的，特別是對於《新月》所持的自由主義觀點非常稱讚，他後來無論在重慶辦《客觀》還是在上海辦《觀察》，走的基本上是《新月》與《現代評論》的路子。」[6]「他是『新月派』的後起之秀，差不多十五年之後，這位沐浴著《新月》陽光成長起來的自由主義知識份子，終於接過了他前輩的事業。」[7]

儲安平在很早的時候就顯示了其寫作的才能，曾在多家雜誌上發表小說與散文，如《文藝月刊》、《真善美》、《語絲》、《北新》、《開明》、《新月》等刊物就都曾發表過儲安平的文學作品，他用發表作品所得的稿酬支付在光華大學所受教育的費用。然而他真正的興趣並不在於文學，正如他自己在《說謊者‧自序》中所說，「我自問我自己對於文學絲毫沒有一點修養，有的只是『興趣』。我的作品可以說明我在文學上的造詣是如何的膚淺和空虛。我內心裡常常有一種衝突，有一種矛盾。我的理智叫我離開文學，擺脫文學，說得再苛刻一點，叫我咒詛文學，但是我的感情又拉著我接近文學。」[8]這句話雖然是其自謙之詞，但也多少表明了他對於文學創作的真實態度，他的興趣已開始由文學轉向政治。1931 年 10 月，儲安平主

6　謝泳：《逝去的年代：中國自由主義知識份子的命運》，北京：文化藝術出版社，1999 年版，第 291 頁。

7　謝泳編：《儲安平：一條河流般的憂鬱》，北京：中國青年出版社，1999 年版，第 4 頁。

8　謝泳編：《儲安平：一條河流般的憂鬱》，北京：中國青年出版社，1999 年版，第 257～258 頁。

編了一本由新月書店發行，名為《中日問題與各家論見》的小冊子，此書收集了當時中國一些知名社會人士對時政的見解，以及一些雜誌的社論，如左舜生、胡愈之、俞頌華、武堉幹、羅隆基、陳獨秀、汪精衛、陶希聖、《貫徹》週刊社、王造時、陳啟天、《時事新報》、張東蓀、薩孟武、梁漱溟、高永晉等。在為這本書寫的序言中，儲安平譴責了政府的綏靖政策，要求國民黨政府結束一黨專政，他說：「目前，在中國，有若干現象，使你知道了傷心。『忍辱負重』與主張宣戰成為一對照；一般小百姓在啞著喉嚨喊取消一黨專政，少數在野元老或政客在通電主張國事公諸國人，若干在朝要人（不論南京廣東），也說『我們贊成取消一黨專政』，『我們正在準備取消一黨專政』，然而言論不自由如故，集會不自由如故，民眾運動之被壓迫也如故：這所構成的對照事實可說明證實的更大嚴重性。」[9]這也標明了儲安平在當時的思想裡已經具有了自由主義思想的種子，這個自由主義思想的種子日後在其成長的過程中會結出一朵燦爛奪目的自由主義的花朵，日久而彌香。

　　儲安平自由主義思想的形成有兩個方面的影響，除了前述在光華大學受國內自由主義者的影響之外，對他自由主義思想產生較大影響的還有他在英國留學期間的導師拉斯基教授，以及他在英國社會生活的觀察與經歷。

　　1936 年，儲安平赴英留學，師從倫敦大學政治經濟學院的拉斯基教授。關於拉斯基對於儲安平思想的影響，鑒於目前材料的限

---

[9]　張新穎編：《儲安平文集》（上），上海：東方出版中心，1998 年版，第 189～190 頁。

制，我們不能予以直接的說明，但可以肯定的是，拉斯基對儲安平的思想是產生了一些影響的。我們細讀目前在國內所見的拉斯基的著作，就不難發現儲安平思想與興趣所關注的一些關鍵問題在拉斯基的作品中都有所反映，例如自由與寬容的關係，對自由與民主的維護，對革命的態度，以及對印度問題的看法等。當然還有一個比較重要的方面是拉斯基的社會民主主義思想對儲安平自由主義思想的形成與實質的深刻影響。「拉斯基斯想自大的方面來看，是欲調和自由主義和社會主義兩種成份，早期偏重自由主義，三十年開始偏重於社會主義，轉變為一個激進的費邊主義者。」[10]自由主義與社會主義的調和，就產生了對二十世紀中國知識份子影響深遠的社會民主主義思潮。[11]尤其在二十世紀四〇年代，更成為中國自由知識份子當中的一種彌漫性背景思潮。在中國自由知識份子對計劃經濟與社會主義的嚮往，對自由與平等的理解等方面我們都可以看到以拉斯基為代表的社會民主主義思潮的深刻影響。儲安平在主編《觀察》期間就曾撰文指出：「實行社會主義不一定要走莫斯科的路線。英國工黨一方面推行社會主義的政策，但同時仍承認人民的

---

[10] 孫宏雲：〈拉斯基與中國：關於拉斯基和他的中國學生的初步研究〉，《中山大學學報》（社會科學版）2000 年第 5 期。

[11] 關於社會民主主義思潮在二十世紀上半葉中國的興起，可參見許紀霖：〈社會民主主義的歷史遺產——現代中國自由主義的回顧〉，（香港）《二十一世紀》1997 年 8 月號，香港中文大學中國文化研究所 Edmund S.K. Fung, "State Buliding, Capitalist Develpoment, and Social Justice: Social Democracy in China's Modern Transformation, 1921-1949", in Modern China, vol.31, No.3, July 2005.以及筆者的：〈在自由與公道之間——一九四〇年代自由知識份子的社會民主主義思潮〉，《社會科學戰線》2006 年第 1 期。

意志自由。」而「今日中國一般人所追求的就是社會主義和民主政治。」[12]另外，儲安平在主編《觀察》週刊期間，也刊登了許多強調平等的文章，這種對平等的宣傳和闡釋，也表明除了上述社會民主主義思潮的影響，也表明以刊物主編儲安平等為代表的雜誌撰稿人受到了西方自十九世紀末以來興起的新自由主義思想的深刻影響。[13]「新自由主義與社會民主主義的界限變得模糊不清，你中有我，我中有你。」[14]這構成了他們在現代中國的政治舞臺上，宣揚自由主義思想的前提和背景。然而，這也直接導致了中國的自由主義者理解自由主義思想的混亂。[15]

此外，儲安平在英國留學期間，對英國社會與生活的親身體會與觀察更是對其一生的處世方式與思想風格的形成產生了巨大的影響，其一生行事處處以英國為楷模，有人就曾說道：「安平這個人，相信英國的制度，他以為威斯明斯特那一套章法，是一種民主，因此一談心，他總以為是可以效法的。」[16]不僅如此，儲安平還比較了中英兩國一為富強、一為貧弱的原因。在這裡，儲安平同他的

---

[12] 儲安平：〈中國的政局〉，《觀察》第二卷第 2 期。

[13] 有關西方新自由主義思想形成和演變的簡要情況，可參見李強：《自由主義》，北京：中國社會科學出版社，1998 年版，第 103～109 頁。

[14] 許紀霖：〈現代中國的社會民主主義思潮〉，（香港）《二十一世紀》1997 年 8 月號，香港中文大學中國文化研究所。

[15] 任劍濤先生指出：從思想界來講，「從胡適到 40 年代的新自由主義者、再到今天的新自由主義者或社會民主主義者，都習慣於將古典自由主義與新自由主義兩種具有不同針對的理論體系膠合起來看待，導致了中國人理解自由主義思想的混亂。」任劍濤：《中國現代思想脈絡中的自由主義》，北京：北京大學出版社，2004 年版，第 194 頁。

[16] 馮英子：《風雨故人來》，濟南，山東畫報出版社，1998 年版，第 18 頁。

前輩嚴復一樣，得出了基本相同的結論，即國家強大的根本在於實行自由主義，他說道：「並世各國，論社會的公道固無有逾於英國者，而公道則純為理性的產物。……英人的公道精神的最高表現在他們之能容忍異己，尊重對方。賴有這種精神，英人才能保持他們千百年來的種種政治的及公民的自由；賴有這種精神，在政治上才能完成兩黨制度，在社會上才能和衷共濟，融融洽洽。」[17]而嚴復比較中西方的不同時，則說西方的富強「苟扼要而談，不外於學術則黜偽而崇真，於刑政則屈私以為公而已。斯二者，與中國理道初無異也。顧彼行之而常通，吾行之而常病者，則自由與不自由異耳。」[18]在這裡，我們可以清晰地看到，儲安平也把自由主義視為使現代中國擺脫愚昧與落後，力求國家富強的重要工具之一。[19]

可以這麼說，在英國的留學生涯，極大地豐富了儲安平的自由主義思想，並使他成為一個完全的自由主義者。[20]

---

[17] 張新穎編：《儲安平文集》（上），上海：東方出版中心，1998 年版，第464 頁。

[18] 《嚴復集》第一冊，北京：中華書局，1986 年版，第 2 頁。

[19] 有關中國自由主義者把自由主義視為使國家富強的工具，未重視或不瞭解西方古典自由主義內在屬性的研究，請參見〔美〕史華慈：《尋求富強──嚴復與西方》，葉鳳美譯，南京：江蘇人民出版社，1996 年版。〔美〕張灝：《梁啟超與中國思想的過渡》，崔志海等譯，南京：江蘇人民出版社，1995 年版。最近，也有學者對此提出了不同的看法，指出嚴復實際上是瞭解西方思想中自由具有終極價值的看法的，參見黃克武：《自由的所以然──嚴復對約翰密爾自由思想的認識與批判》，臺北：允晨文化實業公司，1998 年版。關於對梁啟超思想的不同看法，參見黃克武：《一個被放棄的選擇：梁啟超調適思想之研究》，臺北：中央研究院近代史研究所，1994 年版。

[20] 高力克先生考察了《新青年》有兩種自由主義傳統，一種是英美自由主義的「洛克傳統」，一種是源自法國啟蒙思想的「盧梭傳統」，參見高力克：

第二節　儲安平自由主義思想的特徵

一、自由的定義與判斷

　　我們在前面的論述中曾經說過，對自由主義者來說，自由是題中應有之義。現代自由主義者認為自由是高於一切價值的價值，它處於自由主義價值序列的最頂端。[21]

　　儲安平作為一個自由主義者，對「自由」自然是極為重視的。而他對「自由」的定義與闡釋，顯然與他曾經留學英國的背景有關，具有鮮明的英國特色。同胡適以及其他一些自由主義知識份子相比，儲安平的文章與著作並不太注重在理論上對「自由」作抽象的界定與概括，而是將「自由」的理解更多地融入於對英國社會與歷史傳統的介紹中，例如他在《英國采風錄》中介紹英國貴族與貴族社會時所說：「英人是重行動的，因為重行，所以在行動時不願遭受阻礙，因為不願遭受阻礙，所以力爭自由；自由者，即無政治約束之謂也。」[22]也就是說：自由是人類天賦的、固有的權利，不是

　　〈《新青年》與兩種自由主義傳統〉，（香港）《二十一世紀》1997 年 8 月號，香港中文大學中國文化研究所。依據此分析，儲安平的自由主義思想無疑是屬於英美自由主義的「洛克傳統」。

[21]　劉軍寧：《共和‧民主‧憲政——自由主義思想研究》上海：上海三聯書店，1998 年版，第 24 頁。

[22]　張新穎編：《儲安平文集》（上），上海：東方出版中心，1998 年版，第 287 頁。

任何人可以賞賜的，也不是任何人可以剝奪的；自由是社會進步必不可少的條件，限制自由，無疑就會阻礙社會的進步。對於這個問題，《觀察》的作者之一鄒文海認為：「自由不是一個人的自由，而應容許所有人的自由。」因為，「一個人的自由是專制，而允許大家自由，則我的行為無往不受他人自由的限制。」他們追求相對的自由，反對絕對的自由。「絕對的自由，只有少數的幸運者可以享受，而相對的自由，才是大家可以分享的美味。我們既不願意自由成為少數人的禁果，自然應當大家尊重這個客觀的限度。不過這客觀的限度，必須十分客觀，換句話說必須得大家的同意，而決不能是少數人武斷地規定下來的原則。」[23]而張東蓀在談到知識份子與文化的自由時，則指出：「倘使沒有這個自由精神，恐怕即不會有實驗的科學，不會有『進步』的觀念，不會對於人生幸福，不論從個人方面抑或從社會方面，設法去加以改良。所以西洋文化雖不免仍有種種弊病，但其中所含的這個自由精神卻是最可貴的，而為他種文化所無的。」[24]李澈廬則把自由與否作為衡量社會進步的尺度，他說：「社會永遠在變動之中，但變化不一定就是進步，有時也向著退步的方向走去。其所以進步或退步的原因，固然複雜，但最重要的關鍵，在於人民是否獲得自由。」[25]

　　除了將對「自由」的理解融入於對英國社會與歷史傳統的介紹中之外，儲安平對「自由」的宣揚還體現在他主辦《客觀》與《觀察》週刊的編輯方針上，他在《觀察》第一卷第一期上撰文

---

[23] 鄒文海：〈民主政治與自由〉，《觀察》第一卷第 13 期。
[24] 張東蓀：〈知識份子與文化的自由〉，《觀察》第五卷第 11 期。
[25] 李澈廬：〈服從社會與意志社會〉，《觀察》第一卷第 19 期。

闡釋刊物的四個基本立場時，即將「自由」作為其中之一，他對「自由」的理解是：「我們要求自由，要求各種基本人權。自由不是放縱，自由仍須守法。但法律須先保障人民的自由，並使人人在法律之前一律平等。」「沒有自由的人民是沒有人格的人民，沒有自由的社會必是一個奴役的社會。我們要求人人獲有各種基本的人權以維護每個人的人格，並促進國家社會的優性發展。」[26]針對當時中國社會的武力與混亂的局面，儲安平渴望和平，希望能以民主的方式來解決國內的爭端，因此他將「自由」與「寬容」等同起來，提倡：「自由思想的主要精神，就是容許各人陳述各人的意見，在今日這種『兩趨極端』的局面下，我們認為最最需要提倡這種『自由』與『寬容』的精神。」[27]在這裡，我們可以明顯地看到拉斯基對儲安平的影響。與此同時，他又指出自由與理性之關係，認為「自由思想是重理性的，必須在理性上有修養，始能接受自由主義的薰陶。情感泛濫的結果是趨於極點，不是極點的右就是極點的左。」[28]

我們在前面曾經論述儲安平把自由等同於一些具體的權利，而不是一種抽象的概念。例如，他認為：人民的基本公民權利包括人身自由、居住自由、職業自由、財產自由、宗教自由、言論自由、集會自由及結社自由。而其中「人身自由尤為一切自由的基本」[29]「要使人民有言論之自由，須先能切實保證人民有合法的人身自

---

[26] 儲安平：〈我們的志趣和態度〉，《觀察》第一卷第 1 期。

[27] 儲安平：〈辛勤・忍耐・向前〉，《觀察》第一卷第 24 期。

[28] 儲安平：〈中國的政局〉，《觀察》第二卷第 2 期。

[29] 儲安平：〈我們對於美國的感覺〉，《觀察》第一卷第 11 期。

由。人身自由是一切自由的基礎；假如人身自由沒有切實的保障，則其他一切自由都不會真正存在。」[30]他指出要實現言論自由必須能做到兩點，即：第一步應使知識份子能充分自由地表達其意見；其次再求一般人民有自由表達其意見的能力。[31]他將實現民主中國的希望寄託在中國的中產階級身上，即所謂有自由思想的大學教授及著作家。而他對言論自由的解釋是「在公共場所演說的自由，出版報紙及刊物的自由，採訪新聞及拍發新聞電報的自由，私人通信的自由，印刷著作物的自由，演戲的自由。」並且這些言論自由「俱不受官方或半官方之任何公開的限制、干涉、壓迫及威脅。行使上述種種自由權利時，如有觸犯法律之處，政府得依法於事後追懲之。」[32]把人身自由作為一切自由的基石，綜觀百年來中國的歷史和現實，這種看法可謂一針見血，在現代中國政治思想史上也應佔有一席之地。

有人認為：從「自由者，即無政治約束之謂也。」的認定出發，儲安平提出了一個自由與否的判斷標準，即：「凡是在一個講究『統制』，講究『一致』的政黨政治下，人民是不會有真正自由，因之也不會有真正的民主的。」並且指出儲安平得出這一結論的依據是出於他對人性的認知，即：自然人性是天然、合理的，違反人性是錯誤的，而且，言論自由是人的一種基本自由，也唯有具有這種自由，人才能顯現他的尊嚴。而儲安平提出這一判斷標準的依據則是

---

[30] 張新穎編：《儲安平文集》（下），上海：東方出版中心，1998 年版，第 33 頁。
[31] 張新穎編：《儲安平文集》（下），上海：東方出版中心，1998 年版，第 33 頁。
[32] 張新穎編：《儲安平文集》（下），上海：東方出版中心，1998 年版，第 33～34 頁

「人類思想各殊，實為一種自然的人性，假如任何政黨想使在他統治下的人民，在思想思想上變成同一種類型，這實違反人性而為絕不可能之事。」「因為假如一個人沒有思想自由、言論自由，則他何能自由表示意見。」又指出，在這裡，儲安平明顯將輿論政治等同於民主政治，也就是說，凡是實行言論自由的政治就是民主政治，否則就是專制政治。[33]這段話，可謂言之有理。

我們從儲安平對自由的定義與判斷來看，他的議論與觀點是有一定獨創性的，尤其是他反對「統制」與「一致」，把自由等同於一些具體的權利，人身自由作為一切自由的基石，至今也有其現實的價值。

二、政治自由與社會自由的區分

我們在前面也曾論述了當代自由主義的大師以撒・柏林把自由分為積極自由與消極自由，並列舉了柏林對何謂積極自由與消極自由的闡述。還對目前有的學者認為：中國的自由主義者由於面臨的種種問題，在理論上從不屑於對積極自由與消極自由作仔細的區分。在他們看來，自由只是達到國家富強的手段。並舉胡適為例，說中國的自由主義者追求的只是一種積極自由的觀念，而與西方自由主義以政治自由為內容的個人自由有相當大的分野[34]的觀點也

---

[33] 林建華：〈儲安平自由主義思想評析〉，《史學集刊》2002 年第 2 期。

[34] 胡偉希：〈理性與烏托邦──20 世紀中國的自由主義思潮〉，載高瑞泉主編，《中國近代社會思潮》，上海：華東師範大學出版社，1996 年版，第 237～

進行了論述。但筆者認為，這個觀點在以儲安平為首的《觀察》撰稿人身上並不完全正確。

《觀察》作者之一的吳恩裕就曾把自由分為消極與積極兩種意義。他說：「消極自由有取消或限制之意，而積極自由有任意選擇辦法或觀點意思。」並贊成「消極自由」，反對「積極自由」。[35]而刊物的主編儲安平在創辦《觀察》之前，就曾經撰文對政治自由與社會自由進行了區分，實際上，這種對政治自由與社會自由的區分也基本符合自由主義者對消極自由與積極自由的劃分，可謂有異曲同工之妙，也是儲安平對中國歷史與現實觀察後得出的一個賦有遠見的觀點。

關於中國人享受「自由」多少的問題，人們歷來就為此爭論不休。最早將西方「自由」的概念引進中國的嚴復認為中國受專制毒害太深，因此人民所享受之自由要比歐美諸國少得多，他宣稱：「若民既自由，則國無不強，民無不富，而公道大申也者。」[36]因此，他的結論是：「蓋中國之民，乃以自由而病矣。」[37]而中國民主革命的先行者孫中山先生則認為中國人所享受的自由不是太少，而是太多，以致於中國社會呈一盤散沙狀態，沒有民族凝聚力，不能抵抗外國的侵略，他說：「中國人現在所受的病，不是欠缺自由，如果一片散沙是中國人的本質，中國人的自由老早是很充分了。」「到底中國人有沒有自由呢？我們拿一片散沙的事實來研究，便知道中

---

238 頁。

[35] 吳恩裕：〈自由乎？平等乎？〉，《觀察》第三卷第 12 期。

[36] 《嚴復文選》，上海：遠東出版社，1995 年版，第 223 頁。

[37] 《嚴復文選》，上海：遠東出版社，1995 年版，第 88 頁。

國有很多的自由,因為自由太多,故大家不注意去理會,連這個名詞也不管了。」[38]

　　上述兩種觀點代表了十九世紀末二十世紀初國人對「自由」問題的思考,反映了中國的精英知識份子在探索中西社會差異的認知水平,但卻並不全面。儲安平對這個問題的思考是:「多年以來,國人對於『自由』的意見,常彼此格格不入。有一部分人認為今日中國人民所享有的自由之多,在並世各國間幾無其匹;另一部分人又以為今日中國人民所享有的自由,遠較歐美各國人民所享有者為少。著者山居之餘,輒思及此一問題,感覺兩說均有非是。因為這種說多說少的論點,實嫌籠統含糊,難獲正確的結論。」他認為;「『自由』只是一個總稱,其內容尚可別為種種不同的『自由』,如人身自由、居住自由、財產自由、職業自由、信仰自由、言論自由、集會自由、結社自由等。著者常思對此問題作一比較科學的答案,因將今日中國人民所享有的自由,大別為『政治的自由』和『社會的自由』兩類。」在把自由區分為「政治自由」與「社會自由」兩類的基礎上,他提出了他自己對中國人所享有自由的看法,即:「今日中國人民所享有的『政治的自由』太少,而享有的『社會的自由』太多。」[39]

　　儲安平充滿自信地認為他的這個結論決不是空想出來的,他接下來舉出了中國社會現實中所存在的各種具體現象來說明他的這個關於中國人「所享有的『政治的自由』太少,而享有的『社

---

[38]　《孫中山文選》,上海:遠東出版社,1995 年版,第 91 頁。
[39]　張新穎編:《儲安平文集》(上),上海:東方出版中心,1998 年版,第 469 頁。

會的自由』太多」的結論。他說道:「以言人身自由,許多違法作
惡殺人越貨的惡棍盜匪,常得逍遙法外,(各地常有招撫收編土匪
之事,其實就法律而論,土匪犯案累累,早已一死不足抵償其罪。)
而在思想上稍為前進一點的人,其生命常不能得到合法的保障。
以言言論自由,對於那些隨便揭發他人的秘密,破壞他人名譽,
刊載荒誕離奇不合人情的文字的報紙或印刷物,它們在社會道德
上所發生的影響,政府常漠然視之,但一個報紙或印刷物,若發
表了在思想上有『問題』的文章,則該報紙及印刷物之編輯人、
發行人及該文之著作人,俱將遭受不可抗拒的壓迫、威脅或制裁。
以言信仰自由,則信仰種種荒誕不稽的教義,決無人加以阻止,
所以民間還是燒紙屋、紙錢、紙箔,雇道人巫人打唱,這一切反
現代的費錢費力的迷信行為,可以行之如素,一如在一百年前一
樣,但一個人的信仰若一涉及『政治的思想』,則他即將常受到注
意或監視。以言職業自由,辦學校、開書店、出刊物、發行報紙,
均須受特殊的管制,因為這些職業都是傳佈思想的職業,至於一
般與政治思想無關的職業,政府不甚干預,所以殺人的庸醫仍得
高枕無憂;貧窮無告的父母將其子女鬻賣為奴婢為娼妓,絕對自
由;十歲左右的兒童挑了二三十斤的煤炭往來於官道之上,絕不
受禁止;至於人民之有職業無職業,自然更無人過問。以言集會
結社的自由,則抽頭聚賭、私家堂戲、結夥械鬥、鄉間香會、下
級幫會,均不受真正嚴厲的限制,但政治性質的集會結社,即使
明文不禁,實際上是不易自由舉行的。」[40]因此,儲安平得出的

---

[40] 張新穎編:《儲安平文集》(上),上海:東方出版中心,1998 年版,第 469~

結論是：「在中國人民的行為及一般生活中，凡涉及政治的，處處受到限制；只要與『政治』無關，極盡自由。」[41]緊接著，儲安平又列舉了英國的例子作為反證，他指出；「英國的情形正巧相反。在英國，結社和集會，無論是政治的或非政治的，只要不違法，政府概不干涉。言論只要不妨害公共的利益及私人的利益，政府亦絕不限制。……無論對政治理論、政治設施或政治人物陳述意見者，俱不構成犯罪的行為；因發表政見而犯罪者，是謂『意見罪』，在英國的法律裡是沒有『意見罪』的。但享有甚大的『政治的自由』的英人，卻又未必享有甚大的『社會的自由』。」[42]在這裡，我們可以很顯然地看出儲安平將中英社會「政治自由」與「社會自由」多少的比較，他對中國社會「政治自由少，社會自由多」的現象是持反對態度的，而對英國社會「政治自由多，社會自由少」的局面則持極其讚賞的態度。因此，他指出；「人民若無政治的自由，則民意不得申，民意不申，則國家的政治即失去了根，同時國家亦即不能發揮其潛在的活動。在另一方面，人民的社會的自由若不限制，則一部分人行使無限制的自由，勢必另有一部分人因被其侵犯而傷失其自由。」所以，他認為：「人民所享的自由，應大者大之，應小者小之。」[43]縱觀二十世紀中國社會的歷史，我們不能不承認，儲安平的這個觀點是非常精闢的，是他對中國社會與政治現象深刻觀察後得出的正確的結論。過去

---

　470 頁。

[41]　張新穎編：《儲安平文集》（上），上海：東方出版中心，1998 年版，第 470 頁。
[42]　張新穎編：《儲安平文集》（上），上海：東方出版中心，1998 年版，第 470 頁。
[43]　張新穎編：《儲安平文集》（上），上海：東方出版中心，1998 年版，第 471 頁。

人們只知道爭取自由，卻不知社會自由過多，政治自由過少，同
樣會危急社會的正常發展，最終侵害個人的利益。因此，儲安平
對自由的這一劃分，正像某人指出的那樣，「是獨樹一幟，充滿個
性的思想。」[44]

三、自由與法治之關係

　　有學者認為：「在人類歷史上憲政運動差不多是與自由主義同
時起步的。憲政是自由主義政體思想的核心原則。因此凡是自由主
義者無不高舉憲政的旗子。而憲政的本質在於用憲法和法律規定並
保障人民的自由和權利，劃定並限制政府權力和行動的範圍，並提
供相關的制度設施。根據這一準繩，凡是憲法不保障民權與自由的
政府不是憲政；凡是憲法無法對政府越權進行有效限制的政府，也
不是憲政。」[45]中國的自由主義者自然也強調自由與法治的關係，
胡適當年從批判國民黨實行訓政的角度出發，指出民主政治的「根
本觀念是承認普通民眾的常識是根本可信任的。……民主政治本身
就是最好的政治訓練。……沒有憲法或約法，訓政只是專制，決不
能訓練人民走上民主的路。」[46]張君勱則從憲政與人權的角度，認

44　林建華：〈儲安平自由主義思想評析〉，《史學集刊》2002 年第 2 期。

45　劉軍寧主編：《北大傳統與近代中國：自由主義的先聲》，北京：中國人事
　　出版社，1998 年版，第 162 頁。

46　劉軍寧主編：《北大傳統與近代中國：自由主義的先聲》，北京：中國人事
　　出版社，1998 年版，第 163 頁。

為：「國家對於人民無論權力怎麼強大，總要劃定一個範圍來說這是你的命，這是你的財產，這是你的思想和你的行動範圍。在這範圍內，便是各個人民天生的與不能轉讓的權利。在這範圍內，國家是不能隨便干涉強制的。在這範圍內，各個人所享的權利便叫人權。……政府權力自然受到限制，但政權上之限制，即所以抬高人民地位。」[47]而羅隆基認為：「法治的障礙，總在有權力有地位者的專橫獨裁。……法治的演進，就在一步一步提高法律的地位，縮小有權力有地位的人的特權。」[48]

儲安平作為一個自由主義者，自然在他的自由主義思想中也不會忽視自由與法治的關係。就在抗戰結束之前，他在重慶《大公報》發表了〈自由與守法〉一文，從政府要求人民守法與人民要求自由的角度闡述了他對這個問題的看法，他首先指出自由與守法並不對立，並列舉洛克、盧梭等人提倡的天賦人權之說，謂人生來就有若干權利，這些權利既非國家所賦予，也非國家所能剝奪。此說雖在十八、十九世紀極一時之盛，但隨後即不再流行，「因為個人的自由若無適當的限度，各行其是，則社會的安寧無法維持，而各人的自由亦仍不能得到保障。」所以他認為：「每個人為他自己的發展計，為他所處的國家社會福利計，應當在一定的範圍內自由活動。這個範圍由國家以法律來規定，在這個範圍以內，國家應該保護人民的自由，超過了這個範圍，國家便須限制人民的自由。這種自由，

---

[47]　劉軍寧主編：《北大傳統與近代中國：自由主義的先聲》，北京：中國人事出版社，1998 年版，第 165 頁。

[48]　劉軍寧主編：《北大傳統與近代中國：自由主義的先聲》，北京：中國人事出版社，1998 年版，第 165～166 頁。

我們稱之為法定自由，謂自由並非天賦，實為國家法律所賦予。」
但國家是不是就可以此為名剝奪人民的自由呢？他的看法是：「個
人自由既由國家法律所賦予，可見自由並不能超過法律所許可的範
圍。進一步言之，自由與守法且應表裡合一，因為維護法律即所以
維護自由，而要使自由得到保障，亦非人人遵守法律不可。」他認
為要達到這個地步，必須做到兩點，即一要人人守法，不可有一人
例外；二要法律的內容為保護人民的自由而非侵犯人民的自由。因
此，他的結論是：「法律的內容若為保障並增進人民的自由權利者，
人民自必樂於守法，而且勇於守法；如其政府希望人民守法，也便
須在制訂法律時，儘量保障人民的自由和權利。」[49]在《英國采風
錄》中，他又以英國為證論證自由與守法的關係，指出：「法律與
自由在有些國家是對立的，政府常常申令人民服從政府的法令，而
人民又轉而向政府呼籲尊重人民的自由。但自由與守法在英國是相
成的，不是相反的。」「我們細讀英國之通常法，即知英國之法律
對於人民之生命財產，無不詳為保護。法律之內容既為保障人民之
自由，故不守法律之行為亦即侵犯人民自由之行為，不守法律之人
亦即侵犯人民自由之人，故在英國，爭取自由的運動亦即衛護法律
的運動。」[50]

　　1946 年，儲安平出版《觀察》，在刊物發刊詞中闡述雜誌的立
場和方針時，他進一步說明了自由與法律的關係，他說：「自由不

---

[49] 儲安平：《自由與守法》，原載 1944 年 2 月 3 日重慶《大公報》，載謝泳、
　　程巢父主編：《追尋儲安平》，廣州：廣州出版社，1998 年版，第 219～222 頁。
[50] 張新穎編：《儲安平文集》(上)，上海：東方出版中心，1998 年版，第 306～
　　307 頁。

是放縱，自由仍須守法，但法律面前一律平等；法律若能保障人民的自由與權利，則人民必須守法護法之不暇。」[51]對於這個問題，《觀察》的作者之一韓德培則從建立民主政治的角度，提出了他的看法，他說：「說到實質意義的法治，居今日之中國而言法治，當不能不以各方面所急切期待的民主政治為其精髓，為其靈魂。」「民主政治的真諦，簡單地說，就是人民能控制政府，尤其不讓政府違法侵害人民的利益，假如政府違法侵害人民的利益，人民就能執法相繩，使政府賠償損害，或使政府的負責者不得不掛冠下臺。法治如不建築於民主政治之上，則所謂法治云云，定不免成為少數人弄權營私欺世盜名的工具。唯有在民主政治的保證之下，法治才能成為真正於人民有利的一種制度，也唯有在民主政治的保證之下，法治才更易求其充分徹底的實施。」[52]

我們從儲安平對自由與法治的論述中，不難發現這實質上是對「政治自由」與「社會自由」劃分的一種進一步的延伸。「自由」與「守法」本身就是一個問題的兩個方面，缺一不可，他對這一問題精彩的論證，從理論上更加澄清了人們對此問題的認識，值得關注。

四、自由與教育之關係

自由主義者歷來就重視教育對自由的作用，英國著名自由主義思想家穆勒在其著作《論自由》裡，就曾指出：「政府只要決心要

---

[51] 儲安平：〈我們的志趣和態度〉，《觀察》第一卷第 1 期。
[52] 韓德培：〈我們所需要的「法治」〉，《觀察》第一卷第 10 期。

求每個兒童都受到良好的教育，並不必自己操心去備辦這個教育。……要知道，由國家強制教育是一回事，由國家親自指導那個教育是完全不同的另一回事。……若把人民的教育全部或大部交在國家手裡，我反對決不後於任何人。……由國家主持一種一般的教育，這無非是要用一個模子把人們都鑄成一樣；而這個模子又必定是政府中有勢者所樂取的一種，於是就不可免其有效和成功的程度而相應地形成對於人心並自然而然跟著也形成對於人身的某種專制。」[53]

中國早期的自由主義者也很重視自由與教育的關係，嚴復就曾經說：「治學之材與治事之材，恒不能相兼。……惟有或不相侵，故能彼此相助。……學問政治，至大之工，奈何其不分哉！……有學問之名位，有政治之名位。學問之名位，所以予學成之人，政治之名位，所以予入仕之人。……天下未有民權不重而國君能常存者也。」[54]蔡元培則說：「教育是幫助被教育的人，給他能發展自己的能力，完成他的人格，於人類文化上能盡一分子的責任；不是把被教育的人，造成一種特別器具，給抱有他種目的的人去應用的。」[55]

儲安平在比較中英社會情形時，發現「英人是崇奉思想自由的，這種崇奉自由的精神見之於學校為各種學問之自由研究，見之

[53] 劉軍寧主編：《北大傳統與近代中國：自由主義的先聲》，北京：中國人事出版社，1998年版，第520頁。

[54] 劉軍寧主編：《北大傳統與近代中國：自由主義的先聲》，北京：中國人事出版社，1998年版，第525～526頁。

[55] 劉軍寧主編：《北大傳統與近代中國：自由主義的先聲》，北京：中國人事出版社，1998年版，第527頁。

於社會為異己之容忍，見之於家庭則為父母對於子女的事業及戀愛只指導而不強迫。但是在思想上，英人雖極力崇奉自由的原則，不求思想之一致，但在為人的基本精神上，則英人固大體相同，有較為一致的傳統。」他認為原因「實大半應歸功於他們的教育。」「在英國，教育的主要目的即在養成一個人的優良的性格和優良的風度。」[56]而反觀中國的情形則是：「在思想上傾向管制，在性格上容忍放任。政府、社會、人民三者不僅容忍性格的放縱，且根本忽視性格的重要。」[57]他對當時中國的學校教育、家庭教育與社會教育極其的失望，指出：「這種不加改革的教育，可說完全是一種浪費。」因此「我們為了國家的未來的自由、幸福和榮譽，對於這種浪費的教育不得不出以呼籲和抗議。」[58]儲安平關於教育對自由的影響的觀點在《觀察》作者裡得到了回應，有人就認為中國不能實行法治的一部分原因在於人民自身，另一部分原因，無疑的存在於官吏，「欲使人民有這種智識與能力，並非易事。這需要使每個人受幾年強迫的並良好的國民教育。」[59]

　　儲安平這種關於自由與教育關係的論述與前述幾個方面一樣，是他自由主義思想的重要組成部分，他的這些自由主義思想即使在今天看來，也有其現實性與合理性的價值所在。

---

[56] 張新穎編：《儲安平文集》（上），上海：東方出版中心，1998 年版，第 478～479 頁。

[57] 張新穎編：《儲安平文集》（上），上海：東方出版中心，1998 年版，第 483 頁。

[58] 張新穎編：《儲安平文集》（上），上海：東方出版中心，1998 年版，第 487 頁。

[59] 李浩培：〈法治實行問題〉，《觀察》第二卷第 12 期。

第三節　儲安平自由主義思想的影響和地位

　　客觀地說，儲安平自由主義思想的影響主要是通過他主編的
《觀察》週刊而廣泛地在當時的環境中產生的。在此之前，儲安平
雖然也有著作與文章闡述他的自由主義思想，但一方面，由於在當
時他的自由主義思想還沒有完全成熟；另一方面，他在那時社會上
的影響與地位也遠遠比不上他後來主編《觀察》時的影響與地位，
因此，在當時他的思想的影響與在《觀察》時期相比是不可同日而
語的。

　　正如本文在前面多次論述的那樣，《觀察》週刊在當時中國社
會充斥暴力、混亂與戰爭的局面下，大張旗鼓地宣揚自由、民主、
進步與理性，從而使得刊物在當時的讀者群中產生了廣泛的影響，
它的讀者幾乎遍及全國各地，甚至在海外也有其讀者群。既然，刊
物在社會上產生了廣泛的影響，那麼，我們或許就可以比較確切地
說，作為刊物主編的儲安平，他的文章與著作所闡述的思想與見解
自然而然也會在刊物廣大的讀者群中產生其應有的影響。我們看
到，當刊物遇到困難，而不得不削減篇幅的時候，就曾經有許多的
讀者寫信表示反對。雖然刊物最終未能在當時的環境裡繼續創辦下
去，但它的作用與影響或許正如余英時先生所說：「從抗戰勝利到
中共政權的建立先後不過四年多。這段期間，由於內戰關係，社會
一直動盪不安。再加上學潮洶湧，思想界沒有出現過值得重視的新
發展。當時對知識份子影響較大的刊物大概要算《觀察》雜誌。《觀
察》的進步立場是西方自由主義，大體上可以看作『五四』主流思

潮的延續。這四五年，部分由於政治形勢變化得太快，青年一代知識份子的思想激進化也大有一日千里之勢。《觀察》的溫和穩健立場，包括其中費邊社會主義的傾向，並未能緩和激進化的歷程。不過《觀察》所揭櫫的民主、自由、憲法等等觀念還是為日後知識份子留下了思想的種子。」[60]

既然儲安平的自由主義思想是通過《觀察》這個自由主義的論壇而產生廣泛影響的，那麼，我們也應該承認他的自由主義思想的作用是為日後的中國保留了自由思想的種子。有學者指出中國現代自由主義的基本特徵為「強調不受外在壓迫的自由，追求法治社會的民主、主張容忍政治反對派，以及崇尚和平的漸進改良。」[61]考察儲安平的自由主義思想，可以看出這些特徵在他的思想中都是比較明顯存在的。

有人在評價儲安平的自由主義思想時，認為儲安平是中國最後一位自由主義知識份子，並認為他的自由主義思想呈現出以下幾個鮮明的特點，一是一種愛國主義，二是一種進步主義，三是一種理想主義。之所以說它是一種愛國主義，是因為儲安平在觀察英國的時候，頭腦中時刻思考，比照著英國和中國問題，是因為英國的富強是建立在自由和民主之上的，所以他才鼓吹自由主義；說它是一種進步主義，是因為儲安平宣傳自由主義的一個目的是針對中國專制政治的舊傳統；說它是一種理想主義，是因為儲安平雖然熱情地

---

[60]　余英時：〈中國近代史上的激進與保守〉，載許紀霖主編：《二十世紀中國思想史論》（上），上海：東方出版中心，2000年版，第428頁，

[61]　李良玉：《思想啟蒙與文化重建》，長春：吉林人民出版社，2001年版，第215頁。

宣傳自由主義，但是由於自由主義最有力的工具就是勸說，因此自由主義者除了勸說之外別無他法，他們的美好願望、遠大理想，只能在勸說中付諸實施，這對於「槍桿子裡面出政權」的中國顯然是不合適宜的，也是根本無法實現的。[62]

筆者以為這些評價不完全正確，誠然儲安平在宣傳他的自由主義思想時，常常以英國的社會生活情形與政治狀況和中國的社會現實作一比較，而且提出了英國的富強是建立在自由和民主之上的論點，但我們並不能就此論述就可以認為儲安平的自由主義思想是一種愛國主義這種簡單化的觀點。自由主義者或許應該是愛國主義者，然而我們就能說其他主義者就不是愛國主義者嗎？愛國、愛民族可以說是人類普遍的情感，歷史上僅有少數敗類例外，我們並不能簡單地說一種主義只要它不出賣國家與民族的利益，就把它等同與愛國主義。絕大多數的人在愛國主義的基礎上或許還會選擇其他的主義，但選擇什麼主義，是由一個人的經歷、背景、知識結構與性格、氣質等多種複雜的因素所決定的，儲安平選擇並宣揚自由主義的思想，除了與他的經歷、知識背景等有關因素之外，應該更多地是出於他理性的思考。

相對於專制主義來說，自由主義的確是一種進步主義，儲安平宣傳自由主義是想衝破當時中國舊的政治傳統，改變不合理、不合法、不公正的病態社會，並針對國民黨的專制統治，從這個角度出發，我們也許應當承認儲安平的自由主義思想是一種進步主義，然而我們或許也可以更進一步地將自由主義與其它的主義相比，它也仍然是一種進步主義。

---

[62] 林建華：〈儲安平自由主義思想評析〉《史學集刊》，2002 年第 2 期。

　　許紀霖先生認為中國的自由主義者可以分為觀念的自由主義者與行動的自由主義者兩類，前者以胡適為精神領袖，這類人「極其自覺地保持著個人精神和身份的獨立性，拒絕直接參政，拒絕成為『組織人』，哪怕是組織反對黨。」他們習慣於「學科化地討論個別問題，拒絕思考改造中國的整體方案。」後者則以張君勱、張東蓀、羅隆基、王造時等人為代表，他們「對參政懷有強烈的興趣，都自認為自己有治國安邦的卓越才能」，「熱衷於思考和設計整體性的社會政治改革方案。」他又指出：「觀念的自由主義者作為一種社會道義和公共良知的存在，在自由主義運動中的作用相當巨大，尤其在起初的宣傳階段更是功不可沒。」[63]胡偉希也將中國的自由主義者分為觀念人物與行動人物兩種類型，指出觀念人物「公開標榜不做官，但要以社會良心與社會輿論代言人的身份發表政見。他們相信，通過在報刊上製造輿論、反映民意，可以對政府的政策制定與執行形成一種監督與壓力，從而避免政治的腐敗與有助於政治的清明。」[64]

　　顯然，按照以上對現代中國自由主義者的類型劃分，儲安平無疑是屬於觀念的自由主義者或者觀念人物一類的。譬如儲安平在闡明《觀察》週刊的宗旨時，就特別強調「我們這個刊物第一個企圖，要對國事發表意見。意見在性質上無論是消極的批評或積極的建議，其動機則無不出於至誠。這個刊物確是一個發表政論的刊物，

---

[63] 許紀霖：〈社會民主主義的歷史遺產——現代中國自由主義的回顧〉，（香港）《二十一世紀》1997 年 8 月號，香港中文大學中國文化研究所。

[64] 胡偉希、高瑞泉、張利民：《十字街頭與塔——中國近代自由主義思潮研究》，上海：上海人民出版社，1991 年版，第 51 頁。

然而決不是一個政治鬥爭的刊物。我們除大體上代表著一般自由思想分子，並替善良的廣大人民說話以外，我們背後另無任何組織。我們對於政府、執政黨、反對黨，都將作毫無偏袒的評論。」[65]如在刊物遭受政府壓力的時候，他仍然認為「在這混亂的大時代，中國需要的就是無畏的言論，就是有決心的肯為言論而犧牲生命的人物！……儘管本刊已遭遇到政治危機，但我們既不因此而增加我們在感情上對政府的不滿，也不因此而減少了我們在理智上對政府的批評。」[66]以及在重慶北碚復旦大學舉行座談會期間，儲安平對座談會所主張的「士的使命在於干政，而不一定要執政」，[67]備加讚賞等等言論與行動無不充分表明儲安平是屬於以胡適為精神領袖一類的觀念的自由主義者或自由主義的觀念人物。但是，儲安平也認識到了觀念的自由主義者實踐上的缺陷，「政治活動不能沒有領導人物，但是因為『相輕』及『自傲』在中作祟，所以在自由思想分子中很難產生領導人物；政治活動是必須有組織和紀律的，但是因為自由分子的相通大都是道義的，不是權力的，所以很不容易發揮組織的力量。這些是自由分子根本上的弱點。」[68]對於自由分子這種弱點的認識，或許是他後來加入民盟和九三學社的一個原因。此外，儲安平與張君勱、張東蓀、羅隆基、王造時等人為代表的行動的自由主義者在思想方面也有一個相通的認識，那就是對自由主

---

[65] 儲安平：〈我們的志趣和態度〉，《觀察》第一卷第 1 期。

[66] 儲安平：〈風浪·熱練·撐住〉，《觀察》第三卷第 24 期。

[67] 《宜興人物志》中冊，江蘇省政協文史資料委員會，宜興市政協文史資料委員會編：《江蘇文史資料》編輯部 1997 年版，第 209 頁。

[68] 儲安平：〈中國的政局〉，《觀察》第二卷第 2 期。

義與社會主義融合的態度，和胡適等人不同，他們一直對此種融合抱贊同的態度，未能深刻反省兩種不同理論融合的內在矛盾與衝突，這或許是儲安平 1949 後留在大陸的一個思想潛意識中的因素。然而，無論是作為觀念的自由主義者和行動的自由主義者或者是自由主義的觀念人物與行動人物，歷史的進程都宣告了他們在當時中國的失敗。

自由主義確實在現代中國社會的歷史進程中遭到了失敗，但我們卻不能以「成者為王敗者寇」的歷史觀來看待自由主義在現代中國的命運。儲安平的自由主義思想的確主要是在當時廣大的知識份子群中產生了較大影響，而對處於水深火熱之中的中國廣大群眾的實際利益未發生任何實質性的作用，就像有人批評的那樣「自由主義在中國從未發達過，更沒有深入過中國的本土社會，只是在中國過去受過良好教育的人中的一部分有一定的影響。」[69]但筆者以為自由主義在現代中國的失敗實際上是由許多當時複雜的因素決定的，在理論上，自由主義從來就沒有失敗過，或許它在現代中國失敗的原因正如楊人楩先生當年所分析的那樣，「自由主義者可能暫時為暴力所打擊。鬥爭失敗並非自由主義本身的失敗，因此現狀遲早要朝著自由主義所指示的途徑去改變，惟有放棄鬥爭的失敗，才是真正的失敗，惟有屈服與妥協的態度，才是背叛自由主義的態度。自由主義者須具有不屈服與不妥協的鬥爭精神，始可發揮自由主義的創造力，不能堅持此種精神，不但是自掘墳墓，並且要助長

---

[69] 劉軍寧主編：《北大傳統與近代中國：自由主義的先聲·前言》，北京：中國人事出版社，1998 年版，第 4 頁。

反自由主義的極權政治之自信。」[70]揆諸後來中國歷史的發展，楊氏的觀點還是賦有深長意味的。

的確在當時混亂的中國社會中談論自由主義只是一種奢侈，儲安平自由主義思想的歷史地位，正如論者所指出的那樣：「儲安平一再強調的不盲從權威、不依附任何權勢、獨立思考、自由表達意見的自由主義精神仍然在中國現代思想史上留下了一筆深厚的歷史遺產。」[71]

---

[70] 楊人楩：〈自由主義者往何處去〉，《觀察》第二卷第 11 期。

[71] 林建華：〈儲安平自由主義思想評析〉，《史學集刊》2002 年第 2 期。

第六章　中西社會之比較

　　我們在上一章討論儲安平的自由主義思想時，可以看到儲安平經常將英國社會的情形與中國當時社會的實際狀況作一比較，並以此論證自由主義在英國的形成和發展給英國社會帶來的蓬勃生氣與人民的奮發向上，而反觀中國社會則是充滿了混亂、暴力、愚昧與野蠻，政府的專制統治使得中國社會呈現出一片死氣沉沉的景象，人民生活痛苦不堪，連起碼的民主知識與經驗都不知曉。事實上，如果我們仔細通讀儲安平的著作與文章，就會發現他經常在他的著作與文章中對中西社會作一比較，甚至可以說這是儲安平行文風格與內容的一大特色之一。不僅有對英國社會與歷史的詳盡介紹，而且也有將英國社會與法國、西班牙社會作一比較的內容，自然他是崇奉英國社會的，因此，中英社會與國民性之比較又是他中西社會比較的重中之重。汪榮祖先生就指出儲安平「到英國留學時，更受到英國民主政治的啟迪，成為一個心悅誠服的親英派。尤其信服英國人習以為常的自由、正義與公平競爭。」[1]

---

[1]　汪榮祖：〈自由主義在戰後中國的起落──儲安平及《觀察》的撰稿群〉，載謝泳，程巢父主編：《追尋儲安平》，廣州：廣州出版社，1998 年版，第159～160 頁。

　　眾所周知，自從中國人放眼看世界開始，先進的中國知識份子就經常介紹西方社會的歷史、政治與風土人情，並比較中西社會的優劣，希望能從中找到救國的良方，馮桂芬、王韜、鄭觀應、嚴復、康有為、梁啟超、孫中山、胡適等人就是其中的代表人物。[2]儲安平作為中國知識份子的傑出一員，他對中西社會的比較，既是中國知識份子上述優良傳統的自然延承，也是他在二十世紀三、四〇年代新的國際、國內形勢下對中國社會問題的獨特的思考，深刻體現了他對國家、民族命運的關心，由於這種思考是在自由主義的背景下展開的，從而使之呈現出更多的理性色彩。當然，儲安平在比較中西社會，尤其是比較中英社會與國民性時，也存在著缺陷之處，「他一方面說英國民族性與其種族成分、地理氣候、宗教教育等等關係緊密，另一方面又主張我們要學習英國人的『理性』，中國與英國有著完全兩樣的地理、社會環境，單靠教育能學到英國民族性的精髓嗎？而且假若中、英兩國都具有永恆的而又互不相同的民族性，那麼英國人的『理性』中國人就永遠學不到手。儲氏沒有意識

2　一些西方和華裔學者考察了王韜、嚴復，康有為、梁啟超、胡適等人對中西社會、歷史與文化的思考，參見：〔美〕柯文：《在傳統與現代性之間──王韜與晚清改革》，雷頤等譯，南京：江蘇人民出版社，1995 年版。〔美〕史華慈：《尋求富強──嚴復與西方》，葉鳳美譯，南京：江蘇人民出版社，1996 年版。〔美〕蕭公權：《近代中國與新世界──康有為變法與大同思想研究》，汪榮祖譯，南京：江蘇人民出版社，1997 年版。〔美〕張灝：《梁啟超與中國思想的過渡》，崔志海等譯，南京：江蘇人民出版社，1995 年版。Philip C. Huang, Liang Chi—chiao and Modern Chinese Liberalism，Seattle: University of Washington Press，1972。〔美〕格里德：《胡適與中國的文藝復興──中國革命中的自由主義》，魯奇譯，南京：江蘇人民出版社，1989 年版。

到這一點。」[3]這的確構成了儲安平對中西社會比較中的一個難以
化解的矛盾。

第一節　對英國社會與歷史的介紹

一、對英國政治制度與結構的介紹

　　儲安平對英國政治制度的介紹是結合英國的歷史開始的，他
首先指出：「英國的社會像座金字塔，立在這個塔頂上的就是國
王。」[4]他追述了英國國王產生的歷史，指出英人最初是沒有君王
制度的，他們平時的首領為社長，而且都是由民選產生，英國國王
的產生是通過所謂「戰時國王」而形成的，「『戰時國王』本只是一
種臨時的首領，但戰爭既亙數百年延續不斷，所以這種臨時性質的
『戰時國王』經歷史的激蕩而終成為一種永久的國王。」[5]最初英
國國王也是由民選產生，「至十三世紀愛德華一世時，王位始成絕
對世襲。」[6]與中國歷史上的傳統不同，英國的國王可由國王的女

---

[3]　何元國：〈試評儲安平關於應該民族性的論述〉，《世界民族》2005 年第 4 期。

[4]　張新穎編：《儲安平文集》（上），上海：東方出版中心，1998 年版，第 234 頁。

[5]　張新穎編：《儲安平文集》（上），上海：東方出版中心，1998 年版，第 235 頁。

[6]　張新穎編：《儲安平文集》（上），上海：東方出版中心，1998 年版，第 236 頁。

兒繼位，而且必須年滿十八周歲，否則則由攝政掌權，另外也必須是抗議教徒，天主教徒則不能擔任國王。眾所周知，英國自十七世紀資產階級革命以來，就已成為一個資產階級的民主國家，然何以又保存國王制度呢？儲安平分析了這其中的原因，認為國王的存在在英國有如下的功能：一、英王是不列顛帝國統一的象徵，同時也是不列顛帝國一統的方法；二、不僅對廣大的帝國言，就是對英國國內言，英王也是最好最主要的統一象徵；三、有了一個君主也許不一定感到他存在的重要，但一旦要是真的沒有了君主，便立將發生許多嚴重的憲政上的問題；四、今日英國的君主是虛權的。[7]國王的妻子自然稱為「后」，儲安平指出，按照英國法律，王后仍為庶民，「后之身份與庶民無異，她可以控訴他人，亦可被他人控訴。」[8]在這裡，我們就可充分理解英國何以是一個既保留了君主制度，又為一個民主國家的奧秘所在。

英國既為一個民主國家，那麼對英國國會制度的介紹也是自然之事。與介紹國王制度一樣，儲安平對英國國會制度的介紹也是從追溯歷史開始。他認為英國國會制度的起源可追溯到所謂盎格魯薩克遜時代的「賢人會議」，「當時一切關於立法、徵稅、和戰、司法及土地等，國王不能獨斷，必須得到賢人會議的同意。而王既為賢人會議所推崇，亦可為賢人會議所黜廢。」[9]至十一世紀「賢人會議」演變為「大會議」，而到 1215 年，隨著「大憲章」的簽訂，「大會議」獲得了完全的徵稅權，不過，當時「大會議」所代表的「人

---

[7]　張新穎編：《儲安平文集》（上），上海：東方出版中心，1998 年版，第 239 頁。

[8]　張新穎編：《儲安平文集》（上），上海：東方出版中心，1998 年版，第 247 頁。

[9]　張新穎編：《儲安平文集》（上），上海：東方出版中心，1998 年版，第 250 頁。

民」,「實指世俗的及宗教的貴族而言。」[10]真正有人民代表資格出席國會,則為 1265 年。隨著歷史的發展,英國的國會制度逐漸形成為上院與下院,上院代表貴族與教士,下院則代表平民。起初,上院在國會裡處於領導的地位,後來,隨著平民勢力的加強,下院在國會中取得了領導的地位,上院則「變成一個一無實權的消極的機關。」[11]儲安平又詳述了英國國會上、下兩院的具體許可權與規則章程,尤其是新聞記者對國會會議有採訪權與報導權以及人民的旁聽權。筆者以為,儲安平本意實質上是向當時的中國社會與人民介紹和展示民主制度的經驗與運作方式。

　　行政制度是政治制度的一部分,介紹政治制度也自然要介紹行政制度。儲安平對英國行政的介紹主要是對英國內閣與首相的介紹,在這裡,他再次追溯了內閣與首相制度在英國演變的歷史,指出它們實際上是隨著國會制度的演變與發展而幾乎與之同步產生的。「英國的神經中樞是內閣,行使政權的最高機關是內閣。」[12]這句話是對英國內閣在政治制度中的作用最好的概括。儲安平又進一步論述了內閣的產生過程與首相在內閣的作用,以及內閣與首相在政府行政中的權力,理論上,「首相雖為英王所任命,而在實際政治中,英王又無一不須遵從首相之意見,接受首相之建議。」[13]這同樣是對國人展示一種現代的民主制度,其意義不容低估。

[10]　張新穎編:《儲安平文集》(上),上海:東方出版中心,1998 年版,第 252 頁。
[11]　張新穎編:《儲安平文集》(上),上海:東方出版中心,1998 年版,第 258 頁。
[12]　張新穎編:《儲安平文集》(上),上海:東方出版中心,1998 年版,第 270 頁。
[13]　張新穎編:《儲安平文集》(上),上海:東方出版中心,1998 年版,第 276 頁。

　　接下來，儲安平論述了英國的貴族制度，「前曾言及英國之社會結構有如一金字塔。此塔以英王為頂點，其次則為世俗的宗教的大貴族，則富可觀之大鄉紳，中產階級之小市民，而以下層之農工大眾奠其底。」[14]「在英國，貴族制度之所以能傳至今日，並非由於任何武力上之憑藉，而胥由於人民之同意。英人不僅不反對他們所處的社會裡有這種貴族的成分，且反以有此種貴族制度為驕傲，為滿足。」因為「他們以為『貴族』代表一種尊嚴，代表一種高超的品性。」[15]隨後，儲安平又指出貴族制度對英國教育所起的作用，因為英國的貴族喜好藝術繪畫，舉止端重，有榮譽感，而「英國教育的最大目的是使每個人都成為一個君子紳士。」「英人以為一個真正的君子是一個真正高貴的人。正直，不偏私，不畏難，甚至能為了他人而犧牲他自己。他不僅是一個有榮譽的人，並且是一個有良知的人。」[16]不僅如此，我們還可以看到，儲安平之所以要描述英國的貴族制度，是因為他想解釋英國歷史何以革命與暴動較少的緣故？他敏銳地分析到，在英國農工的意識裡「常念到社會工作的合理分工，而不常念到社會享受的不公平的分配。」[17]難道英人不重視自由嗎？他的答案是否定的，他指出：「英人絕不願放棄自由，但對平等，則觀念很薄。不僅如此，他們且進而以階級與合作乃一社會之要素。他們認為一個社會並非許多個人之集合，而系若干重疊之階級與彼此合作之一種制度，所以他們認為社會之有階級是一

14　張新穎編：《儲安平文集》（上），上海：東方出版中心，1998年版，第284頁。
15　張新穎編：《儲安平文集》（上），上海：東方出版中心，1998年版，第286頁。
16　張新穎編：《儲安平文集》（上），上海：東方出版中心，1998年版，第294頁。
17　張新穎編：《儲安平文集》（上），上海：東方出版中心，1998年版，第286頁。

個正常的現象，無須求其避免。」[18]重「自由」、輕「平等」，這是儲安平在以自由主義思想為背景的前提下，對英國社會觀察後得出的一個結論。並認為「英人爭取之自由不僅限於政治的，抑亦及於公民的，相沿成風，於是在並世各國中，英人所享之自由乃較他人為獨多。」[19]

二、對英國社會風俗與英人性格的介紹

儲安平在介紹英國社會風俗與英人性格之前，首先敘述了英國歷史上的種族與外族入侵所遺留的影響，他認為：「近代之英人，實由盎格魯人加上克爾特人的成分而成。」[20]「無論在血統、性格、及社會制度各方面，盎格魯薩克遜人都是英國的主體。近世各國，已很少有純粹的種族，今日之英人，也滲入了其他各種種族的成分，但主要的血統當然還是屬於盎格魯薩克遜人的。政治制度及社會習俗，論其源流，亦大都須遠溯之於古時的盎格魯薩克遜社會。」[21]他分析了克爾特人對日後英國人性格的影響為：永不滿足的好奇心；豐富的發明力；談話的藝術；文學作品的美。日爾曼人的主要影響有：重視自由；不主張一切平等；以及設立國會，以防

18 張新穎編：《儲安平文集》（上），上海：東方出版中心，1998 年版，第 287 頁。
19 張新穎編：《儲安平文集》（上），上海：東方出版中心，1998 年版，第 305 頁。
20 張新穎編：《儲安平文集》（上），上海：東方出版中心，1998 年版，第 321 頁。
21 張新穎編：《儲安平文集》（上），上海：東方出版中心，1998 年版，第 326～327 頁。

獨夫專權等。丹麥人則「賜給」了英人航海及經商的能力，而諾曼人則帶來了封建制度與中央集權，「亦賴有此種封建制度與中央集權，國家乃得成為一個真正統一的國家。」[22]

　　在描述英國人的性格與風度時，儲安平認為英人最務實，一般都比較的腳踏實地，實事求是，注意實際的問題而不空談理論，「英人不僅缺少抽象的能力，而且他們以為一切抽象的理論，都微末不足道。」[23]這也正好可以解釋儲安平的自由主義思想為什麼不重理論而重實際的原因。正因為英國人重實際、輕理論，所以，他們在國際關係中，從來不死抱著任何不變的主義或任何不變的原則，而非常的現實，正所謂「既無永久的朋友，也無永久的敵人。」從這一點出發，英國人對於一切推測的或假定的事情，也從不討論，對於一切制度，都以實用為主。儲安平指出英國人的心理有物質主義的傾向，即英人心理中不能離開物質，因此，儲安平以欣賞的口吻寫道：「英人重行，世稱英人為『行動之人』。英人在工作時之認真，鮮有倫比。英人工作時，不僅施展出他們全部的精力，並且施展出他們全部的能力。」[24]接著，儲安平又列舉了英國人性格中的一些特點，如：中庸而不極端，重視經驗、又很保守，不愛交際、不善辭令，深沉含蓄，幽默，本性正直，有禮貌等，而精神上則有「幹到底」與至死不屈的特徵。儲安平認為在當時的世界各國中，英國是最講求社會公道的，而這種公道的精神應用在權利與義務方面，

---

[22] 張新穎編：《儲安平文集》（上），上海：東方出版中心，1998 年版，第 330 頁。

[23] 張新穎編：《儲安平文集》（上），上海：東方出版中心，1998 年版，第 331 頁。

[24] 張新穎編：《儲安平文集》（上），上海：東方出版中心，1998 年版，第 335 頁。

也是非常的明顯，並列舉他當年在英國所親身經歷的事例來論證他的這一觀點。

　　人們常常將「自私」與「功利」混為一談，儲安平對此作了分辨，他指出，「自私」的目的是「享受」，而「功利」的目的是「結果」，兩者是完全不同的，不應混淆。他之所以這樣分辨「功利」與「自私」的區別，是因為他認為在英國功利主義是非常濃厚的。正所謂愛屋及烏者也。當然，他也批評了英國人性格中的缺陷，「英人的『島性』極強，心理上的排外性極濃厚。他們總看不起別國的人，而自以為了不得。」[25]由此可見，儲安平在大體上贊許英國人性格中的優點時，對其中的一些弱點也能正確地指出，態度還是比較公允的，並沒有一味的讚頌。

　　除了從歷史與文化的角度分析英國人的性格外，儲安平還從地理環境與氣候上，分析了英人性格形成的原因及對社會生活的影響，他認為英國一年有大半年的時間氣候潮濕、陰寒、晦澀，這大大影響了英人的性格和生活，「英人的缺乏抽象能力，在歷史的原因上，固係因和拉丁文化接觸較短，受其影響較淺之故。但從地理的原因上著眼，亦因英人缺少日光之故。越是日光強的地方，抽象觀念的能力也越強，而在天氣潮濕的地方生長的動物，其反應的循環速度，必定較慢。英國氣候潮濕，所以英人感覺的性能較為滯鈍，遠不若日光充足的地方的人民敏銳。」[26]

---

[25]　張新穎編：《儲安平文集》（上），上海：東方出版中心，1998 年版，第 348 頁。
[26]　張新穎編：《儲安平文集》（上），上海：東方出版中心，1998 年版，第 361 頁。

　　緊接著，儲安平又以讚美的語調，描述了英國的鄉村生活。他首先指出英國人愛好自然，愛好鄉村生活，是他們的天性使然，而這又是由於他們繼承了日爾曼人傳統中愛好自然生活所致。為什麼英人會選擇鄉村作為享受自然生活的地方呢？因為「在英國，除鄉村以外，固另無地方可以使他們得到滿足。」「在英國，鄉村既為唯一的使人享受自然生活的地方，故有愛好自然的天性的英人，對於鄉村生活的愛好，因亦獨特。」[27]他認為在英國的自然生活中，最常見的兩樣東西是樹和草地，這是構成英國式的自然美的兩樣不可或缺的條件，而這種英國式的自然美在英國的公園中體現的最為明顯。他指出，英國人在週末一般都是要到鄉村去的，無論政界要人還是普通百姓都有此習慣，而這種鄉村生活的好處對於「政治家」來說則是：「事實上，一個政治家在週末到鄉間去休息一天，所得到的好處，亦無可估計。無論是他的身體、智慧，或者良心，都可以有一段較為和平的時間，讓它們得到適當的休息、補充和反省。……政治家的健康、腦子和理性，大有關於國家的興衰和人民的禍福，而鄉村生活可以使他們身體健康，腦子清楚，理性正常。英國的鄉村假借無數的政治家、實業家、金融家、科學家、大文豪、大學者的身體與腦子而賜大福於英國及其人民。」[28]一般普通百姓則可以「拾柴，汲水，從事炊烹，無不興致勃勃。他們欲從煩囂的城市偷一日之暇出來一賞鄉野的風光，而讓自己的心靈暫時得以自然融合。」[29]

---

[27] 張新穎編：《儲安平文集》（上），上海：東方出版中心，1998 年版，第 367 頁。

[28] 張新穎編：《儲安平文集》（上），上海：東方出版中心，1998 年版，第 374 頁。

[29] 張新穎編：《儲安平文集》（上），上海：東方出版中心，1998 年版，第 376 頁。

　　最後，儲安平又介紹了英國社會生活中的女子、結婚與家庭狀況。他對英國女子的評價是很高的，他認為英國的女子雖然不美，但都很健康；雖不善於辭令，但很體貼丈夫；雖無突出的才能，但是最好的主婦。他比較了英國女子與日本女子的區別，指出：「日本女子為『服從』其丈夫，英國女子則為忠於其丈夫；『服從』近乎一種奴性，『忠貞』則純為一種責任感。」[30]他接著指出英國女子的最大的德行是她們無風騷之態，治家最大的長處是井井有條，而之所以能養成這樣一種性格及能力，則應歸功於英國的教育。在婚姻方面，他指出，因為英國人的感情深沉而含蓄，所以，有時當某位男人向心愛的女子求婚時，即使這位女子心理也愛著對方，但卻由於感情深藏不露，而常常會因此造成愛情的悲劇。此外，英國的女子在結婚時，雖在習慣上要取得父母的同意，但即使父母不允許，男女也可以逕自自主結婚，儲安平認為這是英國婚姻不同於中國傳統婚姻的最大之處。其鼓勵自由婚姻的態度也由此可見。在家庭生活方面，儲安平指出：「英人因潮濕多霧，一年之中被困於戶內生活之時間特長，故轉能養成一種愛好家庭生活的習慣。同時英人之沉默寡言，及心神專一而有耐性之性格，亦足使英人習於生活戶內而不感困悶。」[31]因此，他認為在英國人的家庭生活中有一種為他處所無的溫暖和寧靜。同時，他看到在英國有些家庭中，雖雇有僕人，但僕人在社會地位上與主人是平等的，他們的工作只是社會分工的一種表現而已。從這些論述中，我們可以看出儲安平實際上含有對中國傳統家庭制度批評的用意。

---

[30]　張新穎編：《儲安平文集》（上），上海：東方出版中心，1998 年版，第 378 頁。

[31]　張新穎編：《儲安平文集》（上），上海：東方出版中心，1998 年版，第 389 頁。

第二節　英、法、西社會之比較

一、英、法、西國民性之比較

　　世界上任何一個民族都有其獨特的國民性與特質，但是生命的表現本質則是一樣的。一個人的生命的表現角度，不外乎是行動、思想與感情。因此，我們對某一民族的考察，也只能從行動、思想與感情三者綜合的角度來觀察，三者缺一不可。儲安平受西班牙一教授學說的影響，認為最能代表行動、思想與感情三種典型的民族是英人、法人與西班牙人，即所謂英人為行動之人，法人為思想之人，西班牙人為感情之人。「英人的心理中心在意志，法人的心理中心在智慧，西班牙人的心理中心在靈魂。因為英人是力的、動的，所以他們的生命趨向於內在力量和外在力量的爭鬥。因為法人是智慧的，所以他們的幻覺特別尖銳，他們愛觀察宇宙。西班牙人則側重靈魂，他們歌頌萬物合一，將一己的存在，溶化到整個宇宙的生命的源泉裡去。」[32]但是不是每一民族都只是有一種生命的表現形式呢？儲安平的答案是否定的，他認為每一個民族都會有多種氣質，只不過會有一種典型的氣質而已，在目前，要想三種氣質都同時平均發展的民族還沒有。

---

[32]　張新穎編：《儲安平文集》（上），上海：東方出版中心，1998年版，第423～424頁。

接下來，儲安平先是概括地論述了最能夠代表英人、法人、西班牙人氣質的名詞。他認為最足以代表英國人氣質的就是 fair play，他用「公平」、「公道」作為 fair play 的中文翻譯，但同時又指出，「公平」與「公道」並不能完全代表 fair play 的涵義，他說；「fair play 是『行動』的一種道德標準。fair play 不能納入任何公式之中，……fair play 是一種活的精神，它翱翔於一切呆板的公式、規則、章程之上。因為 fair play 是一種活的精神，所以它表現在具體的行動之中。fair play 和行動是不能分開的，這是一種做事的方式。實際上，fair play 就是行動。英人最重視行動，所以 fair play 最足以代表英人。」[33]而最足以代表法人氣質的，儲安平認為是「le droit」，他用「法律、權利、正義或者正道」來代表，指出；「這一切都屬於一種理想，屬於一種概念。……在智慧的地圖上，這是個人自由的邊界。fair play 與行動同時發生，而 le droit 則在行動之前，先劃出了一個行動的規律，行動須依此規律而進行；前者為將理性與自然同時媾和，後者則使自然服從理性的支配；前者將客觀的與主觀的化而為一，而後者則純然是客觀的，而一切客觀、理性，都是智慧的產物。le droit 是智能。所以這一個名詞最足代表法人。」[34]最足以代表西班牙人氣質的，儲安平認為是「el honor」，也就是所謂尊榮。這是一個主觀的法律，它指導人們在某一種情形之下，應該做什麼，以及如何去做，「但是這一個不受一切社會法律的縛束的行為與觀念，也有著一種精神上的限制，就是

---

[33] 張新穎編：《儲安平文集》（上），上海：東方出版中心，1998 年版，第 425 頁。
[34] 張新穎編：《儲安平文集》（上），上海：東方出版中心，1998 年版，第 425 頁。

他一定不利用這種自由去作偽作惡，這差不多已近於一種自我尊敬和良心主義的混合表現。」[35]

在論述完最能代表英人、法人與西班牙人氣質的名詞後，儲安平又具體闡述了英國人、法國人與西班牙人的一些性格上的特點。他認為英國人作為「行動之人」最重要的兩個方面就是組織能力與自治能力，他用一句諺語來形容英國人的組織能力，即：一個英國人：一個呆子；兩個英國人：一場足球；三個英國人：一個不列顛帝國。但是單有組織能力就行嗎？他認為是不夠的，「英人之能合作，為舉世公認，而英人之能合作，就因為英人之能自治。」[36]他指出，由於英國人注重實踐，注重行動，所以導致在英國經驗主義與功利主義的發達，且做事不講邏輯，思索能力也大為薄弱，而這對於英國社會的影響則是：「英國人民不趨極端，趨於極端不是理性的結晶，只是感情的慫恿，所以今日最右或最左的思想，在英國都沒有多大勢力。」[37]在分析法人為「思想之人」時，儲安平指出，因為法國人注重理論，所以，當理論與事實不合時，法人便會感覺困惑與彷徨，並且因為他們思索力豐富，每個人都有自己的見解與意見，因此其組織能力與合作能力都不及英國人，而且英國人不注重理論，做事則是埋頭苦幹。接著，儲安平又指出了法國人思想中的另外一個特點，就是正確，這導致法國人在分析事物時，強調明晰與分類，而這些都要求運用智慧，他認為法國人在行動與感情之間，比較接近感情，「法人的特質之一，就是坦白，而坦白乃是從

---

[35] 張新穎編：《儲安平文集》（上），上海：東方出版中心，1998 年版，第 426 頁。
[36] 張新穎編：《儲安平文集》（上），上海：東方出版中心，1998 年版，第 428 頁。
[37] 張新穎編：《儲安平文集》（上），上海：東方出版中心，1998 年版，第 431 頁。

感情中而來。法人之感情又極自由，所以感情極易在外面表露出來。但法人之感情雖極自由，而卻非天然的，法人的感情殆皆屬浮面的，與英人藏在心底裡的感情及西班牙人由心中迸裂出來的感情，皆不相同。」[38]在分析作為「情感之人」的西班牙人時，儲安平認為他們的生命呈現出更多的自由與放縱，而缺少自制。在比較英人、法人與西班牙人生命的目的時，儲安平指出：「英人生命的目的在行動，法人生命的目的在瞭解，而西班牙人生命的目的是在生活。」[39]與英人思想之根據經驗，法人之根據分析不同，西班牙人則在於直覺，所以「英人的思想凝緊與含糊，法人的思想抽象與正確，西班牙人的思想則凝緊與正確。」[40]

二、英國人與法國人政治上之比較

在對英人、法人、西班牙人國民性作一概括性的比較之後，儲安平又從政治角度出發，對英國人與法國人的差異做了比較，他認為他們之間的主要區別就在於英國人重實踐重行動，而法國人則重思想重原則。因為英國人重實踐重行動，因此他們在政治上形成了一種漸進主義的傳統，他們尊重傳統，尊重習慣，對改革採取和平的方法，對歷史上形成的制度極少破壞，故在英國歷史上流血的革命也極少，反之法國人重思想重原則，所以他們在政治上形成的則

---

[38]　張新穎編：《儲安平文集》（上），上海：東方出版中心，1998 年版，第 433 頁。
[39]　張新穎編：《儲安平文集》（上），上海：東方出版中心，1998 年版，第 434 頁。
[40]　張新穎編：《儲安平文集》（上），上海：東方出版中心，1998 年版，第 435 頁。

是一種激進主義的傳統，他們對於一切都追求完美，表現在憲法的修訂上，就是企圖萬世永存卻並不能永存，而英國人重傳統，重習慣，隨時隨地的加以修正，故他們的法律雖不求萬世永存反而能永存。

接著，儲安平論述了英、法兩國人民在社會生活中所注重範疇的差別，他指出，英國人在社會生活中注重的是自由，而非平等，法國人注重的則是平等，而不是自由，這導致了兩國人民在社會生活中政治態度的巨大差異，「法國的農人或工人，他們對於上層階級常憤憤不平，只要他們稍受教育，對於社會的各種不平等，即起反感而謀推翻；英國則異是。英國的農人工人，對於貴族地主豪富階級，很少咒詛，他們安守本分，從事工作。」而從歷史上看，法國工人的解放是先政治後經濟，英國工人的解放是先經濟後政治，因此，儲安平認為：「法國工人先獲得政治解放，故益急急期待於經濟的解放，而英人獲得經濟解放後，一切似已滿足，較為暴烈的方法也即不甚採用。英人只要生活自由，生活安定，即無甚要求，法人因虔信抽象原則之故，時時追求著這種原理所發生的理論上的結果。」[41]從這點出發，儲安平的看法是，法國人重觀念，而英國人則不太注重觀念，所以，在英國，言論自由與思想自由是得到尊重的，而法國則更多地停留在紙面上。然後，儲安平又比較了英、法兩國政治家的區別，他說道：「在英國國會裡，一般議員所發的言論，率皆明淺樸實，不尚辭藻，所以政治家的論見，類皆切合實際，力避好高騖遠。英國的政治家以實際的表現動人，而不以空洞

---

[41] 張新穎編：《儲安平文集》（上），上海：東方出版中心，1998年版，第440頁。

的辭令動人。……在法國，從事政治活動的人，類都有動人的辯才，而且還得具有密謀詭詐的能力。」[42]顯然，在這裡，儲安平是贊成英國的作風而反對法國的邏輯與原則的。在比較英國人與法國人在性格、傳統、思維方式以及實際的事業上的差別之後，儲安平的結論是：「即在政治事業上，成功的常是重行的人而非空談的人。」他希望他的這個結論能引起當時讀者的深思。[43]

第三節　中、英社會與國民性之比較

事實上，儲安平在向當時的國人介紹英國社會與比較英人、法人、西班牙人之國民性時，是想對當時積重難返的中國社會問題求一解決方案，他多年以來思考的一個問題就是：英、中兩國，一為強國，一為弱國的原因何在？正如他自己所說：「以一個中國人敘述英國事，當他行文之際，他之常常不能自己地將他所屬的國家和他所敘述作種種比較，亦為人情之常。」[44]當然，他也很謙虛的承認，他的這種比較是片斷的而非全盤的，他希望自己能夠拋磚引玉，也就是說，他期望有全盤並系統的專著問世。

儲安平在對中、英社會與國民性作比較時，提出了一個他自己的比較獨特的觀點，他認為在將中國人與英國人作比較之前，首先

---

[42]　張新穎編：《儲安平文集》（上），上海：東方出版中心，1998 年版，第 442 頁。
[43]　張新穎編：《儲安平文集》（上），上海：東方出版中心，1998 年版，第 452 頁。
[44]　張新穎編：《儲安平文集》（上），上海：東方出版中心，1998 年版，第 452 頁。

應該將中國人做一分類,即農民與知識份子,而這兩類人在性格上是大不相同的。他以為中國的農民與英國人一樣,性格中最主要的一點就是「務實重行」,他們都不重視抽象的理論,很少幻想,總是埋頭苦幹。他若有所指地指出:「以舌及權術為資本的職業政客在英國的土壤上殊不易滋生。大多數人都討厭抽象的理論,視無裨實益的空談為一種浪費。他們喜歡行動,他們最大的愉快是從實行中實現希望,獲得成功。」而這種務實重行的精神,「使整個英國社會蓬勃有朝氣,使社會各階層各方面,都能結結實實,熱力充沛,潛有無限堅韌的力量。在承平時,他們虎虎有生氣;在危難時,他們能力抗狂瀾而不為狂瀾所撼。」[45]他對中國農民的看法是,他們大都腳踏實地,實事求是,勤勞,有一種說做即做的精神與一種相類似於英國人的物質主義,即凡事都不講究抽象而只針對具體事物。在這裡,我們可以看的出,儲安平對中國農民的評價還是頗高的,態度也很友好。而對中國的知識份子,他則有一種鄙視的眼光,「今日中國知識階級最大的特點,即為醉心於抽象的理論而好表面的虛文。中國知識階級之好表面的虛文,正如英人之好實際的行動,中國知識階級之不重視行動,又正如英人之不重視抽象的理論。」[46]他批評中國的政治人物好大喜功,喜歡發表一些與他們的職務或所學無關的演說,而不講求實際的效果,政府報紙總是報導一些與事實不符的新聞,而對讀者的批評與建議則置若罔聞,缺乏研究的興趣;他認為當時中國社會的通病,就在於「大多數國人之

---

[45] 張新穎編:《儲安平文集》(上),上海:東方出版中心,1998 年版,第 454 頁。

[46] 張新穎編:《儲安平文集》(上),上海:東方出版中心,1998 年版,第 455 頁。

好高而不切實際，重虛文而不重實質，喜放言而不埋頭實行，以致我們有多少事，唱了多年而無結果，或僅有外表而無實際，花費了許多金錢、時間、精力，而與實際的民生一無裨益。」[47]然而，儲安平是不是就對當時中國社會不抱希望了呢？答案自然是否定的，他將中國的希望寄託於中國的農民身上，他說：「中國知識階級之重言不重行，好虛文而不好實質，是中國社會的可怕的慢性肺結核症。幸而中國的農民務勞務實，克勤克儉，又幸而克勤克儉的農民占全國人口百分之八十以上。假如沒有他們的勤勞汗血，我們真不知我們的國家，更要貧窮虛弱到如何程度。……賴有這樣的好農民，今日中國雖虛萎衰弱而尚未解體，正因中國士大夫不像農民那樣務實重行，所以中國社會總不能弄得結結實實，成為一個富強康樂的國家。」[48]將中國的希望寄託在農民身上，而不是像他自己那類的知識份子，這真是歷史的一個絕妙的諷刺。

其次，儲安平指出了中、英兩國國民性的另外一個不同點，或者說是兩國一弱一強的另一原因，即在「組織能力」與「合作能力」上的差別。眾所周知，現代社會的發展與進步，需要個體間的團結合作與群策群力。儲安平認識到，在簡單的原始的社會中，一二人的力量或可辦成一件公共事務，但隨著社會的發展，人們之間的組織與合作對於公共生活與公共幸福就具有舉足輕重的地位，「有組織能力合作能力的社會，必定征服無組織能力無合作能力的社會，近代的歷史擺在我們面前，事實昭彰，不容否認。」[49]他認為英國

---

[47] 張新穎編：《儲安平文集》（上），上海：東方出版中心，1998 年版，第 457 頁。

[48] 張新穎編：《儲安平文集》（上），上海：東方出版中心，1998 年版，第 458 頁。

[49] 張新穎編：《儲安平文集》（上），上海：東方出版中心，1998 年版，第 459 頁。

社會之所以能夠行動一致、效率高、事業蓬勃發展，就在於他們有高度的組織能力與合作能力，而他們之所以能有高度的組織能力與合作能力，又在於他們能自我約束，重行動，不重理論，因此他們容易組織起來，做事易於一致。反觀中國人由於抽象能力太強，在做人做事方面又缺乏一種同一的傳統，這直接導致了中國人缺乏組織與合作能力，從而使得中國人在公共事物中，意見不容易形成一致，又極易產生妒忌心理，看不得別人的成功而樂見其失敗，這會使社會公共事業受到致命的傷害並使之中途夭折。最後，儲安平用了兩句在中、英兩國分別流行的諺語形象地表現了兩國國民在這方面國民性的不同，英國的諺語是：「一個英國人：一個呆子；兩個英國人：一場足球；三個英國人：一個不列顛帝國。」而中國的諺語則是中國人家喻戶曉的「一個和尚挑水吃，兩個和尚扛水吃，三個和尚沒水吃。」

　　第三，理性在中、英兩國社會生活中所占地位的差別。儲安平指出：「理性是英人政治生活及社會生活中的一個唯一的出發點，若沒有英人那種重視理性的性格，則今日之英人固無今日之英國，而今日之英國社會亦必為另一種社會。」[50]他認為英國人重視理性，產生了三個方面的結果：一為英國的法治，而法治在英國也有兩方面的含義，一方面是從君王到普通百姓，在法律面前人人平等，沒有一個人可以處於法律之外，另一方面則是官吏及人民都必須依法行事，重公法而不重私情；二是一切糾紛用理性來解決而不訴諸武力，而訴諸理性則會產生民主政治，因為民主政治本身就是

[50]　張新穎編：《儲安平文集》（上），上海：東方出版中心，1998年版，第462頁。

一種理性政治;三是公道,他以略帶誇張的語氣宣稱英國是世界各國中最講社會公道的,「英人最好直道,是非公私,分明清楚。有才有智有德之士,總有人頌揚他、愛戴他、鼓勵他、酬勞他,而出賣公共利益的人,則必為眾口所不容。……英人之公道固不止於有是非,英人的公道精神的最高表現在他們之能容忍異己,尊重對方。賴有這種精神,英人才能保持他們千百年來的種種政治的及公民的自由;賴有這種精神,在政治上才能完成兩黨制度,在社會上才能和衷共濟,融融恰恰。」[51]而回觀中國,儲安平認為,中國人的理性只是存在於文字及辭令之中,而在實際的政治生活與社會生活中,理性的痕跡則很微弱。在政治上不講理性的結果是缺乏真正的「政黨政治」,處處都是以武力來解決糾紛,在社會上則是好講私情,使社會呈現出不合理不合法不公正不健全的病態,他警告道,一個沒有是非沒有公道的社會只能是一個黑暗的混沌的退步的社會。[52]

第四,是「政治」在中、英兩國社會重要性的不同。儲安平指出,「政治」在英國人的心目中,是主要的,但不是唯一的,而在中國,「政治」不僅是主要的,而且也是唯一的,這種對待「政治」態度的不同,造成了英國社會多方面的發展,也即是一個平均發展的社會,在這樣一個社會中,人們的選擇是多種多樣的,政治並不是他們的唯一目標,而在中國這樣一個畸形發展的社會裡,「唯有取得了政治地位才算是真有了地位,政治地位以外的社會地位,終

---

[51] 張新穎編:《儲安平文集》(上),上海:東方出版中心,1998 年版,第 464 頁。
[52] 張新穎編:《儲安平文集》(上),上海:東方出版中心,1998 年版,第 467 頁。

不為民眾所接受。不僅如此，在中國，一個人若無政治地位或政治關係，他且不易從事其他事業；沒有政治關係而欲從事事業，常會遭遇不可想像的困難。」而它造成的惡果則是「一方面向政界鑽營的人越來越多，國家的政治也就終於不免因此趨於混亂；另一方面則人才都集中於政界，在全國各種職業的分佈上便失卻了平衡，以致社會的各方面不能平均發展。今日中國生產技術及生產組織的不能日新又新，就是全國人才不能平均分配的一個最明顯的結果。」[53]在這裡，儲安平提出了他自由主義思想的一個重要特徵，就是對「政治自由」與「社會自由」的劃分，本文在上一章已詳述，故此處不再論述。總之，儲安平從中、英兩國對待「政治」態度的不同出發，對「政治自由」與「社會自由」的這一區分，也是他中西社會比較的一個重要方面。

　　第五，「政治」本身在中、英兩國的區別。儲安平覺得在比較中、英兩國「政治」的差異時，不僅要從制度上著眼，而且也應該從性格上及傳統上研究兩國執政者的心理及作風。他指出，在英國人心的向背是決定任何一個政府能否在位的唯一的因素，也就是說政府必須建築在人民的同意之上，而在中國情況卻迥然不同，雖然，中國的執政者也都希望得到人心的歸附，但實際上，決定政權穩固與否的則是實力的大小。他認為，雖然從表面上，這是一個制度上的問題，但在實際上，這應該是一個性格及傳統上的問題。「英國任何一個政府，如其倒行逆施，違背民意，他固將不容於人民而被迫去職，……千百年來，英人即保有有一種政治上的傳統，即政

---

[53]　張新穎編：《儲安平文集》（上），上海：東方出版中心，1998 年版，第 468 頁。

府的職責乃在保障人民之自由、生命與財產，並使人民能獲得更多更大之自由、財富與快樂。英人的政治傳統既是如此，所以執政者上臺以後，他們總是兢兢業業，尊重人民的意見，並思如何造福於人民。」[54]他以為，最可以看出中英兩國政府作風不同的就是所謂的「人民狀況問題」，但在中國，執政的人，總是想方設法的加強其「政治控制」，「以致『人民狀況問題』永遠無法佔有它應佔有的重要地位。平心言之，假如多年以來，政府能將它在『政治控制』上面所耗費的人力物力，用之於人民生活之改善，以它對於『政治控制』那付全神貫注的精神來做種種社會的改善，則今日人民所受的痛苦至少可以大大降低其痛苦的程度，社會也不致仍舊那樣停滯不前。」[55]在這裡，儲安平不僅僅是在比較中英社會的差異，實際上也是對當時執政者的一種批評與建議。

最後，是教育目的的差異。儲安平在對中、英兩國的國民性及作風作出上述比較之後，認為其中的原因主要在於教育，而不是所謂的民族性。為什麼他會有這樣的看法呢？他在前面曾經指出中國的知識份子與農民在性格與作風方面的差異，認為中國的農民與英人一樣，務實重行，埋頭苦幹，重信義，講氣節，崇公道，而中國的知識份子則醉心於抽象的理論，好表面的虛文，不重視實際的行動，「由此可見，為今日中國一般知識份子所具有的種種弱點，實非中國民族的固有的性格；他們性格上的一般弱點，大都應歸於他們所受的教育及所接觸的環境。」[56]因此，他對中英兩國的教育做

---

[54] 張新穎編：《儲安平文集》（上），上海：東方出版中心，1998 年版，第 472 頁。
[55] 張新穎編：《儲安平文集》（上），上海：東方出版中心，1998 年版，第 476 頁。
[56] 張新穎編：《儲安平文集》（上），上海：東方出版中心，1998 年版，第 478 頁。

了一比較。他指出：「在英國，教育的主要目的即在養成一個人的優良的性格和優良的風度。英國的教育極重視品性的修養、意志的鍛鍊，以及對於誠實、可靠、服務、負責等等觀念的養成。造成今日那種『英吉利典型』的性格的主要力量是：一、遊戲，二、宗教，三、在有規律的生活中所包含的種種傳統；三者相符輔相成，途殊而歸同。」[57]而這些性格的內容則為生活嚴肅、工作認真、務實重行、不尚空談、誠實可靠、勇敢、崇揚公道、容忍異己、有尊重他人的習慣、能重視公共的利益等。反觀中國，由於「在思想上傾向管制，在性格上容忍放任。政府、社會、人民三者不僅容忍性格的放縱，且根本忽視性格的重要。」所培養結果則是：「大都缺乏正常的品性、良好的習慣、文雅的禮貌、公正的觀念，以及自治的能力。[58]然而，儲安平並不悲觀，因為他相信「經過了合理的改革的教育，仍有希望改造中國人民的性格，而使之合乎一個新的現代國家的需要。」而他之所以對中英社會做一比較，其目的正如他自己所說：「一個進步的現代的中國固常為著者所追求者，而他之所以於敘述他所知英國以後，復寫此文一述他心中的感觸者，蓋他實亦希望他的感觸能夠引起讀者的共思，因而或能慨然興起稍挽我們目前的頹風於萬一。」[59]

---

[57] 張新穎編：《儲安平文集》（上），上海：東方出版中心，1998 年版，第 479 頁。
[58] 張新穎編：《儲安平文集》（上），上海：東方出版中心，1998 年版，第 483 頁。
[59] 張新穎編：《儲安平文集》（上），上海：東方出版中心，1998 年版，第 488 頁。

第七章　政治思想之分析

　　抗戰結束後，儲安平於 1946 年在上海創辦著名的《觀察》週刊，這是一份以自由主義為立場的刊物，也是一份政論刊物。正如他在刊物發刊詞中所說：「我們這個刊物第一個企圖，要對國事發表意見。意見在性質上無論是消極的批評或積極的建議，其動機無不出於至誠。這個刊物確是一個發表政論的刊物，然而決不是一個政治鬥爭的刊物。」[1]作為刊物主編的儲安平在雜誌上自然也發表了大量的政論文章，這為後來者研究他的政治思想提供了不少寶貴的資料。當然，在此之前，在《客觀》週刊上以及他的一些專著，例如《英國采風錄》等，也闡述了他在當時對政治的看法與態度，以及對時政的尖銳地抨擊等。作為一個著名的自由主義知識份子，儲安平政治思想的基石自然是自由主義的，更確切地說，應該是其留英時所受英國式的政治思想的一種反映，即重實踐與行動，輕理論，也恰如他自己的一篇文章的標題所揭示的那樣，即「事在人為，行重於言。」因此，我們可以看到，儲安平的政治思想與他的自由主義思想一樣，[2]除了對「政治」本身

---

[1] 儲安平：〈我們的志趣和態度〉，《觀察》第一卷第 1 期。

[2] 嚴格地說，作為一個自由主義者，儲安平的自由主義思想是其政治思想的一個極其重要的的組成部分和主要基石，本文為了敍述的方便，以及出於

的定義的論述以外，很少長篇的、抽象的理論論述，而是更多地
體現在他對時政的抨擊與對民生的關注上。「我們所感覺興趣的
『政治』，只是眾人之事──國家的進步和民生的改善，而非一己的
權勢。同時，我們對於政治感覺興趣的方式，只是公開的陳述和
公開的批評，而非權謀或煽動。政治上的看法，見仁見智，容各
不同，但我們的態度是誠懇的，公平的。我們希望各方面都能在
民主的原則和寬容的精神下，力求彼此的瞭解。」[3]具體而言，儲
安平的政治思想主要體現為三個方面：一是既批評國民黨的統
治，也不贊成共產黨的主張；[4]二是對民生的關注；三是對學生運
動的支持。

我們知道，儲安平的政治思想與他的自由主義思想，不僅是使
他在戰後中國名噪一時的兩個重要因素，也是對他日後命運產生重
大影響的、不可忽視的原因。所以，筆者以為，研究儲安平的政治
思想，還是有其一定的意義與價值所在的，從中，也可觀窺當時的
自由知識份子對政治的一些主張與認識。

文章整體行文與框架的考慮，故將他的自由主義思想與政治思想分開論述，
實屬不得已而為之。

[3] 儲安平：〈我們的志趣和態度〉，《觀察》第一卷第 1 期。

[4] 事實上在 1949 年之前，現代中國的自由知識份子在長時期內基本上都是既
批評國民黨的統治，也不贊成共產黨的政治主張，構成二十世紀三十年代
自由知識份子主要言論陣地的《獨立評論》在此方面就有許多典型性的論
述，參見張太原：《〈獨立評論〉20 世紀 30 年代的政治思潮》，北京：社會
科學文獻出版社，2006 年版，第 152～290 頁。

第一節
既批評國民黨的統治，也不贊同共產黨

一、對國民黨統治的批評與抨擊

　　1945 年，隨著抗戰的勝利，長期出於日本人統治之下的淪陷區廣大人民，起初歡欣鼓舞，他們對當時代表合法政府的國民黨當局及其接收大員的到來滿懷熱情與希望，以為國家從此會走上和平建設之路，然而「在接收工作中，國民黨軍政官僚階層再次大發橫財。他們利用職權，對奸偽人員或其家屬敲詐勒索，霸佔其房產、黃金、汽車，甚至奪其妻妾。那些負罪之奸偽人員不擇手段，行賄收買，以求逃避懲處。國民黨黨軍政特各部門紛紛自立接收機關，幾成哄搶。一些接收大員甚至私吞產業資財，鬧得烏煙瘴氣，人人側目。各地廣泛流傳『五子登科』的說法，諷刺接收大員們大搶金子、房子、票子、車子和女人。」[5]慘痛的事實，使飽受戰禍的人民大失所望，國內外批評的呼聲也日漸高漲。

　　是時，正在重慶主編《客觀》雜誌的儲安平，也撰文表達了他對國民黨政府接收工作的不滿，他認為國民黨的接收工作，對長期處於淪陷區之下的人民來說，不啻是「第二次淪陷」，「第一次，那

---

[5]　李良玉：《新編中國通史》第四冊，福州：福建人民出版社，1996 年版，第 518 頁。

213

些土地淪陷給『中國軍事』的敵人，而這次，卻淪陷給『中國政治』的敵人！第一次淪陷的結果，陷區人民身受日軍的奴役，這次，則改而遭受本國官吏的那種無可形容的無能缺德的統治。」針對這種混亂的局面，他提出了兩點意見，即：第一、一切缺德的行為，必須追究責任，整頓風氣；第二、一切方法上的錯誤，必須改善糾正。他希望接收工作能夠考慮到人民的利益。[6]不僅如此，儲安平對原「國統區」，即當時所謂的「後方」工作也提出了批評，他指出，在任何方面，只覺得政府沒有準備，沒有辦法：軍事處處仰求美國的援助；財政弄得捉襟見肘，顧此失彼；工業到處是停業倒閉，請求救濟；交通則是交而不通。他認為，這種一團糟的局面必須立刻打開，而應對這種一團糟的局面負責任的，則自然是當時執政的國民黨，「就我個人言，我認為無可推諉，現在的執政黨是應該負大部分責任的。」[7]值得指出的是，此時，儲安平對國民黨的批評，更多地是出於對當時政治現實的考慮，並且尚對國民黨政權有一絲的幻想，希望國民黨當局能聽從他的「勸告」，刷新政治，有所作為，這與他後來主編《觀察》時期，對國民黨政權由批評到抨擊的態度是大不一樣的。例如，他在上述關於「後方」一團糟的責任問題時，雖然認為應由執政的國民黨負大部分的責任，但是「我相信，現在中國除共產黨外，沒有一黨有推翻國民黨的企圖（因為在力量上他們和國民黨還不能成為一個比例），沒有一個真正超黨派的愛國的中國人願意國民黨崩潰，而形成中國政治上不可想像的混亂。

---

[6]　張新穎編：《儲安平文集》（下），北京：東方出版中心，1998 年版，第 4 頁。

[7]　張新穎編：《儲安平文集》（下），北京：東方出版中心，1998 年版，第 4～5 頁。

絕大多數，還是關切國民黨的，這不是基於任何理論或思想上理由，而是基於現實的原因。政治是一個現實。國家政治不能沒有重心，而現在中國政治的重心寄落在國民黨身上，國民黨有這種優越的條件而不能好好利用，實為大可惋惜之事。」「國民黨即使不能不完全憑藉『權勢』，但至少可以一半憑藉『人心』，來統治中國，在中國歷史締造光榮的記載。我相信，有遠見的人都希望國民黨進步，因為在目前中國的實際局面下，國民黨的進步或腐化，直接影響到中國人民的幸福、希望和榮譽。」[8]然而歷史的發展，卻給了他這樣自詡有遠見的人以否定的答案。

　　抗戰結束後，國共之間開始就國內和平與政治協商會議等問題舉行談判，雙方雖在某些方面達成了一些協議，如《雙十協議》的簽定等，但由於國民黨當局的蓄意破壞，國內軍事衝突時有發生，引起了社會各界的嚴重不安。1945 年 11 月 2 日，民盟發言人發表談話，稱《雙十協議》以來的內戰是對「整個國家的生命當心一槍」，是對「四萬萬五千萬老百姓瞄準掃射」。[9]12 日，中國農工民主黨發表對時局宣言，呼籲制止內戰，「不要讓悠久的歷史中斷，聽任民族毀滅」。[10]在上述民主黨派的主張與宣言中，都曾提到希望以政治協商會議來解決國內衝突。儲安平則從「組織與力量」的監督出

[8]　張新穎編：《儲安平文集》（下），上海：東方出版中心，1998 年版，第 5 頁。

[9]　《中國民主同盟發言人為制止內戰發表談話》，《八・一五前後的中國政局》，第 244 頁。轉引自李良玉：《新編中國通史》第四冊，福州：福建人民出版社，1996 年版，第 523 頁。

[10]　《中國第三黨對時局宣言》，《八・一五前後的中國政局》，第 247 頁。轉引自李良玉：《新編中國通史》第四冊，福州：福建人民出版社，1996 年版，第 523 頁。

發，提出了他對此一問題的態度，他說：「人人反對內戰是沒有問題的，人人希望停止內戰，也是沒有問題的，問題是在如何能使內戰因人民的表示，在人民的壓力下不得不停止。這是中國政治裡最最現實的一個問題。」「我是很現實的。我不相信在現在，人民說不要內戰，要內戰的人就會聽命停止內戰。但我們必須終有一日，這個日子越早越好，人民的公意能發生有效的力量，我認為要達到這一個目的的最重要的一個條件就是『組織』，沒有組織的呼喊只是呼喊，不是力量，不是命令。」[11]當然，他也認為「目前停止內戰的主要希望，還是繫於國共兩黨對於人民的責任心。」因此，他對國共雙方各打五十大板，「所以國共雙方，純粹從『黨』的立場著眼者，似乎走上了這樣一個看法，以為非用武力不足以打開當前的局面。內戰，內戰！內戰就是他們對於解決中國政治問題的一個結論。」然而，我們也可看到，此時，他批評的矛頭更多地是指向執政的國民黨的，他說：「國民黨今日只知攻擊共產黨，企圖消滅共產黨，而竟不反躬自省釜底抽薪，在從本身改善革新做起，實可謂緣木而求魚。即使共產黨短於實力，完全打垮，而若政治依然黑暗，人心如此渙散，民窮財盡，雞犬不寧，如此國家，尚有何為？國家治亂，繫於一念，懸崖勒馬，固未為晚。」[12]

1946 年 1 月，政治協商會議在重慶召開，國共雙方以及國內其他黨派與無黨派民主人士，就憲法原則、國民大會、政府改組與整軍等問題達成了初步的協定。在此前後，儲安平在《客觀》雜誌

---

[11]　張新穎編：《儲安平文集》（下），上海：東方出版中心，1998 年版，第 6 頁。
[12]　張新穎編：《儲安平文集》（下），上海：東方出版中心，1998 年版，第 13～14 頁。

上，撰文發表了他對上述問題的看法，他認為政府改組應該容納以下四種人才，即：有現代的頭腦者；有良好的行政才幹者；有良好的政治操守者；能將國家及全國人民的利益置於黨派的利益之上者。他提醒當時的人們注意，「今日中國的人才並不完全吸收在各黨各派之間。在多年的反常的統治之下，有操守，有政治才幹及政治抱負的人，大都不願參加政治活動。今日中國各黨各派之間，人才固然不少，但網羅人才並不能完全就各黨各派之間求之，我們應盡量鼓勵在黨派以外的民間人才，參加政府，使他們得到機會以增加其種種有關實際政治的知識與經驗，以為未來的國家之用。」[13] 顯然，在這裡，儲安平是從其自由主義的立場出發，表達他對當時中國政治的態度，他指出，「政治精神之改組」要比「政治形式之改組」重要的多，因此，他認為「政府改組」問題的核心就在於應該在當時的中國造成一個民主的政治制度，「其目的在使人人能服從這一個民主制度，受治於這一個民主制度，無有一人能高出於這個制度而站在這個制度之上。」[14] 而要造成這樣一個民主的政治制度的希望，他以為應是「中產階級與自由分子」，「為了達到造成一個民主中國的目的，我們應當用種種方法鼓勵中國的中產階級抬頭，成為民主政治的幹部。其中特別對於自由思想的大學教授及著作家等，應鼓勵他們出面說話，建立一個為民主國家所不可缺少的健全的輿論。」[15]

---

[13]　張新穎編：《儲安平文集》（下），上海：東方出版中心，1998 年版，第 34 頁。
[14]　張新穎編：《儲安平文集》（下），上海：東方出版中心，1998 年版，第 38 頁。
[15]　張新穎編：《儲安平文集》（下），上海：東方出版中心，1998 年版，第 34～35 頁。

在政治協商會議召開之後，儲安平又在《客觀》第十期上，就當時的政府改組問題，繼續發表評論，他希望在未來的政府改組中，所有出席政治協商會議的非政府代表，最好是竭力避免參加政府（特別是行政部門），為此，他提出了自己的三點理由：第一、因為在中國社會上有一種傳統的觀念，即以為在野的人物批評政府，其目的即在「做官」，因此，當參加政治協商會議的在野黨派領袖，在政府改組時，立刻參加政府，容易被人民誤解，以為他們高喊民主的目的即在「做官」。而且，那些內心反對民主的人，也可乘機破壞；第二、他認為從事政黨活動與從事實際行政是完全不同的兩回事，「前一種人才的條件是頭腦敏捷，口才伶俐，文筆鋒銳，行為果敢；後一種人才的條件是精細周詳，寧靜任怨，有條理，有效率，有操守。這兩種才幹可以兼長於一人，但不一定為人人所兼有。」所以，「國事體大，從政者幸而成功，國家人民兩受其賜，不幸失敗，國家人民兩受其累。」「我們總當以國家的得失為前提，視一己的富貴如浮雲。」第三、他舉國民黨黨員的言論不自由為例，說明實際參加政府的人，恐怕以後也不好對時局自由發表評論。[16]從這三點，尤其是第三點理由，不難看出，這實際上是儲安平對國民黨執政多年以來，所造成的社會形勢的一種委婉的批評。

1946 年上半年，國共之間就政協決議基本達成一致，但由於國民黨肆意破壞，政協決議並未能得到切實遵守，4 月的四平街戰役標誌著抗戰勝利後國共內戰的重新爆發。隨著內戰的進程，國民

---

[16] 張新穎編：《儲安平文集》（下），上海：東方出版中心，1998 年版，第 43～45 頁。

黨在軍事、政治、經濟等各方面都開始呈現出一片失敗的跡象，這也預示著國民黨的統治開始處於危機之中。與此同時，社會各界批評國民黨的呼聲越來越高漲，儲安平也以一個自由知識份子的立場，通過《觀察》週刊，批評國民黨的統治。與以前在《客觀》時對國民黨的批評不同的是，此時的儲安平，逐漸拋棄了他對國民黨政權尚存的一絲幻想，開始全面批評國民黨的統治，態度與語氣也越來越激烈，甚至可以說是對國民黨政府的一種抨擊，並在國民黨當局的迫害之下，最終選擇了與中共合作的道路，表明了他當時在政治上的一種選擇。

這期間，儲安平對國民黨政權的批評與抨擊，主要是圍繞以下幾個方面進行的：

首先，批評國民黨的統治方式。在〈失敗的統治〉一文中，他說：「國民黨一黨專政，前後垂二十年。二十年執政的結果：一般人民的物質生活，愈來愈艱難；一般社會的道德生活愈來愈敗壞。不僅黨的聲譽、地位、前途、日見衰落，就國家社會，也給弄得千瘡百孔，不可收拾。」那麼這其中最基本的原因是什麼呢？他認為是國民黨用以維護其政權的方法，即只知加強「政治的控制」，「只此一著，毀壞全局。」他用歐美國家執政黨的實例來論證他的觀點，說：「政黨要獲取政權，原為題中必有之義：在野的要想法獲取政權，在朝的要維護其既得的政權；中外古今，無有例外。但歐美政黨，恒以施政的政績來維護其政權：國防務臻安全，外交總替本國說話，政治力求清明，經濟儘量求其繁榮，一切在交通、教育、治安、衛生、房屋、休閒各方面，無不用最大的力量向最好的目標做去。」他痛斥國民黨執政的二十年來，無論從軍事、政治、交通、

教育文化、經濟建設、土地改革等方面來看，我們的國家都沒有什麼進步。「當前的執政黨既傾其全力於消極的政治控制，必然大大影響他在積極方面的種種建設工作。」「二十年來，只有這項消極的政治工作，吸引著國民黨無比的興趣和重視，表現著國民黨最大的勇敢、決心和魄力。二十年來，我們做百姓的，只有這一個項目，使我們到處聽得到、看得見、嗅得著，並感覺到它的緊張、嚴密、認真和不放鬆。但是也就在這一個項目下，這二十年來，不知消耗了國家多少金錢，雇用了國家多少人力，浪費了國家多少智慧，糟蹋了國家多少光陰！」「二十年來中國的執政者，只有在徵稅和壯丁兩件事上才思及人民，此外人民在政治上及不復占到任何重要地位！歷觀往史，沒有一個政府能夠不顧人民而猶能長久維持其政權者。不顧人民苦樂的政府，必然失去人心；不為人民福利打算的施政，必然不能使國家社會得到健全的發展。」因而，其結果則只能是「終必全盤傾潰，不能收拾。」儲安平又進一步指出，太重視消極的政治控制，必然同時促成道德的墮落。因為政治控制是以力取人而不是以德服人，並具體分析了它的原因和危害，即「賢不肖不復有別，而國家取士之道盡失！」他警告國民黨政府「二十年的時間不算短；二十年的歷史說明單靠消極的政治控制維護不了既得的政權；這條路走不通，越走越近死路。一個執政的政黨，必須以政績來維護其既得的政權。能如此，國家有利，黨亦有利；否則，國家也許有前途，而黨決無前途。」[17]

---

[17] 儲安平：〈失敗的統治〉，《觀察》第一卷第 3 期。

　　1947 年初，國民黨為維護其搖搖欲墜的統治，準備改組政府，拉一些所謂的民主人士入閣。儲安平批評這種改組，沒有什麼意義。因為，第一、要改造政府無非要刷新政治，振奮人心。那就得大公無私，為賢是用。第二、要使改組政府獲得成功，是有條件的，即必須同時改革政治作風。[18]他認為今日人民所需要的不再是政府外表上的改變而是政治本質上的改變。儲安平希望國民黨改變統治方式，由專制走向民主，表達了他對國家社會的美好願望，但不切實際。

　　在《觀察》被封之前，儲安平還發表了〈政治失常〉一文，就國民黨政府實行的金圓券改革、翁文灝內閣的辭職、國民黨中央賦予傅作義的權力等幾個問題，批評國民黨當局的措置，「大都有失體統。」在風雨飄搖的局勢下，儲安平感歎道：「我們平日的職司，就是議論政事，然而處此危局，幾乎無政可論，無政足論；仰望長空，廢筆三歎！」[19]至此，儲安平已是完全對國民黨在政治上的革新不抱希望了。

　　其次，要求言論自由、新聞自由。儲安平早年留學英國，深受英國自由主義思想的薰陶。在創辦《觀察》時，他認為當時的中國「言路狹窄，放言論事，處處顧忌」，因此，就把自由作為刊物放言論事的基本立場之一。在他看來，實行民主政治，就應該有一個良好健全的輿論來監督，「我們既要求有一個有風度的政治，我們就得先希望有個有風度的輿論。」

18　儲安平：〈中國的政局〉，《觀察》第二卷第 2 期。
19　儲安平：〈政治失常〉，《觀察》第五卷第 13 期。

　　《觀察》經營期間，國民黨政權不僅在軍事上慘敗，經濟上也處於崩潰的邊緣，物價飛漲。紙價的上漲，給民營刊物和報紙的經營與銷售帶來了許多的困難，而國民黨政府聽任紙價上漲，欲間接消滅與其意見不合的言論刊物。儲安平說：「假如政府眼看這些優良的刊物一個一個消滅，政府在道義似亦未能盡起維護文化事業的責任。」「我覺得政府對於有成績的文化事業，不能漠視不顧，雖然政治上的看法彼此不同，但大家都是同樣抱著一腔熱忱，為祖國的前途努力。」[20]同時，強烈批評國民黨政權對新聞事業的摧殘。[21]

　　1947 年 10 月，國民黨政府行政院臨時會議通過《出版法修正草案》，欲以行政手段干涉、限制新聞出版事業。儲安平對此表示反對，他說：「在原則上，新聞紙或雜誌之發行，其核准與否的權力，完全操之於地方政府，是否妥善，很可研究。在京滬平津一帶，地方政府在各種顧慮下，人民要求發行報紙或雜誌，比較上或尚容易，而內地及後方邊遠省區，如將此種權力，完全交於地方政府，則人民發行報紙或雜誌的權利，恐將遭受更大的限制。因為內地的民主空氣比較稀薄，中央也不能處處顧到，在此種情形下，恐將發生親我者予之，不親我者拒之的情形。」雖然當時的憲法承認人民有言論出版自由，行政官吏如侵犯人民這種權利，人民可以向司法機關進行訴訟，但是，在當時的情況下人民能否行使此種方式，儲安平對此表示懷疑。因此，「在根本上，我們反對另設《出版法》來約束出版事業；出版品的一切責任問題，盡可照民刑法的規定予

---

[20]　儲安平：〈白報紙〉，《觀察》第三卷第 9 期。
[21]　儲安平：〈論張君勱〉，《觀察》第一卷第 19 期。

以處理。假如在實際的情形之下不能達到這個理想的地步,則出版法的制定,應力求其合理。」[22]

第三,對行憲國大的評論。1948 年 3 月 29 日至 5 月 1 日,國民黨在南京召開所謂「行憲國大」。實際上,除了選舉之外,行憲國大沒有任何憲政意義。並且會議召開時,場面也極度的混亂。當時有許多報紙都曾予以報導,甚至國民黨的黨報也不得不為此指責。

當時人們都在議論國大代表的品質,而很少有人追究這一次失敗的國大的責任。儲安平從歷史的眼光予以分析,他認為:從這次國大選舉和國大開會情形來論,國民黨二十年的訓政是徹頭徹尾的失敗了!指出國大代表所負的責任小,二十年實行訓政的國民黨應負的責任大。因為「議會的成就如何,就得看議員的素質如何;議員的素質如何又得看選民的素質如何以及國家政治上的風氣如何。」針對許多國大代表要求修改憲法的提議,儲安平認為,從憲法的角度來看,這種做法是不合理的,違憲的,「這次的國民大會,在政府的原意,也許視之為行憲之始,而事實上,這次的國民大會,卻變成為毀憲之始。」[23]因為國大代表只站在他們的角度看國大,而沒有從整個國家制度的角度上看國大。從而造成了一種制度遷就人,而不是人遷就制度的局面。他指出,無論在任何理由之下,這些都與憲政的精神不符。

---

[22] 儲安平:〈評《出版法修正草案》〉,《觀察》第一卷第 15 期。
[23] 儲安平:〈國大評論〉,《觀察》第四卷第 9 期。

二、對共產黨的態度

　　作為一個自由知識份子，儲安平對中共的態度與看法，是他政治思想中比較重要的一個方面。從總體來看，他對中共是持批判態度的，但也有肯定的地方，而且，這種批判與肯定的內容相互重疊，自相矛盾，反映了他當時思想認識上的混亂性與心理上的複雜性。他當時對中共的肯定之處：一是希望中共有軍隊而不用其軍隊，也就是說，他希望中共能成為沒有軍隊的制衡國民黨的力量；二是社會主義；三是共產黨的刻苦精神。而他對中共的批評主要有三個方面。

　　首先，他從根本上是反對中共擁有軍隊的，「在原則上，我當然是反對共產黨擁有軍隊的。」「因為在理論上，沒有人會贊成共產黨可以自蓄軍隊，沒有人會贊成任何一個政黨可以自蓄軍隊，從而破壞國家軍令的統一，造成分裂割據的局面。」[24]然而，他也知道政治始終是一個現實，並不允許人們可以侈談什麼理論，在政治的強力面前，任何理論都顯得是那麼的軟弱無力，因此，他「希望中國新產生一個反對黨，一個有力量的反對黨，所謂『力量』，遠非指軍隊而言，而不幸在中國竟多少有一種無槍桿子即無力量的形勢存在。正巧現在共產黨擁有相當武力，他似乎可以成為想像中的一個中國政治上的反對黨。」[25]但是，儲安平作為一個自由派人物，

---

[24]　張新穎編：《儲安平文集》（下），上海：東方出版中心，1998年版，第9頁。
[25]　張新穎編：《儲安平文集》（下），上海：東方出版中心，1998年版，第11頁。

他從根本上是反對暴力革命的。在展望中共在未來的政治前途時，他認為只要國民黨繼續照著現狀發展下去，則共產黨掌握政權是或遲或早的事情。他從當時中國的實際現狀出發，認為社會已無法再次忍受發生武力革命，「二三十年來內戰不息，人禍天災，年年都有，再加上八年抗戰，國力民力，實在已經凋頹到了極度。中國今日需要生養休息，需要和平建設。」他希望共產黨「應當在原則上來努力限制國民黨的權力；而不宜以自衛為名，自立軍隊。以自衛為名，自立軍隊，實已本末倒置。共產黨應當努力要求結束一黨專政，實行憲政民主，主張軍隊國家化，由種種合法的程式來限制軍隊為國民黨所利用，提倡普及教育，提高人民生活水準，這才是根本的做法，才是一個大黨的做法。」[26]

其次，儲安平從其自由知識份子的民族主義的立場出發，批評中共太國際化了。他認為共產黨的主要缺點「即是過度的宗舉外邦。一味視外邦為宗主，則不免喪失了自我的獨立意志與獨立人格。我相信在這一點上，共產黨喪失了不少中國人的同情。假如《新華日報》上的蘇俄氣息能大大的減少一點，恐將發生更大的作用。」[27]「六七年以前，中國要求英美的援助時，共產黨報紙高呼中國抗戰不要變質，謂中國之抗戰為弱小民族對帝國主義之戰，英美為帝國主義國家，故中國不宜接受英美之援助。可惜沒有幾年，蘇聯與被共產黨報紙認為是帝國主義的英美，即同立一線；英美對蘇聯的援助，且數十百倍於英美對中國之援助，而為共產黨所

---

[26]　張新穎編：《儲安平文集》（下），上海：東方出版中心，1998 年版，第 23 頁。
[27]　張新穎編：《儲安平文集》（下），上海：東方出版中心，1998 年版，第 11 頁。

崇奉的蘇聯亦未嘗加以拒絕。德國之為侵略國家，……而蘇聯竟與之締結互不侵犯條約，當時中國共產黨的報紙未嘗敢對蘇聯有一言之不敬。……在許多地方，常常使人覺得，中國共產黨較之蘇聯似尤『蘇聯化』，而中國共產黨的報紙恐怕比蘇聯的報紙更像一個蘇聯的報紙。……我認為今日中國共產黨的黨人必須明白，我們都是中國人，共產黨是一個中國的政黨，任何人忘記了這一點，無論什麼政黨都將不會得到成功。」[28]

第三，對中國共產黨政治生活與作風的評價。1947 年 3 月，儲安平在《觀察》第二卷第二期上發表了〈中國的政局〉一文，進一步闡述了他對中共的看法，他首先重述了他對中共擁有軍隊的論述，他以略帶同情的語氣說道：「我們在原則上是反對一個政黨蓄養軍隊，以武力來奪取政權的；為中國的元氣設想，我們也不希望共產黨採取武力革命的方式。但這是就理論而言。就事論事，共產黨的不肯放下槍桿，也未嘗不能使人同情，因為在國民黨這種政治作風下，沒有槍，簡直沒有發言權，甚至沒有生存的保障。」接下來，在涉及中共的政治生活與作風時，他承認「多年以來，我們一直住在國民黨統治區域內，對於共產黨的內情，我們自承所知不多，我們暫時只能根據常識來說。」他認為許多對共產黨工作的好評都是那些在解放區生活過的人士所發，而他自己對蘇北中共作風的觀察，卻使他感到失望。「蘇北的作風，究竟是中共的政策改變了呢？還是中共在延安一帶是一種做法，在蘇北這一類地帶又是一種做法呢？還是蘇北一帶的作風非出自延安的命令而是下級幹部幹出來的呢？我們未能瞭解。」他還承認，從經濟生活方面的原則

---

[28] 張新穎編：《儲安平文集》（下），上海：東方出版中心，1998 年版，第 22 頁。

來說，共產黨並沒有什麼可怕的。他不同意的是，中共在政治生活方面的做法，「坦率地說，雖然中共如今大聲嚷嚷著它的『民主』，但我們只想知道，就中共的基本精神而言，它是否真的不是一個反民主的政黨。……在今日中國的政治鬥爭中，中共鼓勵每一個人都起來反對國民黨的『黨主』，但從中共的真正精神來說，中共倡導的也是『黨主』，肯定不是『民主』。」他將中共統治下的政治生活與國民黨統治下的政治生活進行了對比，指出自由主義者深受英美傳統的影響，但卻依舊可以批評英國與美國，「可我們有沒有聽到中共批評史達林或蘇聯？我們有沒有看到左翼報紙批評毛和延安？你們是不是想說史達林與毛是聖徒中兩位無可挑剔的聖人？延安與莫斯科則是天堂裡的天國……」他進而總結道，在國民黨統治下，不管限制有多大，我們至少還可以為自由而鬥爭，這份自由只是一個「多或少」的問題，但如果中共執政，就會變為一個「有和無」的問題了。因此，他對中共的建議是：「假如共產黨能在政治生活方面，修正其政策，放寬其尺度，則將更能增加他們獲得成功的希望。」從上述儲安平的論述與言論中，不難看出，這一時期，他對中共的確是持徹底否定態度的，但他的這種對中共的批評，正如他自己所說，「我們對於共產黨，私人方面無恩無怨，我這一番意見，我並不認為僅僅是一種消極性的批評，毋寧說是一種積極性的建議。」[29]正因為他批評中共的動機是如此，所以，這也為他後來思想上的變化與對中共的認識發生轉折，提供了契機。我們將在下一章重點論述儲安平思想上的這一變化。

---

[29] 儲安平：〈中國的政局〉，《觀察》第二卷第2期。

第二節　對民生的關注

　　儲安平作為一個自由知識份子，對民生的關注是他政治思想的又一個特點。他認為，國家政治，從政黨的角度與人民的角度看，是完全不同的兩回事。他承認自己對於「政黨活動」的興趣十分的淡薄，而對於「福利政治」的興趣則是異常的濃厚。他指出，政府的組織、政策、人選可以變，但政治的目的則不能變，「政治的目的只有一個，就是保障並增進人民的自由、權利與幸福。」他認為，任何一批人，任何一個政黨，都應該認認真真做幾件與人民生活有密切關係的事業。他比較了中西政治的差別，發現「『福利政治』在各國都是占第一位的，而『福利政治』在中國的需要尤為切迫，因為中國一般人民的生活實在太無保障，和現代國家的生活水準實在相差太遠！在我們記憶中，在中國，政治的目的似乎只是為了少數人，並且也只是做給少數人看的。因為只是做給少數人看的，所以在這一批少數人的心目中，他們所能看到的和所聽到的，都是好的；他們覺得他們所用的人員，也都是有為有德之士。因為國家的政治都只是為了少數人，於是這一批少數人便越來越肥，而全國的百姓便越來越瘦。」他進而指出：「在政治上應以人民的公意為第一，在經濟上，應以人民的生活為第一。政府總要使人民有房子住，有衣服穿，有食糧吃，有工具用，有工作做！」[30]

---

[30] 張新穎編：《儲安平文集》（下），上海：東方出版中心，1998 年版，第40～41 頁。

　　1945 年 11 月 26 日，當時的國民黨政府成立了一個最高經濟委員會，目的是實行民生主義，幫助人民使所有的力量，都放在今後偉大的和平建設及發展的工作上。蔣介石在這個高經濟委員會的成立會上發表了一篇演說，談到了交通、耕耘、衛生、住宅等問題。儲安平對此發表了他的看法：交通方面，他認為建築公路鐵道，不要太著眼政治價值，而應多注意經濟價值，不要只顧到全國性的大動脈，也應同時顧到城與城之間，城與鎮之間，鎮與鎮之間，以及鄉與鄉之間的短途交通。「這種鄉村城鎮之間的交通，就整個國家的進步與安定而論，其重要性並不在全國性的大動脈之下。」「我們應當設法將『機器』插入人民的實際生活中，我認為這是使中國現代化的一個重要步驟。」[31]在耕耘方面，他認為：「中國社會停滯不前，不能和現代各國社會同樣進步的原因之一，就是我們沒有做到『以最少的金錢做最大的事業』、『以最少的人力得到最大的效果』這一個原則。」他比較了中英兩國農民在耕耘方法與工具上的差別，指出中國農民效率的低下，不相信中國能在短期內可以完成耕種機器化的改革，「但是今日我們對於農事的改革，至少應當具有這種觀點，在這種觀點下，向農村機器化的方向進行。」[32]在衛生方面，他認為政府不僅要醫病，也應該採取措施防止疾病的傳播，更應教導人民養成良好的衛生習慣，「近代政治的意義是要提高人民的知識，使人民能自發地追求其幸福。」所以「我們一方面固然要從事廣大的衛生消防工作，同時我們要在根本上改變人民的生活頭腦，

---

[31] 張新穎編：《儲安平文集》（下），上海：東方出版中心，1998 年版，第 27 頁。
[32] 張新穎編：《儲安平文集》（下），上海：東方出版中心，1998 年版，第 28 頁。

使他們明瞭日光、空氣，及水的價值，使他們覺得衛生的重要，而養成一種自我清潔的習慣。」[33]在住宅方面，他對當時中國城市與鄉村的住宅結構與佈置提出了自己的意見，他認為，城市應有城市的建築設計，鄉村應有鄉村的建築設計，「這些設計總應力求其合乎現代社會的要求」，同時，政府應指導一般人民的住宅，「近代政治原則，所以要求政府指導人民的生活，是因為政府能集國內外專家的研究而得到比較完善的途徑。所以政府必須發揮這種任務。」「房屋問題實在也是今日中國民生問題中的一個主要問題。」[34]

1945 年底，國民黨政府交通當局擬廢止人力車的通行，儲安平對此發表了自己的看法。他首先指出人力車在中國的存在是有其社會背景的，「缺乏運用機器的能力，依賴人力的交通工具，自然應之而生，」「同時，民生凋敝，生活困難，用人力來拉車，亦即成為一種生活的方法。」儲安平承認人力車是一種不人道的交通制度，在原則上應該予以禁止，但是政府必須處理好兩個問題：一是合理的處理人力車夫，「一方面不要使這一批人力車夫因之而生活發生問題，另一方面也不要使這部分有用的勞力，曠費不用。」二是政府在廢止人力車以前，應設法供應一種新的交通工具。[35]只有這樣，才不會引起社會秩序的混亂，影響人民的工作效率。

對民生的關注具體到了交通、耕耘、衛生、住宅、人力車的廢止等細微的方面，這和儲安平自由主義思想中輕理論、重實際的特點是一致的。1919 年，胡適在「問題與主義」的論戰中所強調的

---

[33] 張新穎編：《儲安平文集》（下），上海：東方出版中心，1998 年版，第 29 頁。

[34] 張新穎編：《儲安平文集》（下），上海：東方出版中心，1998 年版，第 30 頁。

[35] 張新穎編：《儲安平文集》（下），上海：東方出版中心，1998 年版，第 47 頁。

也是多研究些問題，少談些主義，認為當時中國的弊端在民品劣、民智卑。更提出了一個大膽的假設：「五鬼」（貧窮、疾病、愚昧、貪污、擾亂）鬧中華。「五鬼」是中華民族真正的「敵人」，只有用教育才能將其消滅。正是有這樣的認識，胡適也對一些具體的民生問題給予了關注，從這一點上說，儲安平對民生的關注在某種程度上也和胡適的主張有相通之處。

1946 年 11 月，上海發生民亂。事件的起因為國民黨上海市政當局認為攤販有礙觀瞻，妨害交通，決予取締，但又不能妥善安置攤販等廣大失業人員的生計問題，而使矛盾激化，導致事件的爆發。

儲安平分析了這次事件的性質與影響，他指出：第一、這次騷動的性質，不僅僅是經濟的，亦復為政治的及社會的，他認為經濟的性質體現在「攤販擺攤，為了生活。市府決心取締，攤販設攤如故，此給蔑視政令，實為生計所迫。」政治的性質表現為騷亂中有群眾高呼「為什麼不讓我們做生意」等口號者，他認為這些口號無不帶有濃厚的政治意識。社會的意義則體現在貧民開始瞭解社會的不合理現象，並以行動表示其意志。第二、這一次騷動，完全是逼出來的，而不是所謂「異黨」的陰謀；他勸告國民黨當局，「不要單在消極方面攻擊『異黨』，應該反躬自問，多在積極方面，做一點建設工作，改善民生；民生改善，社會自可安定，國家自趨太平，而執政黨的政權，亦易鞏固。第三、在此次騷動中，有一個非常特殊的現象，而為其他任何社會騷亂案件所無者，即凡談論此次騷動事件，大都對政府表示不滿。他警告說：「這次上海的民亂，就是一種國家將要遭遇革命的象徵。」這次上海的民亂，對於當局是一個極其明白重要的教訓。當局將因

此項教訓而加緊其政治控制,抑或反躬自省改進政治,那就得看執政當局的智能、修養及造化了。」[36]

1948 年底,國民黨政府實行限價政策與幣制改革,使得物價再次飛速上漲,整個社會出現搶購風潮,人民陷於水深火熱之中。儲安平認為搶購是一種「無言的反叛」,「這是二十年來中國人民受盡壓迫、欺騙、剝削,在種種一言難盡的苦痛經驗中所自發的一種求生自衛的行為。因為這種行為是自發的,所以這種行為能同時發生在政府統治區域中的大小各地,因為這個風暴已是全國性的,所以這個風暴已經威脅到政府政權的安全。……全民搶購從政治的觀點來說也只是一種人民不和政府合作的消極反叛,……但也足夠震撼政府的命脈。在中國近代的歷史上,這是一次嶄新的教訓。」他對人民所遭受的苦難表示同情,希望有良心的政治家不要熟視無睹。最後,他怒斥:「七十天是一場小爛污,二十年是一場大爛污!爛污爛污!二十年來拆足!爛污!」[37]

第三節　支持學生運動

日本投降以來,國統區的學生運動風起雲湧,國民黨政府採取鎮壓手段對付學生運動,各地時有慘案發生。比較大的有 1945 年

---

[36] 儲安平:〈論上海民亂〉,《觀察》第一卷第 16 期。

[37] 儲安平:〈一場爛污〉,《觀察》第五卷第 11 期。

昆明「一二‧一」慘案，1946 年 12 月沈崇事件引起的學生抗議遊行，1947 年南京「五‧二〇」血案，1948 年 1 月上海學生運動等。《觀察》創刊於 1946 年的 9 月，被國民黨政府封刊是 1948 年的 12 月，因此，《觀察》的經營期間，正是學生運動在全國如火如荼地展開之時，如何看待學生運動，不僅是檢驗自由知識份子社會良知和政治傾向的試金石，也成為刊物主編儲安平政治思想的一個重要方面。此外，在一定程度上，由於刊物代表是當時大多數自由知識份子的立場，所以，儲安平對學生運動的態度和分析也在某種程度上成為自由知識份子對學生運動看法的代表。「他的觀點代表了中間勢力的基本立場。」[38]

　　儲安平熱情支持學生運動。首先他認為在這些學潮的底層，都潛伏著一個嚴重的政治問題，即今日一般青年學生對於現狀的普遍的不滿。他指出：教育經費的稀少，限制青年的智慧思想自由發展，教育制度的落後，前途的渺茫，內戰的進行，社會貧富懸殊，包庇、縱容漢奸分子等是爆發學潮的主要原因。「無論從國家大事，或者到個人生活，今日一般青年的情緒是苦悶，彷徨，失望，憤怒。他們看不到一點光明，看不到一點希望。理想與現實的矛盾，使他們在內心中漸漸鬱成一團怒火。這一肚子氣，這一肚子火，碰上機會，自然得發洩出來。這是多年以來他們耳聞目擊身受種種反感所累積而成的一種反應。反感越多，累積越久，在發洩的時候，其情緒也就越激烈，其態度也就越倔強，其意志也就越剛毅，而其洶湧澎湃，

---

[38]　于之偉：〈儲安平與抗戰勝利後的學生運動──以《觀察》週刊為例〉，《重慶交通大學學報》（社會科學版）2007 年第 1 期。

奔沖激蕩的力量，也就越兇猛而難於遏止。」因此，他反對國民黨
政權鎮壓學生運動，認為凡是一個社會現象，必有這個現象的原
因。不在原因上補救解決，一切處置只會使事態更趨惡化。因為「今
日中國的學生已非嚴屬訓斥或強力彈壓所能駭退的得了。」「政府
必須在學潮中獲取教訓。政府必須明白，無論學生本身承認或不承
認這點，這次學潮的主要意義乃為對政府過去及現在的作風表示不
滿。他們顯然在示威，在抗議。用著憤怒的呼聲，憤怒的眼光，並
以一種挨餓吃苦的精神，來訓斥並鞭策臺上人們。他們明言或默
言，大家一致地要求和平，要求民主，要求使國家像樣，而進入康
樂富強之境。」他希望執政當局能夠犧牲他們已得的一部分權利，
「唯有這樣，人心才能平，社會才得安定。」[39]

其次視學生為創造新中國的重要力量。在〈大局浮動，學潮如
火〉一文中，儲安平指出，今日這一代學生，無論是他們的活動能
力、組織能力、處理能力，或是宣傳能力，都遠非二十年或十年前
的學生所能比擬。「他們已建立他們的尊嚴。在多年多種的鍛煉下，
他們不僅完全成熟，而且他們是那樣沉著堅韌，竟非中年或中年人
所能想像。他們有感情有理智，並且能使他們的感情約束於他們的
理智之中。政治上的種種現象誠然常常使人失望悲觀，然而賴有這
批青年，才使我們在黑暗中看到一點國家新生的希望。」「今日這批
青年都是來日建國的樑棟，如何使這批青年的力量不致在消極方面
消耗，就全看政府當局如何的領導這批青年。」[40]在〈學生扯起義

[39]　儲安平：〈大局浮動，學潮如火〉，《觀察》第二卷第 13 期。
[40]　儲安平：〈大局浮動，學潮如火〉，《觀察》第二卷第 13 期。

旗，歷史正在創造〉一文中，他更明確說道：「在這次學潮之初，學
生似乎都是為了自己的問題，然而經過水龍先生、皮帶先生、木棍
先生、石子先生的教訓，學生在心靈上又驟然跨前一步，孕育出一
種更為崇高更為偉大的精神。他們了然他們在今日這個時代中已肩
負一種新的任務，亦即歷史的任務。他們現在正企圖以他們的熱血
來轉旋這個天地！」他贊同學生們的看法，即這次學潮就是一個「新
五四運動」的序幕。他認為這次學潮已從非政治性質轉入政治性質，
他寫道：「這次學潮，最初是局部的、個別的、分散的。……南北兩
地的學潮發展到這個地步，目標趨於一致，步驟亦漸統一，而真正
成為一個有歷史意義的學潮，遂開始在南北兩地，並肩邁進。」因
此，他堅信：「在當前這種黑暗危急的局面下，學生將永遠發揮其力
量，以挽救國家的命運。在這樣轟轟烈烈的學生運動中，終會爆出
光彩奪目的火花，而新的中國就在這火花中孕育生長。」[41]

　　儲安平對學生運動的分析和支持贏得了《觀察》讀者的贊同。
一位讀者在來信中稱讚「先生義憤填膺，正氣浩然，真正喊出了青
年同學們的心聲。」「不顧一切，挺身為同學說話者，環顧海內，
僅先生一人而已。」[42]另外一位讀者則認為儲安平支持學生運動的
文章，「增加了《觀察》和先生在廣大讀者群中極大的威望。在全
國進步的報紙書刊幾乎全被扼殺的今日，《觀察》已儼然成為廣大
讀者群精神的旗幟。」[43]對儲安平和《觀察》刊物的讚美之情溢於
言表。

---

[41]　儲安平：〈學生扯起義旗，歷史正在創造〉，《觀察》第二卷第 14 期。

[42]　《觀察》讀者：〈完全的自由·無情的正直〉，《觀察》第二卷第 16 期。

[43]　文繼武：〈士大夫的考驗〉，《觀察》第二卷第 16 期。

　　不過就像有人不相信儲安平與《觀察》週刊的自由主義立場一樣，也有人認為儲安平是在給政府添亂。這篇署名為蕭源的作者在南京的《正論》週刊上發表了一篇題為〈一個《觀察》的讀者觀察儲安平〉的文章，他質問儲安平「所得意者，以為在課堂內能夠騙得幾個學生對他喝彩，便認定『民心所歸』，可以縱橫宇宙一下了，其實古來從事禍國殃民者，有幾個達到了他的目的？自己以為不凡，罵張責李，究竟自己做出了幾件有利民眾的事？」作者甚至說：「假如儲安平為今日中國執政者，還會允許旁人有自由發言的餘地？還會允許有不同自己主義的黨派存在？儘管話說得如何漂亮，文章寫得如何的流利，嘴如何的會講，事實還是事實，真理還是真理，絲毫不可以蒙混。」[44]一個獨立、客觀、超黨派的刊物自然也會遭到不公正的污蔑之詞，這無論如何是可以理解的。

　　儲安平不僅發表文章對正在進行的學生運動表示同情與支持，也對當時一些知名的報刊不能正確報導學生運動表示了強烈的不滿。1947 年 5 月 24 日，國民黨淞滬警備司令部以所謂的「登載妨害軍事之消息，及意圖顛覆政府破壞公共秩序之言論與新聞」為理由，下令查封文匯、新民、聯合三報。為此，儲安平在一個星期後出版的《觀察》週刊上發表〈論文匯、新民、聯合三報被封及《大公報》在這次學潮中所表示的態度〉一文。在文章中，儲安平首先表達了對政府查禁三報的批評，「我認為這三家報紙被封的主要原因不是由於他們的言論，而是由於他們的新聞。」「報紙在任何公

---

[44] 蕭源：〈一個《觀察》的讀者觀察儲安平〉，轉引自謝泳：《儲安平與〈觀察〉》，北京：中國社會出版社，2005 年版，第 32～33 頁。

共生活中都是要發生一種消息傳播的功效的，但我們不承認，有了這幾張報，就可以掀起學潮，沒有這幾張報，就可以消弭學潮。」接下來，儲安平對《大公報》在學潮和三報被封鎖所表現的態度提出了強烈的批評。5 月 20 日，南京發生學生反饑餓遊行，隨之又發生了五二〇慘案，《大公報》不僅沒有在要聞版報導，並且還用了〈首都一不幸事件〉這樣一個輕描淡寫的標題，儲安平對此質問道：「這是什麼編輯態度？」「這是什麼編輯技術？」針對《大公報》社評中視學生請願為「暴力的革命」，學生運動「太天真幼稚了」，「青年人太簡單了」，學生在請願中「充分表現其行動的兒戲性」，是「小孩玩火」等不實之詞，儲安平氣憤地說：「我讀《大公報》前後十幾年，實在從來沒有看到《大公報》有過這樣違反民心的評論。」文匯、新民、聯合三報的被封，表明當時的政治形勢已是異常的兇險，但儲安平並不畏懼，「我們仍舊不避危險，挺身發言，實亦因為今日國家這僅有的一點正氣，都寄託在我們的肩上，雖然刀槍環繞，亦不能不冒死為之；大義當前，我們實亦不暇顧及一己的吉凶安危了。」[45]

儲安平對學生運動的同情與支援也得到了許多《觀察》撰稿人的回應。他們紛紛在刊物上發表文章支持學生運動。比較有影響與分類的文章有：武漢大學教授金克木、張培剛等人的〈我們對學潮的意見〉、周綏章的〈瘋狂了的中國〉、浦熙修的〈血不會白流〉與〈蕩漾中的和平運動〉、鍾伯平的〈學潮平息以後的認識〉、樊弘的

---

[45]　儲安平：〈論文匯、新民、聯合三報被封及《大公報》在這次學潮中所表示的態度〉，《觀察》第二卷第 14 期。

〈教育莫忘群育！讀書莫忘救國！〉，以及〈北大、清華、師院、燕京四大學教授九十人來函〉等等。如時任北京大學經濟系主任的樊弘就認為學生運動的作用就在於：學生運動「可以養成學生從共同利益的觀點，研究國家切要的問題，並在廣大的群眾面前，大膽的發表他們的批評和建議的勇氣；」學生運動是一種「有組織的運動」，「可以消滅中國幾千年來在士大夫階級裡的頹廢自利的劣根性」；學生運動是一種「自下而上的運動」，它「在消極的方面，可以打破中國幾千年來官僚政治的一切由上而下的辦法。在積極的方面，並可以培養國民的由下而上的民主政治的作風。」[46]樊弘的觀點不僅與儲安平對學生運動的看法基本一致，在刊物其他作者那裡也基本如此。

正如有人所指出的：「戰後所發生的學生運動成為當時社會政治生活中的一件大事。對於學生運動，國內各方的評論並不相同由於國共雙方處於敵對狀態，各自站在不同的政治立場與階級利益上對此所做的表述難免會有利己之嫌。因而相比之下處於國共之外的中間勢力對於這場學生運動的認識則相對來說較為公允、客觀。他們紛紛在《觀察》週刊上發表文章，闡述自己的立場。《觀察》週刊是當時自由知識份子的講壇，中間勢力的旗幟，它基本上代表了國共雙方之外人們的立場。」[47]因此，儲安平和《觀察》其他作者對學生運動的態度和立場在歷史發展的一定階段上還是有其相當的代表性的。

---

[46] 樊弘：〈教育莫忘群育！讀書莫忘救國！〉，《觀察》第二卷第 20 期。

[47] 于之偉：〈儲安平與抗戰勝利後的學生運動──以《觀察》週刊為例〉，《重慶交通大學學報》（社會科學版）2007 年第 1 期。

第八章　1949～1957年，對社會主義的認識和支持

　　正如論者所指出的那樣：「自由主義與社會主義都是因應工業社會的變革而產生的，二者最初都是以抗爭、批判的面貌出現，它們所要對抗的都是那個時代最不合理或最不人道的處境和制度。」[1]因此，自由主義與社會主義兩大思潮在二十世紀的發展在一定程度上是糾纏不清的。

　　我們知道，自十九世紀下半葉以來，西方古典的古典自由主義開始邁出了傳統自由主義向「新自由主義」的轉變。二十世紀初，帝國主義國家為了爭奪殖民地和勢力範圍，爆發了第一次世界大戰。戰爭給各主要資本主義國家，乃至全世界人民的生活產生了巨大的影響，資本主義體制陷入了前面的危機之中。戰後，為了挽救資本主義的危機，自由主義理論進一步社會主義化，與此同時，西歐的社會主義運動也開始吸取自由主義的內核，日益社會民主主義化，「新自由主義與社會民主主義的界限變得模糊不清，你中有我，

---

[1]　朱高正：〈自由主義與社會主義的對立與互動〉，《中國社會科學》1999 年
　　第 6 期。

我中有你。」[2]各種有關社會主義的思想開始席捲全球。西方思潮
的這種社會主義化的變遷趨勢，無疑對正渴求從西方的思想資源中
尋求中國現代化方案的知識份子的價值趨向與模式選擇產生了極
大的影響。「自清末民初以來，反資本主義的情緒，伴隨著無政府
主義的流行，一直彌漫在許多中國激進知識份子的心靈和宣傳品之
中。」[3]而各種社會主義思潮不僅左右了激進的馬克思主義者，而
且也廣泛影響了保守主義乃至自由主義等各類中國知識份子。[4]事
實上，現代中國的許多自由主義者在很長的一段時間內和某種程度
上也是嚮往社會主義的，[5]儲安平也是其中之一，這種思想的潛意
識深處深藏的對社會主義的心許，也為他後來對中國大陸的社會主
義建設的讚賞埋下了思想的伏筆。

　　1949 年，中國社會的形勢發生了巨大的轉折，國民黨的統治
在大陸宣告失敗，同年 10 月 1 日，中華人民共和國成立，中國開
始進入了一個社會主義建設的新時代。與此同時，儲安平的思想與
認識，也隨著社會形勢的逆轉而發生了一些變化。我們在上一章論

2　許紀霖：〈現代中國的社會民主主義思潮〉，（香港）《二十一世紀》1997 年
　　8 月號，香港中文大學中國文化研究所。

3　Arif Dirlik, "Anarchism in the Chinese Revolution"，轉引自顧昕：〈德先生是
　　誰？五四民主思潮與中國知識份子的激進化〉，載哈佛燕京學社、三聯書店
　　主編：《儒家與自由主義》，北京：三聯書店，2001 年版，第 338 頁。

4　許紀霖：〈現代中國的社會民主主義思潮〉，（香港）《二十一世紀》1997 年
　　8 月號，香港中文大學中國文化研究所。

5　有關此方面的論述可參見，章清：《「胡適派學人群」與現代中國自由主義》，
　　上海：上海古籍出版社，2004 年版，第 404～432 頁。羅志田：〈胡適與社
　　會主義的分離〉，《學人》第 4 輯，南京：江蘇文藝出版社，1993 年版。鄭
　　大華：〈論張君勱的社會主義思想及其演變〉，《浙江學刊》2008 年第 8 期。
　　許紀霖：〈現代中國的社會民主主義思潮〉，（香港）《二十一世紀》1997 年
　　8 月號，香港中文大學中國文化研究所。

述儲安平的政治思想時，曾談及他在當時對中國共產黨的態度與看法，以及對社會主義的模糊印象。由於他的經歷、教育背景與知識結構，更由於在當時的環境下，缺乏瞭解與認識中共的機會，如他自己在《觀察》二卷二期〈中國的政局〉一文中所說，由於從未去過當時中共統治下的區域，他對中共的認識，基本上是根據外人的評說與所謂的常識而來，因此，就不可避免地存在著一些偏差，在某些方面甚至有錯誤的認識與言論。隨著時間的推移與他自己對社會主義的親身觀察與體會的深入，他在這方面的思想與認識逐漸發生了變化，對中共的政策與社會主義的認識，開始由模糊變為具體，並熱情謳歌社會主義建設。應該承認的是，在這一時期，他對社會主義建設的歌頌是真誠的，並發自內心的，[6]並不像後來在1957年的反右運動中，某些批判他的人所說的那樣，他是一貫反對共產黨與社會主義建設的。[7]

第一節　對社會主義的認識

1949年11月1日，改組後的《觀察》重新出版發行，儲安平在復刊後的第一期，即《觀察》第六卷第一期上發表了〈我們的自

---

[6] 例如儲安平曾經就說過：「今天中國的人民，是全心全意地擁護中共和毛主席的，這種擁護完全是自發的，出於真情的。」參見儲安平：〈我們的自我批評、工作任務、編輯方針〉，《觀察》第六卷第1期。

[7] 本文將在第九章對此展開相關論述。

我批評、工作任務、編輯方針〉一文，表達了他對社會主義的初步
認識與擁護。在這篇文章中，儲安平首先檢討與反省了他以前工作
上的失誤與認識上的偏差，「我們發現我們過去的工作是經不起檢
查的，我們過去的認識是不正確的。雖然我們曾經不畏強暴地無情
地打擊蔣介石國民黨的反動政權，但是由於我們在過去的社會中所
得到的教育，在思想的本質上，我們還是停留在舊民主主義的範疇
裡的。……雖然我們是一片赤心地愛著我們的祖國，熱情地希望我
們自己的國家變好，但是由於沒有得到正確的教育，我們在思想感
情上就不可避免地停留在資產階級的民族主義的階段，不能把一切
外國，區分敵友，分別看待。……由於我們在過去並不瞭解中共的
政策和情況，我們並沒有靠攏共產黨，以致我們在客觀上不知不覺
地好像自居於中間方面，而帶上了溫情改良主義的色彩。我們的確
是具有一腔熱忱，願意獻出我們所有的生命與智慧為人民服務，但
這幾年來，我們並未和日益壯大的人民力量聯繫起來，只孤立地做
著自己的工作，因之這些工作，便都不免流於自流，不能建立有組
織性的群眾基礎。」然而，在新的形勢下，他覺得自己終於找到了
新的正確的道路，那就是中國共產黨介紹的馬列主義這一普遍真
理，他認為馬列主義不是一種空洞的概念或者呆板的條文，他要學
習馬列主義，要把馬列主義的立場、觀點、方法，運用到實際的具
體的工作裡去，他指出在中國，把馬列主義的革命理論和中國革命
的具體實踐結合起來的，「就是我們偉大的人民領袖毛澤東主席。」
因此，「我們應當在他的偉大的領導下，努力學習馬列主義，努力
學習毛澤東思想，改造我們自己，改造我們的國家。」[8]

8　儲安平：〈我們的自我批評、工作任務、編輯方針〉，《觀察》第六卷第 1 期。

　　1949年4月，儲安平曾作為民主人士的代表，前往東北解放區參觀學習，事後著有《東北參觀報告》一書，記載了他當時參觀的感受與所見所聞。在《觀察》第六卷第四與第五期上，儲安平節選了該書中的兩篇予以刊登，在這分別題為〈在哈爾濱所見的新的司法工作和監獄工作〉與〈旅大農村中的生產、租佃、勞資、稅制、互助情況〉的兩篇文章中，儲安平表達了他對即將到來的新中國的司法工作與監獄工作及農村工作的認識與印象。這一時期，他對新中國的未來是滿懷希望與憧憬的。

　　在〈在哈爾濱所見的新的司法工作和監獄工作〉一文裡，儲安平談到了他對新的司法工作與監獄工作的認識。他首先駁斥了以前一般人的一個錯誤認識，即認為解放區是沒有法律的，或者是不講法律，他根據自己親身所見，認為解放區是講法律的，而且是很尊重法律的。「在解放區中，一般人對於法律的看法是：法律是代表人民利益的。人民的利益不可侵犯，所以代表人民利益的法律當然也不可侵犯。」[9]在審判制度方面，他指出，在舊中國法律雖然規定人人可以聘請律師為其辯護，但由於費用昂貴，普通老百姓是沒有力量去聘請律師為他們辯護的，只有有錢的人才可以聘得起律師為其辯護，並且有的律師名為法律的保障者，實際上卻是法律的破壞者，從中製造糾紛，剝削當事人，而在新中國即將實行的人民陪審制度，卻可以避免上述缺陷，「這種人民陪審制度，使人民直接參加司法工作，使司法工作直接深入民間。」[10]在案件審判方面，

---

[9]　儲安平：〈在哈爾濱所見的新的司法工作和監獄工作〉，《觀察》第六卷第4期。
[10]　儲安平：〈在哈爾濱所見的新的司法工作和監獄工作〉，《觀察》第六卷第4期。

他指出,現在民事案件的增加與刑事案件的下降,反映了幾個社會現象,刑事案件的下降,表明社會的治安在進步中,而民事案件的增加,一方面反映了當時人民當家作主的可喜變化,另一方面則是訴訟程式的簡單,他認為,這是新社會中新司法的特色。在外僑案件方面,他指出,現在是根據主權獨立、民族平等,及勞動人民間的國際主義精神來處理的,他們也可以被判處死刑,因此,他說:「外僑在中國的法院的判決下,被處死刑,在中國的司法歷史上是新的記錄。」[11]最後,儲安平比較了新舊社會監獄作風的不同,他指出:「在舊社會中,監獄的作風是恐怖與黑暗,在監獄中嚴刑拷打,有時肚子也吃不飽,衛生方面則又髒又臭,不通空氣,整個的環境使人恐怖畏懼,利用恐怖來使人不敢犯法,這種情形完全是消極的。新社會中的整個司法的精神是教育和改造,在教育中,給犯人以『人』的待遇,顧到他們的飽暖,顧到他們的衛生,告訴他們犯罪的原因,提出新的人生態度,要他們改造,要他們重新做人,變成社會上積極有用的人,教他們生產的技能,要他們從事勞動,並提高文化的學習。」因此,他的結論是,現在的「監獄可實在不像一所『監獄』。」[12]

接下來,儲安平在〈旅大農村中的生產、租佃、勞資、稅制、互助情況〉一文中,介紹了旅大農村的生產情況、租佃關係、勞資關係、農業所得說與幾種互助形式。他對當時在共產黨的領導下,旅大農村經濟的恢復與發展情況是滿意的,對新的生產方式是贊成

---

11 儲安平:〈在哈爾濱所見的新的司法工作和監獄工作〉,《觀察》第六卷第4期。
12 儲安平:〈在哈爾濱所見的新的司法工作和監獄工作〉,《觀察》第六卷第4期。

的。從這些文章的字裡行間，我們看到當時的儲安平是出自內心的支持社會主義與新生的共產黨政權。

1953 年，中國人民的抗美援朝戰爭勝利結束，儲安平對此感到歡欣鼓舞，他在九三學社中央委員會的機關刊物《九三社訊》上發表了〈擁護朝鮮停戰的勝利〉一文，熱情歌頌在中國共產黨領導下的抗美援朝戰爭的勝利，「抗美援朝的光榮勝利，將使我們能夠在思想上更進一步地肅清親美、崇美、恐美思想的殘餘，並且能夠更親切地體會到『中國人民從此站起來了』這句話了。」他認為這一切都是在中國共產黨與毛主席正確領導下取得的，因此，他強調：「中國人民必須更堅定地永遠團結在中國共產黨的周圍，在毛主席的領導下，積極建設我們新的偉大的祖國，經常提高對帝國主義各種陰謀的警惕，堅決保衛亞洲及全世界的和平。」[13]

1954 年 9 月，中華人民共和國第一界全國人民代表大會在北京召開。儲安平作為人大代表，在這次大會的第一次會議上作了大會發言。在這個發言中，他再次表達了幾年來對社會主義的認識與支援的態度，他結合自己在新疆考察、參觀的體會，感慨地說道：「共產黨和毛主席，以及在共產黨和毛主席領導下的人民政府，是真正全心全意為人民服務的。我完全同意周總理的話：『人民群眾第一次看到了廉潔的、認真辦事的、艱苦奮鬥的、聯繫群眾的、與群眾共甘苦共患難的自己的政府。』也正因為這樣，我們的共產黨、人民政府和毛主席，就普遍地受到全國各地各族人民的無限的熱烈的愛。這種愛，使全中國的人民自願地緊密地團結在中國共產黨和

---

[13] 儲安平：〈擁護朝鮮停戰的勝利〉，《九三社訊》1953 年第 8 號。

毛主席的周圍，成為一股巨大的不可戰勝的力量，英勇地並滿懷信心地向著社會主義社會前進。」[14]

第二節　歌頌社會主義建設

　　大約在 1954 年至 1956 年間，儲安平作為民主人士的代表，曾赴新疆各地參觀學習。期間，他寫了大量的文章歌頌社會主義建設，總體來看，他對社會主義建設的歌頌是圍繞民族關係、工業建設與農業建設等幾個方面展開的。在這些文章中，他熱情歌頌在黨的領導下，新疆發生的巨大變化，而這也反映了他當時思想認識上的一個重要方面。

一、歌頌新的民族關係

　　眾所周知，新疆自古以來就是一個多民族聚居的地區。過去，由於歷代的反動統治者對新疆各少數民族實行殘酷的民族壓迫與剝削政策，從而造成了長期的民族隔閡和民族仇恨，「解放以前，在新疆，漢族和少數民族之間的關係是惡劣的，是不平等的、對立

---

[14] 儲安平：〈在第一界全國人民代表大會第一次會議上的發言〉，《九三社訊》1954 年第 9、10 號合刊。

的、互相仇視的。解放以後，漢族和少數民族的關係發生了根本的
變化，已經變成為一種平等的、團結的、友愛合作的新關係了。」[15]
儲安平比較了解放前後，新疆民族關係的巨大差別，他指出，由於
歷代漢族王朝對於少數民族所施行的民族壓迫政策，特別是盛世才
反叛後及國民黨反動派時期對少數民族的殘酷統治，以及由於絕大
多數的民族群眾還不善於把漢族中一小部分反動統治階級和整個
漢民族分別開來，因而在當地民族群眾的思想裡，便不同程度地存
在著一種反對漢族的情緒。此外，當地一部分民族上層分子和青年
知識份子，由於過去的具體環境，他們和蘇聯的接觸較多，和祖國
內地的接觸較少，因而他們對於蘇聯，比較瞭解信任，而對於自己
的祖國，反而比較隔閡，這樣，就使很多民族群眾對於共產黨，解
放軍以及新來的漢族幹部，在思想上蒙上濃厚的混亂和不安，整個
社會保持著很大的保留態度，甚至戒備的氣氛。但是，這一切都改
變了，現在，「漢族幹部下鄉，無論到什麼地方，都受到當地民族
的友好的接待。隨便什麼地方，農村或牧區，漢族幹部一人單騎獨
行，安全都沒有問題。共產黨和毛主席在各族人民中的威信，至高
無比。無論什麼問題，只要說是中央決定了的，或者黨決定了的，
不論哪一級幹部，都絕對接受，決沒有第二個意見。……黨在群眾
中顯然已經牢牢地紮下了根，而漢族和各少數民族也真的血肉相
連，都成為祖國大家庭中的一個成員了。」[16]那麼這其中的根本原
因是方面呢？他在〈伊犁夜話〉一文中，借一個當地幹部之口，分

---

[15] 張新穎編：《儲安平文集》（下），上海：東方出版中心，1998 年版，第 341～
342 頁。

[16] 張新穎編：《儲安平文集》（下），上海：東方出版中心，1998 年版，第 343 頁。

析了其中的緣由。第一是部隊,部隊對少數民族群眾生活與生產的
幫助,使各族老鄉改變了對共產黨與漢族幹部的態度;第二是幾個
大運動,如減租反霸、鎮壓反革命、土地改革等,當剛剛展開這些
運動時,有些民族群眾在思想上還是有很大顧慮的,然而這些運動
都是為了各族廣大勞動人民的利益這一個鐵一般的事實,教育了他
們,成為根本扭轉民族關係的一個轉捩點;第三是機關民族化,這
主要體現在大量任用民族幹部,搞好漢族幹部與民族幹部的團結
上,這有利於各項工作的順利展開;第四,則是建立廣泛的民族統
一戰線,他認為這是加強民族團結、更好地推動民族地區各項工作
的另一個重要條件。[17]

二、對工業建設的歌頌

　　儲安平在新疆參觀、學習期間,對當時新疆社會主義工業建設
的蓬勃景象深深鼓舞。他對在一片戈壁灘上崛起的石河子新城的第
一印象是:「在那襯著豪壯的山色的背景下,在那比平地稍稍高一
些的山麓旁,在那疏疏密密的墨青色的樹林裡,隱現著很多紅頂白
牆的新的建築。那是多麼廣闊的一片,然而又是多麼深邃的一片!
它整個的色調鮮豔柔和,健康明朗。……那就是勞動人民憑著雙手
在這個荒灘上修蓋起來的這座美麗的新城了!」他讚歎道:「在戰

---

[17] 張新穎編:《儲安平文集》(下),上海:東方出版中心,1998 年版,第 343~
348 頁。

士們創造性的忘我勞動中，這片土地上的面貌一天一天地發生著歷史性的變化。這一座新城的建築，正如新中國其他地方的巨大的建設事業一樣，都是勞動人民的無限的智慧和血汗的結晶。」[18]

在參觀前景壯闊的克拉瑪依油區時，他被油區勞動者熱情四溢的工作場面深深地吸引了，「那兒擁擠著很多卡車、帳篷、地窩子以及一排一排可以移動的小木房子。井鑽得這樣快速，油噴得這樣洶湧，使一切思想上的和設備上的準備都跟不上去。興奮、緊張、局促，交織成一片像火一樣熾熱的情緒，彌漫著整個礦區。人們都以無限飽滿的精神，克服一切困難，堅定地、夜以繼日地在那兒戰鬥，並且滿腔熱情地期待著全國範圍的人力物力技術的大支持。」[19]

而在常年四季，經常風雪彌漫的阿爾泰山之巔，勞動的人們冒著惡劣的天氣，揮汗如雨的工作場景與在勞動中展示出來的革命樂觀主義精神，更是讓他流連忘返，並深切地感受到黨的力量的偉大。他由衷地感歎道：「在這樣一個荒寒的大山之巔，卻出現了一個現代化機械化的工業場地，勇敢的人們在那兒不懈地進行著創造性的勞動。……這既不是怪誕的神話，也不僅僅是一兩個探險家的活動，這是真切的現實，這是為國家創立下的不朽的勳業。」「在我們的國家裡，在新生的時代中，最最深刻巨大的事情是這個強大的黨的光芒在全國無所不達！我們不能想像：在祖國邊疆這樣一個深奧的大山中，自然條件這樣險惡，要是沒有黨、沒有黨的領導和

[18] 張新穎編：《儲安平文集》（下），上海：東方出版中心，1998 年版，第 351～352 頁。
[19] 張新穎編：《儲安平文集》（下），上海：東方出版中心，1998 年版，第 366 頁。

支持，人們會在這樣荒寒的地方創造出這樣光輝的成績！我們更不能想像：在今天中國，不論是怎樣一個荒僻的角落或者怎樣一座峻險的高山，怎會沒有黨的光芒的照耀！無論什麼地方，只要有黨，就有英勇的鬥爭，就有創造性的勞動！」[20]

此外，儲安平在他的文章裡，也展望了當時新疆工業的遠景。在〈新疆遠景〉一文中，他用詳細的筆墨描述了新疆豐富的石油、煤、鐵、銅、鋁、鉛、鋅、鎢、錳、重金屬、鹽、石膏、硫磺等礦產資源，而在輕工業方面的優勢則是紡織工業。他指出，石油、煤、鐵、紡織將成為新疆的四大工業，新興的工業城市則有哈密、烏魯木齊、石河子、烏蘇、伊寧、克拉瑪依、庫爾勒等，隨著電力、交通等基礎設施的發展，尤其是在黨的領導下，以及全國人民的支持，他認為新疆的工業必將有一個美好的未來。他豪邁地說道：「各兄弟民族在黨的領導和漢族的幫助下，將更大地發揮他們在建設祖國邊疆的社會主義事業中的力量，用自己光榮的勞動來創造富裕幸福的生活。而數以萬計的毛澤東時代的優秀的愛國男女，在黨的愛國主義號召下和民族政策教育下，也都慶幸自己能夠獲得光榮的機會在那廣闊無邊的大地上縱橫馳騁，為祖國的邊疆建設貢獻自己的才能智慧。這個各民族結成的鐵的巨人正在豪邁地奔向一個個的新的勝利！」[21]

---

[20] 張新穎編：《儲安平文集》（下），上海：東方出版中心，1998 年版，第 392～393 頁。

[21] 張新穎編：《儲安平文集》（下），上海：東方出版中心，1998 年版，第 488 頁。

三、對農業建設的歌頌

在新疆期間，解放以後新疆農業生產的巨大變化也給了儲安平深刻的印象。

在〈南疆農村的社會主義高潮〉一文中，他首先描寫了南疆農村秀美的景色，以襯托南疆農村在黨的領導下的面貌一新，「村子裡到處是翠綠的楊樹和豔麗的桃花。很多農民的家宅旁邊，都有一個一兩畝大的園子，裡面盛開著桃、杏、梨、李或者蘋果各色鮮花。我每天早起後，總要爬上屋頂，眺望一會那南面遠遠的昆侖雪峰，以及那四望皆是一片蔥郁的、彩色繽紛的、孕育著無限富裕、活力和美麗的南疆春天的農村。」[22]接下來，他敘述了當地的農民在黨領導下，在事實的教育下，是如何由最初的懷疑與抵觸情緒，轉變為積極參加農業合作化運動的過程，「在1955年下半年全國農村掀起了巨大的社會主義高潮中，通過幹部的宣傳介紹，他們更確切地知道了還有一種比初級社更為完善的高級社，主要生產資料歸全社所有，統一經營，於是大家就更傾向早日踏進這個富裕幸福的社會主義大門。」[23]因此，當他在南疆農村參觀時，他的感受是振奮人心的，他說：「我在這農村裡訪問，無論走到哪兒，都看到農民群眾的情緒完全放開，集中努力生產和建設美好的社會主義社會。」[24]

---

[22] 張新穎編：《儲安平文集》（下），上海：東方出版中心，1998年版，第428頁。
[23] 張新穎編：《儲安平文集》（下），上海：東方出版中心，1998年版，第438頁。
[24] 張新穎編：《儲安平文集》（下），上海：東方出版中心，1998年版，第445頁。

在〈塔里木河的下游〉一文中，儲安平描述了一個村子在解放前後，所發生的變化。這個村子叫客拉切其，位於塔里木河的下游，過去這裡的居民終年靠捕魚為生，並且吃草根，穿的是粗糙的麻袋布，見了外面去的陌生人拔腳就跑，一下子都躲進蘆叢或沙山。現在，這一切都改變了，「當他們知道我是從北京來的、是專門去訪問他們的時候，人群裡馬上騰起了一片歡呼。人們爭著湧上前來和我熱情的握手，即使最年輕的婦女也不感到一絲害羞。」[25]並且在黨的號召下，人們積極開展農業生產，開始過上了幸福的生活，他為此由衷地感到興奮。而在〈一個村子的誕生〉裡，儲安平又記述了另一個叫英阿瓦提的村子的變化。他寫道：「這地方本是一片荒野，現在卻生產了糧食，出現了村莊；居住在這村子上的人們過去本來是兩手空空，一無所有，現在卻有了技術，有了家業，能夠依靠自己的勞動來創造自己的生活。農民有了困難，農民內部能夠自發地進行互助。這些現在看來都是一些很平凡的事情，但是僅僅在六七年以前，卻是說來不能令人相信的事情。」[26]

在〈帕米爾高原上的牧業社〉裡，儲安平則描述了在遙遠的祖國西陲，帕米爾高原上的牧民在當地政府的領導與幫助下，通過牧業生產合作化的道路，牧業生產所取得的喜人成績，以及當地牧民過上幸福生活後，對政府和黨的感激之情。他寫道：「牧業生產合作社的建立和它所取得的初步成就，給牧民指出了一條幸福的道路。今年那一帶有許多牧業互助組都要求轉社，很多單幹牧民也要

[25] 張新穎編：《儲安平文集》（下），上海：東方出版中心，1998年版，第408頁。
[26] 張新穎編：《儲安平文集》（下），上海：東方出版中心，1998年版，第422～423頁。

求入社。……雖然是在祖國極西的邊陲，雖然是在雪峰連綿的高原，但是黨和毛主席所指出的合作化道路，也同樣像一盞明燈照耀著祖國邊陲高原上的牧民。」[27]

同展望新疆的工業遠景一樣，儲安平在歌頌新疆的農業建設時，也滿懷熱情地展望了新疆農業的遠景。他認為，雖然新疆目前還是一個農業地區，但「在將來，新疆也永遠是我們祖國的一個具有巨大潛力的農業基地。」他指出：「新疆是我們祖國的一塊寶地。但在過去的歲月中，它一直沉淪在冷落的被人漠視的命運裡。它的土地遼闊，但生活在這一片土地上的人並不多；它的景色壯麗，但稱道並欣賞它的景色的人很少；它的物藏富庶，但認識它開發它的人更少。解放以後，在黨的領導下，這一大片土地逐漸活躍起來，它逐漸受到人們的注意，為很多愛國青年所嚮往，並被一致地認為它有著極大的開發前途。它的突出之點，不僅是由於它的土地廣大，更重要的是由於它具有多方面的開發價值。」[28]他相信，在黨的領導與正確方針的指引下，新疆的農業與其他各條戰線一樣，都會有一個美好的未來。

---

[27] 張新穎編：《儲安平文集》（下），上海：東方出版中心，1998 年版，第 450 頁。

[28] 張新穎編：《儲安平文集》（下），上海：東方出版中心，1998 年版，第 477～478 頁。

第九章　儲安平在 1957 年

1957 年，無論是對中國的社會主義建設，還是對儲安平本人來說，都是一個重要的轉捩點。這一年，由於國際國內形勢出現了一些令人意想不到的變化，中共決定開展整風運動，並邀請黨內外及民主人士，暢所欲言，以幫助整風運動的順利進行。儲安平時任《光明日報》的總編輯，作為民主人士的代表，在一再被邀請、敦促的情況下，儲於這年 6 月 1 日，在中共中央統戰部召開的黨外人士座談會上，作了題為《向毛主席、周總理提些意見》的發言。由於在發言中，批評了中共有「黨天下」的思想，以及在黨群關係上的問題，在隨後開始的反右運動中，儲被打成了右派，遭到了時人無情與猛烈的批判，被迫檢討自己在歷史上的問題，以及在思想上的「錯誤」認識與根源，並最終決定了其悲劇性的命運。

第一節　1957 年前後的國際國內形勢

1957 年是中國現代史上，至今難以忘卻的沉重的一頁。在此前後，國際上與國內上所發生的一系列事件，對當時中國共產黨領導下的社會主義建設事業產生了不可磨滅的影響。

1953 年 3 月 5 日，蘇聯最高領導人史達林因病逝世。史達林的死引起了蘇聯黨和國家領導層的一些變化，在經過一番鬥爭後，赫魯雪夫成為蘇聯黨和國家的最高領導人。赫魯雪夫執政後，開始逐步調整蘇聯共產黨的內外政策，如抓緊平反冤假錯案，恢復和改善與南斯拉夫的關係等。

1956 年 2 月，蘇聯共產黨在莫斯科召開了第二十次全國代表大會，時任蘇共中央總書記的赫魯雪夫在會上作了名為《個人迷信及其後果》的秘密報告，報告的內容是譴責「歷史上兇暴殘忍的罪犯」史達林。參加會議的蘇共代表們被赫魯雪夫的秘密報告震驚了，在此之前，史達林作為蘇聯的最高領袖，一直受到蘇共和蘇聯人民的歌頌和讚揚，享有崇高和神聖的地位。然而，在這份報告中，赫魯雪夫卻以從未有過的激烈詞句，抨擊史達林，指責他犯下的種種過錯。他用「反對個人迷信」這個提法批評史達林，第一次揭露了史達林對無辜者的大規模鎮壓。秘密報告主要圍繞這幾個方面對史達林進行了清算，一是史達林違背了列寧處理黨內鬥爭的原則和方法， 把黨內領導人對社會主義建設的不同看法看成是對敵鬥爭，拋棄了列寧說服和教育的方法；二是史達林對黨、政府和軍隊的領導人進行了大規模的清洗；三是史達林違背列寧的教導，不遵守黨的集體領導的原則，以個人意見代替黨的決議，把自己凌駕於黨之上；四是史達林採取一切可能的手段來增加自己的光榮和聲望，從而使對自己的崇拜發展到了可怕的地步；五是指出史達林個人品質上的問題：好功厭過、剛愎多用和多疑。[1]

---

[1]　參見陳之驊主編：《蘇聯史綱（1953～1964）》，北京：人民出版社，1996

赫魯雪夫首先公佈了 1922 年 12 月列寧對史達林的批評：

> 史達林當了總書記後，手中握有無限的權力，我對於他是否能夠總是相當謹慎地使用這一權力沒有把握。……史達林太粗暴，這缺點在我們中間，在我們共產黨人的相互交往中是完全可以容忍的，但是在總書記的職位上就成為不可容忍的了。因此，我建議同志們仔細想個辦法把史達林從這個職位上調開，任命另一個人擔任這個職位，這個人在所有其他方面，只要有一點勝過史達林同志，這就是較為耐心、較為謙恭、較能關心同志、較少任性等等。[2]

接著，赫魯雪夫列舉了大量事實，揭露史達林「心胸狹窄，殘忍和濫用職權」；「史達林認為有必要逮捕某個人時，總是讓人們相信這個人是『人民的敵人』。」赫魯雪夫公佈了觸目驚心的數字：「蘇共十七次代表大會選出的一百三十九名中央委員，有九十七人即百分之七十在一九三六——一九三八年被逮捕和處決了！」「十七大代表大會有表決權和發言權的一千九百六十六名代表，因反革命罪而被捕的人大大超過一半，為一千一百零八人。」他說，史達林是「一個疑心很重的人」，直接受史達林迫害的蘇共黨員，多達七十萬！赫魯雪夫尖銳地批判了史達林在蘇聯大搞個人崇拜，他列舉了 1948 年出版的《史達林傳略》，說「這本書表現出最沒有節制的阿諛奉承。」他譴責史達林，「獨斷專行」、「沽名釣譽」、「濫用權力」

年版，第 58～60 頁。

[2] 〔俄〕尼基塔・謝・赫魯雪夫：《赫魯雪夫回憶錄》，述弢譯，北京：社會科學文獻出版社，2005 年版，第 370～371 頁。

等等。他提出要消除個人崇拜的惡劣後果。[3]最後，赫魯雪夫的秘密報告得到了當時蘇共中央的通過。

蘇共二十大路線的出現，表明當時蘇聯國內外的矛盾已發展到了極其尖銳的程度。赫魯雪夫作為一個社會主義國家的領導人，第一次揭露出蘇聯模式社會主義的弊端，以及對史達林的批評與譴責，不啻是引發了一顆政治原子彈，對當時的國際共產主義運動產生了巨大的影響與衝擊波。

首先受到衝擊的是波蘭，波蘭是當時社會主義陣營中最薄弱的一環。當赫魯雪夫在蘇共二十大上作批評史達林的秘密報告時，時任波蘭統一工人黨總書記，有「波蘭史達林」之稱的貝魯特也參加了這次會議。赫魯雪夫對史達林的批判，給這位「波蘭史達林」以沉重的一擊，不久，他就病逝於莫斯科。貝魯特之死與赫魯雪夫的秘密報告，使本已矛盾叢生的波蘭局勢陷於一片混亂之中。1956年6月28日，波蘭西部的中等城市波茲南發生騷亂，史稱「波茲南事件」。這一天，波茲南工人舉行總罷工，五萬工人上街遊行，要求「麵包和自由」，要求蘇聯軍隊撤出波蘭，市人民議會、市黨委會、公安局等受到了襲擊。雖然，「波茲南事件」很快即被波蘭政府用軍隊平息下去，但卻給波蘭統一工人黨中央領導的組成，帶來了新的變化，讓蘇共與赫魯雪夫不放心的哥莫爾卡，掌握了波蘭黨和國家的最高權力。赫魯雪夫欲以武力干涉波蘭內政，但哥莫爾卡針鋒相對，毫不退讓，雙方一時間呈現劍拔弩張之勢。雖然不久事態就得以緩和，但波蘇關係已處於萬分緊張之中。

3　〔俄〕尼基塔・謝・赫魯雪夫：《赫魯雪夫回憶錄》，述弢譯，北京：社會科學文獻出版社，2005年版，第368～417頁。

　　與此同時，波蘭的動盪，又激發了匈牙利的動盪。1956 年 10 月 23 日，匈牙利風雲變幻，數千大學生湧上首都布達佩斯街頭，舉行示威遊行，聲援正處於蘇聯重壓之下的哥莫爾卡，引發了著名的「匈牙利事件」。在事變中上臺的匈牙利納吉政府，在與蘇聯談判時提出了四項條件，即：一、立即撤回蘇軍；二、匈牙利退出華沙條約；三、匈牙利重新確立多黨制政權；四、準備自由選舉。這時，赫魯雪夫確定匈牙利事件的性質是叛亂，是反革命，準備派兵鎮壓。11 月 4 日，布達佩斯的街頭響起了蘇軍坦克的轟鳴聲，二十萬蘇軍長驅直入匈牙利，匈牙利成為當時全世界關注的中心。

　　赫魯雪夫的秘密報告，以及波匈事件，對當時正在總結自 1949 年以來社會主義建設事業經驗的中國共產黨與毛澤東本人來說，都產生了巨大的影響。毛澤東在談到 1956 年時，說：「去年這一年是多事之秋，國際上是赫魯雪夫、哥莫爾卡鬧風潮的一年，國內是社會主義改造很激烈的一年。現在還是多事之秋……」[4]說起史達林，其實毛澤東早就有他自己的看法。他說：「史達林對中國做了一些錯事。第二次國內革命戰爭後期的王明『左』傾冒險主義，抗日戰爭初期的王明右傾機會主義，都是從史達林那裡來的。解放戰爭時期，先是不准革命，說是如果打內戰，中華民族有毀滅的危險。仗打起來，對我們半信半疑。仗打勝了，又懷疑我們是鐵托式的勝利，1949、1950 兩年對我們的壓力很大。」[5]而對於蘇聯的國內政策，毛澤東的看法是：「蘇聯的辦法把農民挖得很苦。他們採取所謂義

---

[4]　《毛澤東選集》（第五卷），北京：人民出版社，1977 年版，第 339 頁。
[5]　《毛澤東選集》（第五卷），北京：人民出版社，1977 年版，第 286 頁。

務交售制等項辦法,把農民生產的東西拿走太多,給的代價又極低。他們這樣來積累資金,使農民的生產積極性受到極大的損害。」[6]很顯然,作為中國共產黨的領袖,毛澤東這時已經在思考蘇聯模式的得失了。

就在蘇聯共產黨召開二十大之際,毛澤東也開始聽取國務院財經方面三十四個部委的彙報,目的是探索一條不同於蘇聯的社會主義發展道路。在聽取彙報後,毛澤東說:「最近蘇聯方面暴露了他們在建設社會主義過程中的一些缺點和錯誤,他們走過的彎路,你還想走?過去我們就是鑒於他們的經驗教訓,少走了一些彎路,現在當然更要引以為戒。」[7]

關於毛澤東這次談話的主要精神,後來在由《人民日報》於1956年4月5日以該報編輯部的名義發表的〈關於無產階級專政的歷史經驗〉一文中得以體現。這篇文章實際上由陳伯達執筆起草,經過毛澤東詳細修改補充而成,它表示了對蘇共二十大新路線的支持。文章說:「二十次代表大會非常尖銳地揭露了個人迷信的流行,這種現象曾經在一個長時間內的蘇聯生活中,造成了許多工作上的失誤和不良的後果。蘇聯共產黨對於自己有過的錯誤所進行的這一個勇敢的自我批評,表現了黨內生活的高度原則性和馬克思列寧主義的偉大生命力。」「中國共產黨慶祝蘇聯共產黨在反對個人迷信這一個有歷史意義的鬥爭中所得到的重大成就。」[8]

---

[6] 《毛澤東選集》(第五卷),北京:人民出版社,1977年版,第274頁。

[7] 《毛澤東選集》(第五卷),北京:人民出版社,1977年版,第267頁。

[8] 《人民日報》,1956年4月5日。

這篇文章還把蘇聯發生的問題同中國的情況聯繫了起來。指出：「我們有不少的研究工作者至今仍然帶有教條主義的習氣，把自己的思想束縛在一條繩子上面，缺乏獨立思考能力和創造的精神，也在某些方面接受了對於史達林個人迷信的影響。」「我們也必須從蘇聯共產黨反對個人迷信的鬥爭中吸取教訓，繼續開展反對教條主義的鬥爭。」[9]

在此之前，中共中央曾於 1956 年的 1 月，召開了關於知識份子問題的會議。自 1949 年以來，中共實行的知識份子政策是團結、教育、改造，顯然這是把知識份子看作不能完全相信的異己力量。周恩來在會上所作的報告對知識份子重新作了估計，他認為：正在進行的社會主義建設與改造事業，是需要廣大的知識份子參加的，知識份子已經成為我們國家的各方面生活中的重要因素，經過幾年的改造，知識份子中的絕大多數已經成為工人階級的一部分。應該改善對於他們的使用和安排，給予必要的工作條件和適當的待遇，應該給他們應得的信任和支持。他指出，目前在知識份子問題上的主要傾向是宗派主義。[10]

在考慮到蘇聯、東歐的不足和失誤，考慮了中國的情況之後，毛澤東於 1956 年 4 月，提出了他的新方針，即後來著名的《論十大關係》，在這個新方針中，毛澤東談到黨和非黨的關係，主要是共產黨和民主黨派的關係，他提出的方針是長期共存，互相監督。這一點與蘇聯不同，蘇聯不允許其他政黨存在，在二月革命中一同

[9]　《人民日報》，1956 年 4 月 5 日。
[10]　《關於建國以來黨的若干歷史問題的決議》，北京：人民出版社，1985 年版，第 251～252 頁。

推翻沙皇的其他社會主義政黨都被取締。毛澤東說：「在我們國內，在抗日反蔣鬥爭中形成的以民族資產階級及其知識份子為主的許多民主黨派，現在還繼續存在。在這一點上，我們和蘇聯不同。我們有意識地留下民主黨派，讓他們有發表意見的機會，對他們採取又團結又鬥爭的方針。」[11]

4 月 28 日，毛澤東在中共中央政治局擴大會議上說，藝術問題上的「百花齊放」，學術問題上的「百家爭鳴」，應該成為中國發展科學、繁榮文學藝術的方針。5 月 2 日的最高國務會議上，他又把這「十大關係」、「雙百」方針這些意思向黨外的高層人士說了一遍。

在上述種種談話與報告的鼓舞中，使多年來感到壓抑、苦悶的許多知識分子好像感受到了一種新的空氣，他們為之興奮。最能代表當時知識份子心情的是費孝通的〈知識份子的早春天氣〉，費孝通說：「去年 1 月，周總理關於知識份子問題的報告，像春雷般起了驚蟄作用，接著百家爭鳴的和風一吹，知識份子的積極因素應時而動了起來。」「知識份子這種心情是可喜的，這是積極因素，蘊育著進步的要求⋯⋯一年多前知識份子苦惱的是有力使不上；一年來這些問題基本上解決了，現在感覺到自己力量不足，要求提高⋯⋯」「百家爭鳴實實在在地打中了許多知識份子的心，太好了。知識份子的思想改造是從立場這一關改起的。劃清敵我似乎還比較容易一些，一到觀點、方法，就發生唯心和唯物的問題，似乎就不簡單了。比如說，擁護黨、政府，愛國家、人民，對知識份子來說是容易搞得通的，但是要批判資產階級唯心主義思想體系，就有不

---

[11] 《毛澤東選集》（第五卷），北京：人民出版社，1977 年版，第 278～279 頁。

少人弄不大清楚什麼是唯物的，什麼是唯心的那一套。」[12]這說明，費孝通在當時雖已感受到了「早春天氣」，但也意識到，並未到「滿園春色」的時候。多數知識份子還是心有餘悸的。

1956 年 9 月，中國共產黨在北京召開了第八次全國代表大會。毛澤東在八大預備會議上講話，說「對史達林要三七開」。談到學習蘇聯，他說：「當然，是要學習先進經驗，不是學習落後經驗，我們歷來提的口號是學習蘇聯先進經驗，誰要你去學習落後經驗呀？」「他們的主要的、大量的東西，是好的，有用的；部分的東西是錯誤的。」[13]這表明毛澤東決定探索一條同蘇聯模式有區別的社會主義發展道路。在八大開幕詞中，毛澤東說：「蘇聯共產黨在不久以前召開的第二十次代表大會上，又制定了許多正確的方針，批判了黨內存在的缺點。可以斷定，他們的工作，在今後將有極其偉大的發展。」[14]在劉少奇所作的政治報告與鄧小平所作的修改黨章的報告裡也分別表達了堅持集體領導原則和反對個人崇拜的重要意義，以及對「雙百方針」的強調。這多少表明了，至少在當時中共是想在政治上與意識形態上，實行一個更加開發的方針的。

「百家齊放、百家爭鳴」方針公開提出之後，在知識界引起的反應很不一致。一些人在新方針的鼓舞下積極從事創作活動和創造性的研究；一些人歡迎新方針，可是還有疑慮，一時不敢有什麼動

---

[12] 《人民日報》，1957 年 3 月 24 日。

[13] 《毛澤東選集》（第五卷），北京：人民出版社，1977 年版，第 298 頁。

[14] 《中國共產黨第八次全國代表大會文獻》，第 9 頁。轉引自朱正：《1957 年的夏季：從百家爭鳴到兩家爭鳴》，鄭州：河南人民出版社，1998 年版，第 11 頁。

作；一些人對新方針是有抵觸，甚至是抗拒的。[15]在「雙百方針」的鼓勵下，時年二十二歲的王蒙發表了他的處女作《組織部新來的年輕人》，作者在這篇小說中，尖銳地批評了官僚主義，在當時引起了廣泛的注意和爭論，一方面它受到熱烈的歡迎，一方面又受到嚴厲的指責。與此同時，在社會上與民主黨派中也出現了在中共看來所謂離經叛道的言論。

面對上述情況，毛澤東敏銳地認識到，中國也存在著與蘇聯和東歐類似的問題，如果處理不好，中國也會出現波匈事件，這會危急到中國共產黨的統治與社會主義制度，這是他不願意看見的。他說：「關於蘇共二十次代表大會，我想講一點。我看有兩把『刀子』：一把是列寧，一把是史達林。現在，史達林這把刀子，俄國人丟了。哥莫爾卡、匈牙利的一些人就拿起這把刀子殺蘇聯，反所謂史達林主義。」[16]「蘇共『二十大』的颱風一刮，中國也有那麼一些螞蟻出洞。這是黨內的動搖分子，一有機會他們就要動搖。」「黨內黨外那些捧波、匈事件的人捧得好呀！開口波茲南，閉口匈牙利。這一下子就露出頭來了。螞蟻出洞了，烏龜王八都出來了。他們隨著哥莫爾卡的棍子轉，哥莫爾卡說大民主，他們也說大民主。現在情況起了變化，他們不吭聲了，不吭聲不是本心，本心還是要吭聲的。」[17]對於波匈事件對中國的影響，他說：「現在，這個危險是存在的。如果脫離群眾，不去解決群眾的問題，農民就要打扁擔，

---

[15] 朱正：《1957年的夏季：從百家爭鳴到兩家爭鳴》，鄭州：河南人民出版社，1998年版，第12頁。

[16] 《毛澤東選集》（第五卷），北京：人民出版社，1977年版，第321～322頁。

[17] 《毛澤東選集》（第五卷），北京：人民出版社，1977年版，第334頁。

工人就要上街示威，學生就要鬧事。」[18]毛澤東認為，要解除中國
發生波匈事件的危險，「大民主」不可取，所謂的「大民主」，是指
西方資產階級的國會制度。他主張用「小民主」來解決當時面臨的
問題，而所謂的「小民主」，就是整風運動。

第二節　整風運動與儲安平的發言

1956 年 11 月，在中共舉行的八屆二中全會上，毛澤東提出，準
備在 1957 年開展全黨整風運動。「整頓三風：一、整主觀主義，二、
整宗派主義，三、整官僚主義。」[19]採用「和風細雨」的辦法。為了
使震動減小，他甚至想預先出告示，到期再進行整風，中間隔幾個月，
給人留下改正錯誤的時間，希望到正式整風的時候，主觀主義，宗派
主義和官僚主義都大為減少。1957 年 3 月的全國宣傳工作會議上，毛
澤東談到準備開始整風，又一次提出「和風細雨」，並且說這是黨內
整風，「黨外人士可以自由參加，不願意的就不參加。」[20]

4 月 27 日，中共中央發出《關於整風運動的指示》。《指示》
首先指出了這次整風運動的緣由，現在，我們「正處在一個新的劇
烈的偉大的變革之中，社會的關係根本變化了，人們的思想意識也
隨著變化。」我們的黨「為著建設一個偉大的社會主義國家的目標

[18] 《毛澤東選集》（第五卷），北京：人民出版社，1977 年版，第 324～325 頁。
[19] 《毛澤東選集》（第五卷），北京：人民出版社，1977 年版，第 327 頁。
[20] 《毛澤東選集》（第五卷），北京：人民出版社，1977 年版，第 410 頁。

而奮鬥，必須同時改造自己。但是，黨內有許多同志，並不瞭解或者不很瞭解這種新情況和黨的新任務。」同時，因為處於執政黨的地位，「有許多同志就容易採取單純的行政命令的辦法去處理問題，而有一部分立場不堅定的分子，就容易沾染舊社會國民黨作風的殘餘，形成一種特權思想，甚至用打擊壓迫的方法對待群眾。」因此，中央決定「在全黨重新進行一次普遍的，深入的反官僚主義、反宗派主義、反主觀主義的整風運動，提高全黨的馬克思主義的思想水平，改進作風，以適應社會主義改造和社會主義建設的需要。」《指示》認為，「這次整風運動應當以毛澤東同志今年二月在擴大的最高國務會議上和三月在中央召開的宣傳會議上代表中央所作的兩報告為思想的指導，以正確處理人民內部矛盾的問題作為當前整風的主題。」關於整風的方法與目的，《指示》說「這次整風運動，應該是一次既嚴肅認真又和風細雨的思想教育運動，應該是一個恰如其分的批評和自我批評的運動。」因此，只開人數不多的小會，或者個別談心，不開批評大會或者鬥爭大會，避免片面的過火的批評，「堅決實行『知無不言，言無不盡；言者無罪，聞者足戒；有則改之，無則加勉』的原則。」「對於在整風運動中檢查出來犯了錯誤的人，不論錯誤大小，除嚴重違法亂紀者外，一概不給予組織上的處分，並且要給以積極的、耐心的幫助，這樣來達到『懲前毖後，治病救人』的目的。」並強調：「非黨員願意參加整風運動，應該歡迎。但是必須完全出於自願，不得強迫，並且允許隨時自由退出。」[21]

21　《人民日報》，1957 年 5 月 1 日。

　　5 月 4 日，中共中央又發佈了《組織黨外人士繼續對黨的缺點錯誤展開批評》的指示。說：「現在整風開始，中央已同各民主黨派及無黨派領導人士商好，他們暫時（至少幾個月內）不要表示態度，不要在各民主黨派內和社會上號召整風，而要繼續開展對我黨缺點錯誤的批判，以利於我黨整風，否則對於我黨整風是不利的（沒有社會壓力，整風不易收效）。」《指示》又說：「黨外人士參加我黨整風座談會的整風小組，是請他們向我們提意見，做批評，而不是要他們批評他們自己，……如有不便之處，則以不請黨外人士參加整風，而由黨邀請黨外人士開座談會，請他們暢所欲言地對工作上缺點錯誤提出意見為妥。」[22]

　　在這兩個指示發表後，一時間，「大鳴大放」成了中國報刊上最時髦的政治名詞。全國上下都開展了所謂的「大鳴、大放、大字報、大辯論」的運動，人民紛紛響應黨的號召，向各地、各部門黨組織與各級政府提意見，表達多年來積壓在他們心中的不滿和困惑。

　　為了貫徹中共中央的指示，與此同時，中共中央統戰部也開始邀請各民主黨派負責人和無黨派民主人士舉行座談會，請他們幫助中國共產黨整風。為了鼓勵人們說話，毛澤東說：「整風總的題目是要正確處理人民內部矛盾，反對三個主義。」「現在已造成批評的空氣，這種空氣應該繼續下去。揭露出來的矛盾在報上發表，可以引起大家的注意，不然官僚主義永遠不得解決。」「非黨員自願參加，自由退出。」「有意見就說，黨內外打成一片。」[23]

---

[22]　《毛澤東文集》（第七卷），北京：人民出版社，1999 年版，第 296～297 頁。

[23]　薄一波：《若干重大決策與事件的回顧》（下），北京：中共中央黨校出版社，1993 年版，第 607 頁。

　　1957 年 5 月 9 日的《人民日報》以〈傾聽黨外意見，推進整風運動〉為題，報導了在 5 月 8 日，由中共中央統戰部召開的首次各民主黨派負責人座談會。中國民主同盟副主席章伯鈞首先發言，他說：「幾年來，有些民主黨派的成員在國家事務中確實沒有很好地發揮作用，他們是有能力的，但是沒有條件。例如某機關的一個計畫科長，因為是非黨員，不能參加國家計劃委員會召開的他本應參加的有關會議，很感苦惱。過去選拔留學生，學校留助教，都是首先考察政治條件，有些有能力、有專長的人，常被認為歷史複雜而不能入選，非黨人士出國學習的機會不多。非黨幹部要得到提拔很困難，黨員提升得快，好像只有黨員才有能力，有辦法。」中國民主建國會副主任委員章乃器則說：「我是有職有權的。在糧食部裡，黨組和我的關係是正常的，黨組管思想政治領導，我管行政領導，黨組和我有了分歧意見，要能說服我，我才同意。但是我這個有職有權是鬥爭得來的。」他認為，4 月 22 日《人民日報》社論〈工商業者要繼續改造，積極工作〉中教條主義不少。民革中央常委陳銘樞談到了高等學校的黨委制問題，他說，機關中的黨組同學校中的黨委制有很大區別，機關中的黨組今後仍應該存在。學校中的工作他認為應該更多地依靠教師和學生。陳銘樞的這個發言，後來被說成是「取消學校黨委制」。九三學社中央主席許德珩在發言中，則談到了「長期共存」的問題，他說：「去年以來，九三學社有二百多人參加了中國共產黨，這是進步。但是他們入黨以後，有些人就要退出原來在社中擔任的工作，南京和杭州兩位九三學社的主任委員入黨後都退出去了。長期共存究竟怎樣共存法？」[24]從上

────────────

24　《人民日報》，1957 年 5 月 9 日。

述發言中，不難看出，當時民主人士的批評意見，大都還是不痛不
癢的，更加激烈的批評和言論還在後面。

　　為了鼓勵人們進一步大鳴大放，中共中央統戰部接二連三地召
開了民主黨派負責人士的座談會，希望民主人士繼續向黨提意見。
《人民日報》不僅對這些民主人士的發言予以報導，而且還發表社
論與文章，積極支持民主人士大鳴大放，如 5 月 17 日，《人民日報》
就以本報評論員名義發表〈歡迎非黨同志幫助我們整風〉，社論說：
「目前，許多中央機關以及一部分地方黨組織，都正在邀請各方面
的非黨同志舉行座談會，傾聽他們對黨的批評，實際上，這就是吸
收非黨同志參加整風運動的一種很好的形式。」[25]

　　在一再這樣熱情的鼓勵下，民主人士開始逐漸消除他們原有的
顧慮，開始將壓抑在他們心頭多年的心聲吐了出來，一些在中共看
來大膽、無忌的言論出現了。

　　在 5 月 16 日召開的座談會上，中國國民黨革命委員會中央常
委黃紹竑就黨政關係提出了自己的見解，他認為不能以黨代政，
「中國人民革命的勝利，是由於中國共產黨的領導，中國的社會
主義建設，也必需有中國共產黨的英明的堅強的領導，這是毫無
疑問的，如果有人懷疑黨的領導權問題，那就與憲法的規定違背
了。」「但是，領導方法是可以研究的。我所以提黨政關係問題，
絕不涉及黨的領導權問題，而是領導方法問題。我覺得過去某些
地方某些工作上，沒有通過人民、通過政府，而直接向人民發號
施令，……這樣對於動員和團結全國人民完成國家過渡時期總任

---

[25]　《人民日報》，1957 年 5 月 17 日。

務是有妨害的,這樣會造成很多的官僚主義、宗派主義、主觀主義問題,希望在整風中對黨政的關係檢查一下,並且明確地把它規定下來。」[26]

　　5月21日下午,在中共中央統戰部召集的各民主黨派負責人座談會第八次會議上,時任全國政協副主席、中國農工民主黨主席、中國民主同盟第一副主席兼《光明日報》社社長的章伯鈞,提出了關於「政治設計院」的設想。章伯鈞首先說道:「今天,我談個人的意見。近二十天來,全國各地都在討論人民內部矛盾,幫助共產黨整風,提出了很多意見,看來是正常的。共產黨的領導,共產黨的政策,共產黨的批評和自我批評精神,民主精神,已經取得了極大的效果。……鳴,放,並不影響共產黨的領導,而是愈益提高了共產黨的威信。」在談及「政治設計院」時,他說:「現在工業方面有許多設計院,可是政治上的許多設施,就沒有一個設計院。我看政協、人大、民主黨派、人民團體,應該是政治上的四個設計院應該多發揮這些設計院的作用。一些政治上的基本建設,要事先交他們討論,三個臭皮匠,合成一個諸葛亮。」[27]章伯鈞的這段話,後來成了著名右派觀點。其實,毛澤東是不反對「政治設計院」本身的,他反對的是別人提出的「政治設計院」,他在這年10月13日召開的最高國務會議上,作題為《堅定地相信群眾的大多數》的講話裡,就說:「這個農業發展綱要草案,是中國共產黨提出,是中共中央這個政治設計院設計出來的,不是章伯鈞那個『政

---

[26] 《人民日報》,1957年5月17日。

[27] 《人民日報》,1957年5月22日。

治設計院』設計出來的。」[28]也就是說,「政治設計院」應該由他和中共中央來設計。

　　5 月 22 日,在中共中央統戰部召開的民主黨派負責人第九次座談會上,中國民主同盟的另一位副主席羅隆基在發言中,則提出了應該成立「平反委員會」的觀點。針對有人提出的打擊報復問題,羅隆基認為應由人民代表大會和政治協商委員會成立一個委員會,這個委員會不但要檢查過去「三反」、「五反」、「肅反」運動中的偏差,它還將公開申明,鼓勵大家有什麼委屈都來申訴。這個委員會包括領導黨,也包括民主派和各方面人士。他以為這樣做有三個好處:一、可以鼓勵大家提意見,各地知識份子就不會顧慮有話無處說,而是條條大路通北京了;二、過去「三反」、「五反」、「肅反」雖然有很大的成績,但是也發生了副作用,使人不敢講話。有人擔心在這次的「放」和「鳴」以後,還有「收」和「整」。在過去運動中受了委屈的,要給他們「平反」,就可以使他們減少同黨和政府的隔膜。三、現在誰都不能保證在下級機關裡不發生打擊報復事件,有這個機構,敢於打擊報復的人,知所畏懼;受到打擊報復的人就有路可走,他們可以提出控告。他以為,這樣既檢查了肅反運動中的遺留問題,又配合了整風。[29]羅隆基的這個觀點,在隨後的反右運動中,作為他的代表言論,受到了集中的批判。

　　5 月底,中共中央統戰部在查對重要民主人士名單後,發現九三學社中央宣傳部副部長、中國民主同盟成員、《光明日報》總編

---

[28]　《毛澤東選集》(第五卷),北京:人民出版社,1977 年版,第 493～494 頁。
[29]　《人民日報》,1957 年 5 月 23 日。

輯儲安平尚未發言。於是,中共中央統戰部打電話給儲安平,請他務必在 6 月 1 日召開的座談會上發言,在一番推託之後,儲安平答應了下來。

關於這次發言,儲安平後來交代說:「解放以後,一般來說,我很少在外面說話。鳴放展開以後,也很少講話。九三、作家協會來邀,都未發言,多少採取逃避的態度。一則我對發言的積極性不高,二則我也沒有什麼具體的問題要談。所以統戰部座談會開得很久,我一直沒有去。5 月 30 日上午統戰部來電話要我去。我答應去,但說明不發言,下午聽說 6 月 1 日還要開會。統戰部彭處長希望我 6 月 1 日發次言。我 31 日上午還在報社工作,31 日下午在家寫發言稿,那天下午和晚上一直在家,沒有外出。伯鈞同志說我的發言稿羅隆基看過,並無此事。關於黨的成績方面,稿子頭上原有個帽子,因自知版面擠,怕登在報上嫌長,刪掉了。」[30]

《光明日報》在當時本是中國各民主黨派的中央機關報,但是在儲安平出任《光明日報》總編輯之前,它的前三任總編輯,胡愈之、邵宗漢、常芝青都是中共黨員。關於儲安平擔任《光明日報》總編輯的情況,有人說:「1957 年 3 月 10 日,毛澤東在接見新聞出版界人士時,忽然問起《光明日報》總編輯常芝青:『你是不是共產黨員?』 常芝青當即據實回答:『是。』緊接著,毛澤東說道:『共產黨替民主黨派辦報,這不好吧!』」於是,「就在毛澤東說了那句之後的第二十天,儲安平走馬上任《光明日報》總編輯。」[31]

---

[30] 中華全國新聞工作者協會研究部、中國人民大學新聞系合編:《右派分子儲安平的言行》,光明日報社印,1957 年 9 月,第 53 頁。

[31] 葉永烈:《反右派始末》(上),烏魯木齊:新疆人民出版社,2000 年版,

但實際上，在此之前，已經有人提議由儲安平擔任《光明日報》的總編輯。據儲安平自己在 1957 年 6 月 15、16 日光明日報社務委員會上的發言中說：「去年 6 月，喬木同志到我家裡去，徵求我去光明日報工作的意見，我答應了。此後領導上安排我到青島去住下，先把新疆的材料寫完。去年 11 月，伯鈞同志來信，各民主黨派公推我擔任光明日報總編輯，我覆信接受這個工作，而且表示願意做好。2 月底回到北京，政協會議以後於 4 月 1 日到光明日報。」[32]他同時交代他當時是抱著兩點想法來光明日報社的，一、和大家團結商量，走群眾路線；二、發揮集體領導的精神。

儲安平在座談會上的發言稿，題目為《向毛主席、周總理些意見》，儲安平是不鳴則已，一鳴驚人，他說：「最近大家對小和尚提了不少意見，但對老和尚沒有人提意見。我現在想舉一件例子，向毛主席和周總理請教。」[33]其實，儲安平把毛主席、周總理比著「老和尚」，是套用毛澤東自己的話。「1957 年 4 月 30 日，在天安門城樓上，毛澤東面對各民主黨派的負責人，回顧前些日子的鳴放時很

第 113～114 頁。

[32] 中華全國新聞工作者協會研究部，中國人民大學新聞系合編：《右派分子儲安平的言行》，光明日報社印，1957 年 9 月，第 53 頁。

[33] 中華全國新聞工作者協會研究部、中國人民大學新聞系合編：《右派分子儲安平的言行》，光明日報社印，1957 年 9 月，第 2 頁。又載謝泳編：《儲安平：一條河流般的憂鬱》，北京：中國青年出版社，1999 年版，第 254 頁。張新穎編：《儲安平文集》（下），上海：東方出版中心，1998 年版，第 331 頁。及《光明日報》，1957 年 6 月 2 日。

風趣地說了這麼一句:『大家對小和尚提了不少意見,希望對老和
尚也提些意見。』毛澤東說罷,引起一番大笑聲。」[34]

他向毛主席、周總理請教的是:「解放以前,我們聽到毛主席
倡議和黨外人士組織聯合政府。一九四九年開國以後,那時中央人
民政府六個副主席中有三個黨外人士,四個副總理中有兩個黨外人
士,也還像個聯合政府的樣子。可是後來政府改組,中華人民共和
國的副主席只有一位,原來中央人民政府的幾個非黨副主席,他們
的椅子都搬到人大常委會去了。這且不說,現在國務院副總理有十
二位之多,其中沒有一個非黨人士,是不是非黨人士中沒有一人可
以坐此交椅,或者沒有一個可以被培植來擔任這樣的職務?從團結
黨外人士、團結全國的願望出發,考慮到國內和國際的觀感,這樣
的安排是不是還可以研究?」[35]儲安平在發言中,批評「黨天下」,
他說:

> 解放以後,知識份子都熱烈地擁護黨,接受黨的領導。但是
> 這幾年來黨群關係不好,成為目前我國政治生活中急需調整
> 的一個問題。這個問題的關鍵究竟何在?據我看來,關鍵在
> 「黨天下」的這個思想問題上。我認為黨領導國家並不等於

---

[34] 葉永烈:《反右派始末》(上),烏魯木齊:新疆人民出版社,2000 年版,
第 115 頁。

[35] 中華全國新聞工作者協會研究部、中國人民大學新聞系合編:《右派分子儲
安平的言行》,光明日報社印,1957 年 9 月,第 2 頁。又載謝泳編:《儲安
平:一條河流般的憂鬱》,北京:中國青年出版社,1999 年版,第 254 頁。
張新穎編:《儲安平文集》(下),上海:東方出版中心,1998 年版,第 331
頁。及《光明日報》,1957 年 6 月 2 日。

這個國家即為黨所有；大家擁護黨，但並沒忘了自己也還是國家的主人。政黨取得政權的主要目的是實現它的理想，推行它的政策。為了保證政策的貫徹，鞏固已得的政權，黨需要使自己經常保持強大，需要掌握國家機關中的某些樞紐，這一切都是很自然的。但是在全國範圍內，不論大小單位，甚至一個科一個組，都要安排一個黨員做頭兒，事無巨細，都要看黨員的顏色行事，都要黨員點了頭才算數，這樣的做法，是不是太過份了一點？在國家大政上，黨外人士都心心願願跟著黨走，但跟著黨走是因為黨的理想偉大、政策正確，並不表示黨外人士就沒有自己的見解，就沒有自尊心和對國家的責任感。這幾年來，很多黨員的才能和他們所擔當的職務很不相稱，既沒有做好工作，使國家受到損害，又不能使人心服，加劇了黨群關係的緊張。但其過不在那些黨員，而在黨為什麼要把不相稱的黨員安置在各種崗位上。黨這樣做，是不是有「莫非王土」那樣的想法，從而形成了現在這樣一個一家天下的清一色局面。我認為，這個「黨天下」的思想問題是一切宗派主義現象的最終根源，是黨和非黨關係之間的基本所在。今天宗派主義的突出，黨群關係的不好，是一個全國性的現象。共產黨是一個有高度組織紀律的黨，對於這樣一些全國性的缺點，和黨中央的領導有沒有關係？

　　他認為要解決黨和非黨的矛盾，關鍵取決於黨的態度。他指出：「只要有黨和非黨的存在，就有黨和非黨的矛盾，這種矛盾不

可能完全消滅，但是處理得當，可以緩和到最大限度。黨外人士熱烈歡迎這次黨的整風。我們都願意在黨的領導下，盡其一得之愚，期對國事有所貢獻。但在實際政治生活中，黨的力量是這樣強大，民主黨派所能發揮的作用，畢竟有其限度，因而這種矛盾怎樣緩和、黨群關係怎樣協調，以及黨今後怎樣更尊重黨外人士的主人翁地位，在政治措施上怎樣更寬容，更以德治人，使全國無論是才智之士抑或孑孑小民都能融融樂樂各得其所，這些問題，主要還是要由黨來考慮解決。」[36]

儲安平的這個批評「黨天下」的發言，把當時正在如火如荼進行的大鳴大放推上了最高潮。時任北京大學校長的馬寅初在聽完他的發言後，連連用英語稱讚道：「Very good！Very good！」，興奮之情溢於言表。第二天，《人民日報》和《光明日報》都全文刊登了儲安平的發言，中央人民廣播電臺也在當時的新聞節目中播出了儲安平的這個題為《向毛主席、周總理提些意見》的發言。一時間，儲安平的名字，如同他當年在《觀察》時期一樣，再次響徹在大江南北。

就在儲安平發言後的兩天，即6月3日，由中共中央統戰部召開的民主黨派負責人座談會終於落下了帷幕，時任中共中央統戰部部長的李維漢在會上作了總結發言。他說：「中共誠意地歡迎各民

[36] 中華全國新聞工作者協會研究部、中國人民大學新聞系合編：《右派分子儲安平的言行》，光明日報社印，1957年9月，第1～2頁。又載謝泳編：《儲安平：一條河流般的憂鬱》，北京：中國青年出版社，1999年版，第253～254頁。張新穎：《儲安平文集》(下)，上海：東方出版中心，1998年版，第330～332頁。及《光明日報》，1957年6月2日。

主黨派和黨外人士的監督和幫助。最近幾個月裡，全國範圍內民主黨派和黨外人士所提出的大量的批評和意見，就充分地說明了這種批評和意見大大有助於中共克服自己隊伍中的主觀主義、官僚主義和宗派主義，進一步加強和鞏固自己在全國人民和社會主義建設中的核心領導作用。」他的講話，在「我向朋友們致衷心的感謝」聲中結束。[37]

在這樣的感謝聲中，恐怕當時沒有一個已經向中共推心置腹的民主人士會預料到，一場巨大的政治風暴即將來臨，誰也無法逃脫。

第三節　反右運動的開始與對儲安平的批判

事實上，還在民主人士對黨和國家政策大鳴大放的時候，毛澤東和中共中央就已經作出了反擊的策略和部署。1957 年 1 月 27 日，毛澤東在省市自治區黨委書記會議上，就說：「對民主人士，我們要讓他們唱對臺戲，放手讓他們批評。如果我們不這樣做，就有點像國民黨了。國民黨很怕批評，每次開參政會就誠惶誠恐。民主人士的批評也無非是兩種：一種是錯的，一種是不錯的。不錯的可以補足我們的短處；錯的要反駁。至於梁漱溟、彭一湖、章乃器那一類人，他們有屁就讓他們放，放出來有利，讓大家聞一聞，是

---

[37]　葉永烈：《反右派始末》（上），烏魯木齊：新疆人民出版社，2000 年版，第 117 頁。

香的還是臭的，經過討論，爭取多數，使他們孤立起來。他們要鬧，就讓他們鬧夠。多行不義必自斃。他們講的話越錯越好，犯的錯誤越大越好，這樣他們就越孤立，就越能從反面教育人民。」[38]

1957 年 5 月 15 日，毛澤東正式作出了反擊的指示，這體現在他所寫的文件〈事情正在起變化〉一文中。不過這個指示文件在當時並沒有公開發表，二十年之後，即 1977 年 4 月《毛澤東選集》第五卷出版時，才使此文第一次大白於天下。

在這份指示文件中，毛澤東分析了當時的情況，說：「幾個月以來，人們都在批判教條主義，卻放了修正主義。教條主義應當受到批判，不批判教條主義，許多錯事不能修正。現在應當開始注意批判修正主義。……最近這個時期，在民主黨派中和高等學校中，右派表現得最堅決最猖狂。他們以為中間派是他們的人，不會跟共產黨走了，其實是做夢。中間派中有一些人是動搖的，是可左可右的，現在在右派倡狂進攻的聲勢下，不想說話，他們要等一下。現在右派的進攻還沒有達到頂點，他們正在興高采烈。黨內黨外的右派都不懂辯證法：物極必反。我們還要讓他們猖狂一個時期，讓他們走到頂點。他們越猖狂，對於我們越有利。人們說：怕釣魚，或者說：誘敵深入、聚而殲之。現在大批的魚自己浮到水面上來了，並不要釣。這種魚不是普通的魚，大概是鯊魚吧，具有利牙，歡喜吃人。」接下來，他指出：「這一次批評運動和整風運動是共產黨發動的。毒草共香花同生，牛鬼蛇神與麟鳳龜龍並長，這是我們所料到，也是我們所希望的。畢竟好的是多數，壞的是少數。人們說

---

[38]　《毛澤東選集》（第五卷），北京：人民出版社，1977 年版，第 355 頁。

釣大魚，我們說鋤毒草，事情一樣，說法不同。有反共情緒的右派分子為了達到他們的企圖，他們不顧一切，想要在中國這塊土地上刮起一陣害禾稼、毀房屋的七級以上的颱風。他們越做得不合理，就會越快地把他們拋到過去假裝合作、假裝接受共產黨領導的反面，讓人民認識他們不過是一小撮反共反人民的牛鬼蛇神而已。那時他們就會把自己埋葬起來。」他警告道：「右派有兩條出路。一條，夾緊尾巴，改邪歸正。一條，繼續胡鬧，自取滅亡。右派先生們，何去何從，主動權（一個短期內）在你們手裡。」[39]

就在毛澤東寫出〈事情正在起變化〉這個指示文件的第二天，也就是 5 月 16 日，毛澤東又起草了〈中共中央關於對待當前黨外人士批評的指示〉，從這個〈指示〉中，可以看出毛澤東在做出反右決心之時，也仍然懷著聽取黨外人士的批評以克服那些弊端的願望。例如，他說：「黨外人士對我們的批評，不管如何尖銳，包括北京大學傅鷹教授在內，基本上是誠懇的，正確的。這類批評佔百分之九十以上，對於我黨整風，改正缺點錯誤，大有利益。從揭露出來的事實看來，不正確地甚至是完全不合理地對黨外人士發號施令，完全不信任和不尊重黨外人士以致造成深溝、高牆，不講真話，沒有友情，隔閡得很。黨員評級評薪提拔等事均有特權，黨員高一等，黨外低一等。黨員盛氣凌人，非黨員做小媳婦。學校我黨幹部教員助教講師教授資歷低，學問少，不向資歷高學問多的教員教授學習，反而向他們擺架子。以上情況，雖非全部，但甚普遍。這種錯誤方向，必須完全搬（扳）過來，而且越快越好。」但是，反擊

---

[39]　《毛澤東選集》（第五卷），北京：人民出版社，1977 年版，第 427 頁。

是必然的，只不過時間尚未定，「最近一些天以來，社會上有少數
帶有反共情緒的人躍躍欲試，發表一些帶有煽動性的言論，企圖將
正確解決人民內部矛盾、鞏固人民民主專政、以利社會主義建設的
正確方略，引導到錯誤方向去，此點請你們注意，放手讓他們發表，
並且暫時（幾個星期內）不要批駁，使右翼分子在人民面前暴露其
發動面目，過一個時期再研究反駁問題。……為了研究問題，請你
們多看幾種報紙。有些地方例如上海黨外批評相當緊張，應當好好
掌握形勢，設法團結多數中間力量，逐步孤立右派，爭取勝利。」[40]

　　從上述指示的文字中，不難看出，當時毛澤東正在等待反擊右
派言論的時機，這個時機既要等待右派分子更激烈的批評，也包括
反擊的突破口。這個突破口終於來了，它就是所謂的「盧郁文匿名
信事件」。

　　盧郁文，1900 年 11 月生，河北昌黎人，早年和儲安平一樣，
畢業於英國倫敦大學政治經濟學院，曾在國民黨政府的一些機構中
任職。1949 年 4 月，作為南京國民政府和談代表團秘書長，前往
北京與中共談判，後留在北京。1949 年 9 月，任第一屆全國政協
特邀委員，同年 10 月，任政務院參事，民革中央候補委員。1955
年，任國務院秘書長助理，全國政協委員，民革中央委員。1959
年，任國務院副秘書長，第二屆全國人大代表，全國政協委員，民
革中央常委兼副秘書長。1964 年，任全國政協常委兼副秘書長，
民革中央常委兼副秘書長。1968 年 10 月 6 日，逝世。

---

40 葉永烈：《反右派始末》（下），烏魯木齊：新疆人民出版社，2000 年版，
　第 782～783 頁。

1957 年 5 月 25 日，盧郁文在中國國民黨革命委員會中央小組擴大會議上，作了「正面發言」。在發言中，盧郁文批評了那些向黨提意見的民主人士沒有看見自己的缺點，很容易片面。他提醒大家要區別社會主義民主和資產階級民主，警惕擺脫黨的領導的想法。盧郁文的發言，在當時引起了一些人的反感，雙方為此曾有過激烈的爭論。6 月 6 日，盧郁文在國務院黨外人士座談會上發言，聲稱他最近收到了一封匿名恐嚇信，對這個在當時轟動一時的「匿名信事件」，第二天，即 6 月 7 日的《人民日報》給予了比較詳細的報導。報導稱：

> 這封匿名信攻擊盧郁文五月二十五日在民革中央小組擴大會議上的發言，盧郁文在那次發言中曾認為拆「牆」是兩方面的事，並且不同意有些人只許批評中共、不許批評批評者的主張。匿名信辱罵盧郁文「為虎作倀」，是「無恥之尤」，並恫嚇盧郁文「及早回頭」，還說否則「不會饒恕你的」。這封匿名信還說，「共產黨如果只認你這班人的話」，「總有一天會走向滅亡」。

> 盧郁文在讀完這封匿名信以後對大家說，因為我在民革中央小組座談會上說了幾句實事求是的話，對於不同意的意見提出了批評，就遭到了漫罵，罵我是言不由衷，對黨不實，對國不忠。現在又有人寫這封匿名信來威嚇我，辱罵我。盧郁文說，整風中向黨提意見應當實事求是，有不同的情況就有不同的意見，自己鳴，也要讓別人鳴。他說：「我不理解有人為什麼只許說反面話不許說正面話，對講了正面話的人就

> 這樣仇視，有的人辱罵我，有的人威嚇我，有的裝出『公正』
> 的態度來箝制我的發言，難道我們不應該站在社會主義的立
> 場上嗎？難道不是因為我們有了社會主義的共同立場，所以
> 許多問題才能是人民內部矛盾嗎？既然是人民內部矛盾，
> 為什麼要如此漫罵？」他還說，另外還有的人要求下轎、
> 下臺，這樣怎麼能夠達到團結呢？盧郁文說，我們應當深
> 思，我們對共產黨的批評究竟是從什麼地方出發？要到什
> 麼地方去呢？[41]

這個「匿名信事件」後來成了毛澤東反擊右派的一個突破口。
一場轟轟烈烈的反右運動就此全面展開。[42]

1957 年 6 月 8 日，《人民日報》在頭版頭條發表了〈這是為什
麼〉的社論，標誌著轟轟烈烈的，一場全國規模的反右運動的正式
開始。社論一開始，就以盧郁文「匿名信事件」作為反右運動的突
破口。它寫道：「中國國民黨革命委員會中央委員、國務院秘書長
助理盧郁文因為五月二十五日在『民革』中央小組擴大會議上討論
怎樣幫助共產黨整風的時候，發表了一些與別人不同的意見，就有
人寫了匿名信來恐嚇他，這封信說：『在報上看到你在民革中央擴

41　《人民日報》，1957 年 6 月 7 日。

42　反右運動的發生還有其他一些原因，默爾‧戈德曼指出：「黨的政策的突然
　　轉變，還有經濟持續困難的原因。黨把這些困難主要歸咎於知識份子批評
　　所造成的有害影響，認為經濟發展需要思想統一、熱情向上，而知識份子
　　的批評破壞了思想統一的熱忱。黨還想把人們的不滿從政府身上引開，轉
　　移到知識份子身上。」載費正清、麥克法誇爾主編：《劍橋中華人民共和國
　　史（1949—1965）》，王建朗等譯，上海：上海人民出版社，1990 年版，第
　　271 頁。

大會議上的發言，我們十分氣憤。我們反對你的意見，我們完全同意譚惕吾先生的意見。我們覺得：你就是譚先生所指的那些無恥之徒的典型。你現在已經爬到國務院秘書長助理的寶座了。你在過去，在製造共產黨與黨外人士的牆和溝是出了不少力氣的，現在還敢為虎作倀，真是無恥之尤。我們警告你，及早回頭吧！不然人民不會饒恕你的！」社論質問道：「在共產黨的整風運動中，竟發生這樣的事件，它的意義十分嚴重。每個人都應該想一想：這究竟是為什麼？」[43]

　　社論在批駁匿名信中所指盧郁文為無恥之尤、為虎作倀之後，指出：「我們所以認為這封恐嚇信是當前政治生活中的一個重大事件，因為這封信的確是對於廣大人民的一個警告，是某些人利用黨的整風運動進行尖銳的階級鬥爭的信號。這封信告訴我們：國內大規模的階級鬥爭雖然已經過去了，但是階級鬥爭並沒有熄滅，在思想戰線上尤其是如此。」社論最後強調，「非常明顯，儘管有人叫共產黨『下臺』，有人向擁護共產黨的人寫恐嚇信，這些決不會使共產黨和人民群眾發生任何動搖，共產黨仍然要整風，仍然要傾聽黨外人士的一切善意批評，而人民群眾也仍然要在共產黨的幫助下堅持社會主義的道路。那些威脅和辱罵，只是提醒我們，在我們的國家裡，階級鬥爭還在進行著，我們還必須用階級鬥爭的觀點來觀察當前的各種現象，並且得出正確的結論。」[44]

---

[43]　《人民日報》，1957 年 6 月 8 日。
[44]　《人民日報》，1957 年 6 月 8 日。

　　同一天，中共中央又發出了實際上由毛澤東起草的〈關於組織力量反擊右派分子的倡狂進攻的指示〉，對反右運動的性質與意義作了進一步的說明：

> 這是一個偉大的政治鬥爭和思想鬥爭。只有這樣做，我黨才能掌握主動，鍛煉人才，教育群眾，孤立反動派，使反動派陷入被動。過去七年，我們形式上有主動，實際上至少有一半是假主動。反動派是假投降，中間派的許多人也不心悅誠服。現在形勢開始改變，我們形式上處於被動，實際上開始有了主動，因為我們認真整風。反動派頭腦發脹，極為猖狂，好似極為主動，但因他們做得過分，開始喪失人心，開始處於被動。各地情況不同，你們可以靈活運用策略，靈活做出部署。總之，這是一場大戰（戰場既在黨內，又在黨外），不打勝這一仗，社會主義是建不成的，並且有出「匈牙利事件」的某些危險。現在我們主動的整風，將可能的「匈牙利事件」主動引出來，使之分割在各個機關各個學校去演習，去處理，分割為許多小「匈牙利」，而且黨政基本上不潰亂，只潰亂一小部分（這部分潰亂正好，擠出了膿包），利益極大。這是不可避免的，社會上既有反動派存在，中間分子又未必受到現在這樣的教訓，黨又未受到現在這樣的鍛煉，亂子總有一天要發生。[45]

---

[45]　《毛澤東選集》（第五卷），北京：人民出版社，1977 年版，第 432～433 頁。

　　就在《人民日報》6 月 8 日發表〈這是為什麼〉的社論前兩天，
也即 6 月 6 日，儲安平還在由《光明日報》邀請召開的各民主黨派
搞宣傳工作的同志座談會上，就如何改進《光明日報》的問題，談
了他當時的看法。從這篇講話的內容來看，儲安平在那時還根本未
想到他 6 月 1 日發言的嚴重後果。他認為：「民主黨派有兩方面的
作用：一方面，作為黨的助手，要起推動、教育、改造成員的作用，
另方面，代表成員及所聯繫的群眾的要求和意見。總的來說，民主
黨派在推動成員加強思想改造方面做的比較好一些，而代表成員反
映意見、要求做的是不多的。在今天報紙要更好地報導民主黨派的
要求和消息。」他企望報紙能發揮批評的功能，他說：「就現在情
況來看寫社論是比較困難的。因為，光明日報過去的社論，一種是
教條，四平八穩；再一種是說共產黨的好話，歌功頌德。批評監督
的社論沒有，要寫批評監督的社論，必須社務委員會支持。」[46]他
還想有批評的權利，卻完全沒料到等待他的將是猛烈的批判，他必
須為他的「直言」付出代價，那就是肉體生命的最終消逝。

　　對儲安平的批判也是從 6 月 8 日開始的。當天上午，王崑崙就
在民革中央小組擴大會議上，率先對儲安平的發言進行了批駁，他
認為儲安平「黨天下」的說法是抹殺事實：「我們各民主黨派和無
黨派民主人士在共產黨領導下都參加了政權，由共產黨領導的多黨
聯合政權，而無論在朝在野的區別，這是不是聯合政府？這是清一
色的局面嗎？」同一天下午，在九三學社和北京分社的委員舉行的

---

[46] 中華全國新聞工作者協會研究部、中國人民大學新聞系合編：《右派分子儲
　　安平的言行》，光明日報社印，1957 年 9 月，第 20 頁。

座談會上，孫承佩、李祖蔭、周培源等人也批評儲安平，李祖蔭認為儲安平的發言是憑空之談，主觀之見，沒有從實際出發，沒有物質基礎。周培源則認為儲安平的發言是有問題的，不是單純措辭上的問題，而是思想上的問題。而不同意對儲安平批評的人，則有九三學社中央委員陳明紹與候補中央委員顧執中等人，顧執中認為現在還是「言者有罪」，他對人民日報開始批評一些人的錯誤觀點表示懷疑，他認為這樣做會影響大家暢所欲言。[47]自然，陳明紹與顧執中等人隨後也遭到了批判。

從這時開始，當時的報紙和雜誌上都成篇累牘的報導了對儲安平，以及其他右派分子的批判。我們看到，這其中既有工人、農民、中學教師、部隊士兵，普通市民的批判，也有許多的民主人士紛紛發言，同聲譴責，更有來自儲安平家鄉人民對他的憤怒聲討，而在對儲安平的批判聲中，既有批判他「黨天下」發言的，也有從歷史上出發，對儲安平在《觀察》時期的言論與表現進行清算的，認為他在民主革命時期就是右派等等。本文將選擇一些有代表性的批判言論與人物，來力圖再現當時真實的歷史場景。

6月8日，《人民日報》發表了〈這是為什麼〉的社論，與此同時，這一天的《人民日報》就刊登了對儲安平的批評文章，其速度之快，不得不讓後來的人們覺得這是一場有預謀的反擊。在〈一個工人對儲安平發言的意見〉一文中，作者認為儲安平發言的精神是錯誤的，特別是對儲安平談到的「一家天下的清一色局面」、「黨

---

[47] 《人民日報》，1957年6月9日。

天下」等。作者氣憤地指出，儲安平的發言中還拿黨的領袖開玩笑，實在太不應該：

> 儲安平先生的發言中，把共產黨的黨員稱做小和尚，把共產黨的領導人當作老和尚。請編者和讀者們，咱們大家來討論討論吧，這究竟是什麼意思？……毛主席、周總理是全國人民熱愛的領袖，廣大幹部是忠心為人民服務的勤務員，我們工人是不容許儲安平先生對他們這樣無禮！[48]

1957 年 6 月 11 日的《中國青年報》則發表了三封分別代表中學教師、部隊士兵與農民對儲安平的批評信件。北京第五中學的八位教師在〈只有新中國，民主人士才能成為國家的主人〉的信中，認為在全國範圍看來，黨群關係是好的。他們分析了儲安平為什麼會有「黨天下」的思想，指出：

> 首先是因為儲安平先生把黨的利益與人民利益對立起來了，是因為儲先生對「以工人階級為領導，以工農聯盟為基礎的人民民主專政」這句話在思想感情的深處還沒接受。他雖然在口頭上也承認接受黨的領導，但在實際上卻是有意無意的在和黨爭奪領導權。他所看到的只是幾把交椅，他所考慮的只是怎樣平分秋色，至於從人民利益的觀點去考慮看來是不夠的。我們認為誰能真心為人民服務忠心人民事業，誰就可以做人民的勤務員。如果像儲安平先生那樣，所考慮的

---

[48] 《人民日報》，1957 年 6 月 8 日。

　　只是十二把交椅而不是人民利益，那麼人民是不會允許他們來做領導的。

　　來信最後說道：「我們的意見不一定正確，不過我們認為幫助黨整風是應該從團結的願望出發，如果懷著宗派主義情緒去進行批評是不會得到有利於人民的效果的。」署名為肖紀的一位部隊人員在信中則說：

　　我是中國人民解放軍的一個軍官，我認為儲先生提出的所謂「黨天下」的說法，其實質是反對共產黨領導下的勞動人民的天下。中國人民和中國青年從自己切身經歷中深知：只有共產黨的堅強領導，勞動人民才能坐得穩天下；只有共產黨當家作主，勞動人民才能當家作主。……儲安平先生卻把這種核心力量看成「一家天下的清一色」和「黨天下」，顯然是和事實不符合的。我們國家的領導機關是包括各方面的代表人物的，現在有些人卻在幫助黨整風的名義下，散佈反黨和爭奪國家領導權的錯誤言論，這是很不應該的。儲安平先生還錯誤地把個別黨組織和黨員的缺點與黨中央的領導混為一談，企圖把一切錯誤加在黨中央頭上，尤其作為一個高級知識份子，竟不禮貌地用「大和尚」、「小和尚」的惡毒語言侮辱我們敬愛的領袖和革命幹部，這不能不引起我們極大的憤慨。我深信：有著全國廣大勞動人民支持的中國共產黨是誰也罵不到的。

　　而七位農民的來信在不同意「大和尚」、「小和尚」的提法後，指出：

> 在八年建國的各項工作當中，是有缺點的。正是為了糾正過去的缺點，黨中央才提出整風運動，請黨外人士大鳴大放幫助共產黨整風。黨的這個措施，在歷史上任何資本主義國家，都是沒有過的。這說明了黨和領袖的偉大、英明。希望在大鳴大放的時候，要本著團結、批評、團結的精神，不要用攻擊的方式來代替鳴放。[49]

　　普通市民也表達了他們對儲安平發言的不滿，有一位叫張永輝的人以〈儲安平的發言不符合事實〉為題，投信《人民日報》批評儲安平的觀點，他說：

> 我認為作為《光明日報》總編輯的儲安平先生，當然是個高級知識份子，應當懂得禮貌。他對毛主席和周總理，對黨中央提意見，以改進黨中央領導工作中的缺點，當然是可以的，但不應當開玩笑。我認為他這是風頭思想。……也許是儲先生會前多喝了幾杯酒，精神有些恍惚，不然怎能以這種不嚴肅的態度來發表不符合事實的意見呢？[50]

49　《中國青年報》，1957 年 6 月 11 日。
50　《人民日報》，1957 年 6 月 8 日。

　　而《文匯報》上有一位讀者以〈儲安平，請你回憶一下〉為題，從 1949 年前後中國地位與國力的對比來批評儲安平的言論，作者指出：

> 我們回想一下，1949 年前的中國，是一個怎樣破敗不堪的爛攤子，而今天的中國，卻已經不再像從前那樣「弱不禁風」了。我們的國際地位提高了，我們國家社會主義建設事業正在一日千里地突飛猛進，六億人民的生活，有了顯著的改善。這一切成就，如果離開黨和毛主席的正確領導，當然是不可想像的。……我認為現在不是跟共產黨爭名義、地位，不是爭坐「交椅」，而是如何為人民服務的問題，如果為人民服務的很好，必然會受到廣大人民群眾的歡迎，黨員副總理未免不可，如果為人民服務的不好，換上一些願意和能夠為人民服務更好的非黨員副總理，人民群眾也同樣是歡迎的，問題是儲先生的意見他抽象了一些。人民辨別是非，不是從黨員與非黨員這個角度來衡量的。[51]

　　來信最後還認為像儲安平這種反社會主義的言論可以使群眾擦亮眼睛，靈敏嗅覺。

　　1952 年 1 月至 3 月間，儲安平曾經隨中央土改團赴江西進賢參加土改工作。反右開始後，當地的農民也致信《人民日報》批判儲安平在當時參加土改的表現，農民們首先說道：

---

[51]　《文匯報》，1957 年 6 月 12 日。

我們種田人文化不高，理論也少，但是誰好誰壞還能分辨的
清楚。共產黨為了農民，為了社會主義事業，決定在全國上
下各級組織中進行整風，目的是為了克服某些黨員和黨組織
中所犯有的官僚主義、主觀主義和宗派主義。而你乘機企圖
挑撥群眾起來反對共產黨的領導。從你的發言裡，我們感到
你的確是很反動的，我們對你這種行為表示憤怒。你極端的
仇恨共產黨，我們卻無比的愛戴共產黨；你瘋狂的反對社會
主義，我們是衷心的擁護社會主義。

在對比了他們在解放前後所發生的巨大變化之後，農民們開始
批判儲安平在土改時的表現，指出：

成天的板起臉孔對待我們，動不動就發脾氣，不採納我們的
意見。為了分田的事，你曾和農民胡進才吵嘴相罵。有一次
分配地主的浮財，為了一口腳盆的分配不合你的意，你大發
雷霆，拍桌子凶人，樣子實在難看，群眾見你害怕，背後罵
你和強盜一樣。你以為自己了不起，舊知識份子臭架子十
足，根本不把我們種田人看在眼裡，你和我們之間不僅有高
牆，而且有大海隔著。可是你在對敵鬥爭上，總是縮頭縮尾
的，沒有掌握過一次鬥爭會場。我們在鬥爭地主，你就在會
場旁邊看看和溜溜。我們想了一下，你那次來我們這裡根本
談不上參加土改，只是看了一看。看過以後，你真實感覺怎
樣，你雖沒有說出來，但我們比較了一下，覺得你的立場是
大有問題的。這一點，今天也得到了充分的證明。

農民們最後警告說：

> 記得你曾說過要和人民群眾來往，向人民群眾學習，好好改
> 造思想。我們以為事隔五、六年，你已改造得很好了，那曉
> 得至今還是這樣，而且越來越猖狂了，越露骨了。告訴你，
> 你需要很好的清醒頭腦，對自己的反動立場和觀點作徹底的
> 批判，做嚴格的批判，接受工人，農民以及各階層人民對你
> 的批評和分析。[52]

在全國上下開展對儲安平等右派分子的批判的時候，來自儲安平家鄉江蘇宜興教育局的楊孟椿在 8 月 19 日《光明日報》上發表了題為〈儲安平，睜眼看看你家鄉的情況吧！〉的讀者來信，信中說到，當宜興的農民聽到「黨天下」的反動言論後，怒不可遏。為此，宜興各區各鄉都紛紛開大會，嚴斥儲安平等右派分子的反黨反社會主義謬論，參加的農民達萬人以上。「在這些會上，農民們表示：右派分子妄想取消共產黨領導，推翻社會主義，把我國拉回資本主義老路上去，叫農民重新過牛馬的生活，那是絕對不答應的。農民們都以親身經歷的活生生的事實回擊了右派分子。」來信在比較了宜興農民在解放前後生活所發生的巨大變化之後，指出，現在在共產黨領導下的宜興農民，不但豐衣足食，而且很多農民有了積蓄，農村教育也有巨大發展。來信最後要儲安平睜眼看看發生在宜

---

[52] 《人民日報》，1957 年 6 月 25 日。

興農民身上的變化，並質問道：「沒有共產黨的領導，農民能不能有今天這樣的幸福生活？」[53]

1957 年 6 月 10 日晚，中國民主促進會召集中央各部負責人和在北京的中央委員、候補中央委員舉行座談會，批判儲安平的發言。在會上，徐伯昕說，儲安平關於「黨天下」的說法，是抹殺事實的，必須要同這些思想劃清界限。鄭效洵說，因為儲安平的言論可能迷惑一些人，應該及時給以揭露、批評，指出儲安平雖然是各民主黨派的機關報——光明日報的總編輯，但是，思想錯誤，歪曲事實，是不能代表各民主黨派的。王紹鏊認為章伯鈞、章乃器、儲安平等的論點就是修正主義，梁純夫則認為，所謂「黨天下」的論調，是同社會主義不相容的。[54]6 月 12 日，民革中央舉行小組座談會，章友江發言批判了儲安平「黨天下」的謬論。他認為：

> 儲安平所謂的「黨天下」意味著：一、污蔑共產黨壟斷、包辦政府；二、反對人民民主專政；三、反對黨的領導；四、反對社會主義道路。「黨天下」的謬論發表以前，同有的人商量過，得到支持；他的謬論發表以後，陳新桂並為他作了補充，可見「黨天下」的說法，是有一定代表性的；有些人認為這個說法沒有什麼錯誤，或者說沒有什麼大錯誤，都是一種同情者的論調；事實可以證明「黨天下」的

[53] 《光明日報》，1957 年 8 月 19 日。
[54] 《人民日報》，1957 年 6 月 11 日。

說法是反動的，是反對共產黨的最惡劣的論調，我們應堅決地予以駁斥。[55]

第二天晚上，民革中央繼續舉行座談會，千家駒指出，為什麼要批判儲安平的「黨天下」謬論，因為他就是有些人想在整風中混水摸魚撈一把。儲安平的思想，代表了一部分人的思想，盟內一部分，是支持他的論點。他希望與儲安平思想有共鳴的領導同志能正視自己的思想，向全國盟員做出交代。胡愈之則在這個會上，宣讀了一封外界來信，證明儲安平等人的謬論已造成惡劣影響，甚至於激起社會的義憤，民盟中央再不能不向全國人民有嚴正的表示。[56]

與此同時，中國民主同盟光明日報支部也於 6 月 10 日舉行支部大會，討論怎樣幫助共產黨整風，以及如何對待錯誤言論的問題。會上，大家一致批判了儲安平的反黨言論，表示要和儲安平在思想上劃清界限。張蔭槐、熊劍英、張西洛、謝公望、張又君、巴波、許子美、陳端紹、關世雄、吳晗等人都在會上就儲安平的說法是否是要取消黨的領導，他的發言是否經過深思熟慮，要把光明日報引向何處，在整風中派記者出處處「點火」，以及在光明日報社的言行等問題提出了批評。時任民盟北京市委主任委員的吳晗在會上最後做了發言，他以為，儲安平的中心思想是不要黨的領導，不要社會主義。過去國民黨確實是「黨天下」，當時我們是以此和國民黨做鬥爭的，儲安平現在說共產黨是「黨天下」，目的是使人將兩個本質不同的黨混淆起來，用意是很惡毒的。說共產黨是「黨天

---

[55] 《光明日報》，1957 年 6 月 13 日。
[56] 《光明日報》，1957 年 6 月 14 日。

下」，是歪曲事實。他指出，黨群關係不好，某些地方是有的，儲安平把某些地方的缺點擴大為全國性的，把太陽的黑點擴大成為整個太陽，說太陽是黑的，這種說法不對。因此，吳晗認為：「儲安平的思想會有一些影響，有些人是支持他的，所以在思想上和他劃清界限是完全必要的。」[57]

耐人尋味的是，在儲安平 6 月 1 日發言——《向毛主席、周總理提些意見》，聽後，連用英語稱好的著名民主人士馬寅初先生，事隔半個月之後，即 6 月 15 日，在《人民日報》上居然發表了〈我對儲安平葛佩琦等的言論發表些意見〉一文，表達了他對儲安平等人的批評。馬寅初說：

> 儲安平先生的話據我看來是反映了某些人的看法，決不是他一個人的意見。在第一屆人民代表大會第一次會議發表了主席、副主席、總理、副總理以後，我當時看出有些人臉上露出不愉快的情緒，今天儲安平所說的就是代表這一些人的意見。我想對毛主席、周總理提意見是可以的，毛主席、周總理決不會不許別人批評他們自己，他們決無此意。但毛主席、周總理決不會有「黨天下」的想法，否則何必有政治協商會議。[58]

馬寅初的批評，語氣還比較溫和，相比之下，史良的批評則激烈得多。

---

[57] 中華全國新聞工作者協會研究部、中國人民大學新聞系合編：《右派分子儲安平的言行》，光明日報社印，1957 年 9 月，第 20 頁。

[58] 《人民日報》，1957 年 6 月 15 日。

史良在民盟中央小組第四次座談會上，認為儲安平整篇發言的論點是徹底的反共反人民反社會主義的，她說：

> 儲安平是民盟盟員，是光明日報總編輯，是全國人民代表大
> 會的代表，他曾經莊嚴地舉手通過中華人民共和國憲法，並
> 且參加了國家領導人的選舉。他現在公開反對他自己參與的
> 全國人民代表大會的決定，並且把責任推給全國人民所擁護
> 愛戴的毛主席和周總理，誣衊毛主席和周總理有「黨天下」
> 的清一色思想。這不是要挑撥煽動全國人民對領導我們的黨
> 和毛主席周總理引起惡感，還是什麼呢？這不是反共反人民
> 反社會主義，還是什麼呢？[59]

她同時還要求章伯鈞與羅隆基徹底交代他們的問題。

1957 年 7 月 7 日晚，九三學社中央整風委員會展開擴大座談會。儲安平被迫交代他與章伯鈞、羅隆基的關係，以及在光明日報的工作。與會代表一致認為儲安平的態度很不老實，除了不得不承認企圖把費孝通這個右派分子拖到光明日報來擔任聯繫作家的任務，以及組織樓邦彥等在所謂為九三學社多做些工作，實際上卻是企圖逐步奪取九三學社的領導權這些事實以外，其他一個多小時的講話，完全是重複報上已經登載的材料，而且多方掩飾。儲安平的這種態度，引起了代表們的強烈憤慨，時任九三學社中央宣傳部部長的孫承佩與北京大學教授的袁翰青認為儲安平的態度極為惡劣，並要求儲安平交代他與張東蓀和徐鑄成等人的關係。徐亦安、

---

[59]　《光明日報》，1957 年 6 月 14 日。

梅挺秀、樓邦彥、程希孟等則要求儲安平交代他在光明日報的言論與行動，以及妄圖改組光明日報的陰謀。而九三學社中央主席許德珩則一再告誡儲安平：「章、羅聯盟的許多事，處處都有儲安平 」，因此他必須老實交代他們是如何互相勾結的，許德珩甚至激動地說：「不達目的，決不甘休。」[60]最後，九三學社中央秘書長涂長望代表九三中央整風工作委員會警告儲安平，認為儲安平的問題不僅僅是思想問題，根據光明日報同志以及其他同志的揭發，儲安平是有著一系列的反黨反社會主義的行動的。是否除了在章、羅聯盟之外，自己又搞了一個聯盟，獨立地搞一個反黨反社會主義的系統。希望儲安平老實交代，不要自絕於九三學社、自絕於人民。

當時在批判儲安平「黨天下」的發言時，有一位叫陳出的作者在《學習》半月刊 1957 年第 15 期上，發表了一篇題為〈駁儲安平「黨天下」的謬論〉的文章，從中國共產黨是取得中國社會主義事業勝利的根本這個角度出發，比較系統地批判了儲安平的論點。文章在一開始就寫到：「要不要共產黨的領導的問題，實際上是要不要走社會主義道路的問題，而且也是一個關係到六億人民的前途是走向光明幸福或重行陷入災難深淵的大問題。關於這一點，是一切有覺悟的勞動人民和一切反社會主義的反動派所一致公認的。」文章接著指出：「儲安平和其他右派分子之所以要集中全力對共產黨的領導發出瘋狂惡毒的進攻，也決不是偶然的。」「儲安平反對共產黨的領導這一根本企圖，是在反對宗派主義的幌子之下進行的，但是，他所發出的什麼『清一色』之類的誣衊，已經被廣大有覺悟的群眾

---

[60]　《光明日報》，1957 年 7 月 8 日。

根據事實駁斥了。」文章認為，要取得中國社會主義事業的勝利，一方面要依靠廣大的工農群眾，並且團結一切可以團結的力量，另一方面，就必須堅持共產黨的領導。而之所以要堅持共產黨的領導，首先是因為共產黨是馬克思列寧主義的政黨，它以馬克思列寧主義作為自己的行動指南；其次，是因為共產黨是由無產階級中最有覺悟的分子所組成的先進部隊，它和其他任何自命為「社會主義政黨」而實質是資產階級的或小資產階級的政黨有著根本不同的性質；第三，是因為這個無產階級的先進部隊的黨是按民主集中制的原則所組織起來的，它有嚴格的紀律，又和群眾有極其密切的聯繫。文章在以中國共產黨在民主革命中，以及在社會主義建設和改造中通過掌握與堅持領導權，從而取得一個又一個勝利的歷史事實出發，指出：「如果不贊成鞏固共產黨的領導，而贊成擺脫它、削弱它，那麼除了加強資產階級的影響，幫助資產階級中少數野心分子來爭奪領導權，並且要把中國從社會主義軌道上扭轉到資本主義的軌道上去以外，是不可能有其他什麼結果的。誰曾經見到過什麼資產階級或小資產階級的政黨領導過社會主義革命和建設達到勝利的呢？」雖然，某些黨的幹部有宗派主義的缺點，「但是，儲安平卻誇大這種缺點是『黨天下』，是『莫非王土』。其實，他的用心，無非是為了挑撥人民和黨的親密關係，特別是集中落後分子對黨的不滿情緒，配合章羅聯盟篡奪黨的領導的陰謀。」因此，文章最後強調：「在對黨的領導問題上，立場之分別和對立，真是『判如涇渭』！既然一切

反對社會主義的人，都要反對黨的領導，所以，一切真心擁護社會
主義的人，就都要進一步鞏固和加強黨的領導。」[61]

在當時對儲安平的批判當中，除了批判他 6 月 1 日的發言與在
光明日報的言行，以及與章羅聯盟「勾結」的陰謀之外，也有人從
過去他主辦《觀察》時期的言論與表現出發，對儲安平的歷史問題
進行清算。率先發難的是發表在 7 月 3 日《人民日報》作者署名為
李兵的〈儲安平在民主革命時期就是右派〉一文，作者在文章的開
頭就指出：

> 在這次整風運動中，儲安平先生發表了所謂「黨天下思想是
> 一切宗派主義的根源」的謬論，向無產階級政黨的領導權提
> 出挑戰，這決不是偶然的。這有他的社會的歷史的思想的根
> 源。同時，這件事也向我們表明了在儲安平先生的思想深處
> 仍然牢固地保存著一個資產階級的王國，資本主義的「民主
> 自由主義」仍然在一些知識份子心目中陰魂不散。

作者認為，儲安平等人實質上就是毛澤東 1947 年在《目前形
勢和我們的任務》中所指的所謂的「自由主義的道路」、「第三條道
路」、「中間路線」的代表，作者雖然承認觀察雜誌在當時有揭露和
抨擊國民黨反動派「腐朽透頂」、「暗無天日」的作用，「但是作為
民主革命時期的右派，他們也散佈了許多惡劣的反動的影響，阻礙
了人民群眾覺悟的提高。許多知識份子在他們的影響下躊躇徘徊，

---

[61] 陳出：〈駁儲安平的「黨天下」的謬論〉，載《學習》半月刊，1957 年第 15
期，1957 年 8 月 3 日出版。

不能早日地走上革命的道路。」接下來，作者以大量的「事實」來
證明他的關於儲安平在民主革命時期就是右派的觀點，例如儲安平
和《觀察》雜誌在國際關係上採取了資產階級民族主義立場，敵友
不分，經常將蘇聯與人民所深惡痛絕的美帝國主義相提並論，甚至
散佈反蘇論調；在國內，中國人民與反革命正處在生死鬥爭時期，
在漫天的革命大風暴中，儲安平盡力散播改良主義的毒素，標榜出
所謂革命以外的自由主義的道路；對於當時中國人民的希望─中國
共產黨和人民革命，像對國民黨一樣，表示了同樣的甚至更大的厭
惡；在全國即將解放的前夕，竟敢狂妄地要奪取民主革命運動的領
導權，阻礙中國人民革命的勝利等等。作者憤慨地指出，解放後，
黨和人民並沒有苛責儲安平，還在政治上、工作上、生活上儘量照
顧他，「但是曾幾何時，儲安平先生竟露出了尾巴，又對共產黨進
行詆謗詆譭，又狂妄地要奪取工人階級的領導權了。」[62]因此，作
者最後認為，知識份子的改造也同樣需要脫胎換骨，不徹底地改造
自己，早晚會被拋出時代的列車。

　　1957 年第 15 期《新觀察》上，也有一篇文章批判歷史上儲安
平的言論，作者指出，儲安平早在十年前對於從來沒有人敢於批評
史達林或蘇聯，毛澤東或延安，是早就不滿的了。作者認為，儲安
平在整風運動中，改變光明日報的方向，派遣記者，到處點火，到
處串連，又指今日的人民政權為「黨天下」，並表示深惡痛絕，這
些表現都是有歷史根源的。作者又拿儲安平當年在《觀察》上所寫
的〈論張君勱〉一文的結尾句，即「權術可以不深，人心不可不察」，

---

[62]　《人民日報》，1957 年 7 月 3 日。

分析了儲安平的權術觀，指出：「六億人民擁護黨、擁護社會主義的心，儲安平是看到了，至於『權術』，容能蒙蔽一時，終難行之久遠，而且儲安平這次犯下的大錯誤，顯然也是由於吃了太相信『權術』的虧的。前車有鑒，確是『不可不察』的。」因此，「何去何從，這就全看儲安平自己了。」[63]

　　1957 年 11 月 26 日，《光明日報》發表了在儲安平之前擔任該報總編輯的常芝青的一篇題為〈批判儲安平主編的舊《觀察》〉的文章，在這篇文章中，常芝青全面批判了《觀察》雜誌，他認為儲安平是一個反動的「民主個人主義」的吹鼓手，而《觀察》為傳播和散佈親美崇美的「民主個人主義」毒素，盡了極大的努力。儲安平和他主編的《觀察》在那個時期，最巧妙最惡毒地起了美帝國主義與蔣介石反動集團的幫兇作用，也最巧妙最惡毒地起了反共反蘇的急先鋒作用。常芝青指出：從《觀察》的創議、發刊和出版，從它的產生、發展到被查封的兩年零數個月中間，是美帝國主義全力支持蔣介石國民黨，向中國人民施展陰謀詭計，力圖鞏固和獨霸帝國主義勢力在中國的統治時期，在這樣一個時期中，《觀察》卻千方百計為美國這個惡毒的敵人的對華政策張目，這是「觀察」最明顯和最突出的一定，因此，他認為「觀察」到底是「第三條路線」的反共刊物，還是蔣介石反動集團的某一核心組織的機關報，是很值得分析和研究的。[64]在這裡，我們不能不指出，這完全是不顧歷史事實的胡說八道了。

---

[63]　施克：〈「權術」與「人心」〉，《新觀察》，1957 年第 15 期，1957 年 8 月 1 日出版。

[64]　《光明日報》，1957 年 11 月 26 日。

　　正當中國大陸對儲安平等右派分子展開猛烈批判之時，臺灣和香港等許多報刊卻對他們的言論大為興趣，說他們的言論是「大膽厥詞，動搖了大陸政權的基礎」。國民黨「中央日報」為此發表社論，公開向儲安平等人「表示敬意」。香港《上海日報》6 月 7 日和 12 日還分別在第一版以頭條地位刊登了儲安平和葛佩琦的言論，稱讚儲安平「的確有一手」。《新生晚報》在刊出儲安平發言全文的同時，用紅色花邊圈著幾個醒目的大字：「請注意本報今日特稿，儲安平炮轟毛澤東」。《中聲晚報》在 6 月 12 日特地發表了社論，說在大陸「有儲安平、葛佩琦這一班人，這是可喜的現象」。而《真報》在 6 月 9 日、10 日連載了一篇「遙向儲安平致意」的文章，稱讚儲安平不失為一個有良心有熱血的操觚者，確乎有「輕捋虎鬚」的勇氣，並說「你敢言是對的，鐵肩擔道義，辣手著文章，才是發揮了中國知識份子應有正義感，海外千百萬的流亡人士都願支持你。」國民黨中央社也情不自禁地喊出「這是一個不可忽視的起點」。香港的國民黨中統報紙則讚揚儲安平把《光明日報》變為右派分子傾吐「苦悶」和辱罵共產黨的「講壇」。[65]港臺報紙的這些報導，對已經身處絕境的儲安平等人，更是雪上加霜。

　　1957 年 6 月 26 日，儲安平的長子儲望英致信《文匯報》，表示反對儲安平反動言行，他寫到：

> 我是儲安平的長子，最近才從部隊復員返家。儲安平反社會
> 主義言論發表以後，已受到全國人民的嚴詞駁斥。我身為革

---

[65] 轉引自《人民日報》，1957 年 6 月 22 日與《光明日報》，1957 年 6 月 23 日。

命軍人，社會主義青年，堅決和全國人民站在一起反對他這種反黨、反社會主義，污蔑人民領袖的謬論。在報紙上已揭發了他許多反黨、反社會主義的事實，充分證明他這種惡毒思想是長期存在的，有政治野心的，企圖借用光明日報做基地，向社會主義進攻。這使我更認清了他的反黨面貌。我要給儲安平先生進一句忠言：希望你及時懸崖勒馬，好好地傾聽人民的意見，挖掘自己反社會主義的思想根源，徹底交代自己的問題，以免自絕於人民。[66]

此時的儲安平已開始「眾叛親離」了。

第四節　儲安平的「投降」

就在反右運動在中國大陸如火如荼地展開的時候，毛澤東於這年 7 月在上海作了題為《打退資產階級右派的進攻》的談話。毛澤東強調反右派的鬥爭的性質主要是政治鬥爭，也有思想鬥爭的成分，因為是政治鬥爭，所以他認為對右派分子打幾棍是很有必要的，「你不打他幾棍子他就裝死。對這種人，你不攻一下，不追一下？攻勢必要的。」毛澤東甚至認為：「我看頑固不化的右派，一

---

[66] 《文匯報》，1957 年 6 月 29 日。

百年以後也是要受整的。」[67]毛澤東的這番談話無疑使正在進行的反右運動火上加油。

1957 年 6 月 26 日至 7 月 15 日，在全國上下一片反右聲中，第一屆全國人民代表大會第四次會議在北京召開。這是一個非同尋常的大會，正如會議閉幕後，《人民日報》所發表的社論題目所揭示的那樣，是一次偉大勝利的大會，因為有許多右派分子都在這次會議上一個接一個走上講臺聲淚俱下地檢討自己的「罪行」。

7 月 12 日有葉篤義：〈揭露羅隆基的本來面目，並檢討我自己的錯誤〉、韓兆鄂：〈愧恨交集〉、王毅齋：〈對我的錯誤言論的初步檢討〉、楊子恒：〈揭發章伯鈞羅隆基的陰謀並檢查他們對我的影響〉。

7 月 13 日有畢鳴歧：〈我是一個犯了嚴重錯誤的人〉、費孝通：〈向人民伏罪〉、黃琪翔：〈請求人民的寬恕〉、儲安平：〈向人民投降〉、龍雲：〈思想檢討〉。

7 月 15 日有章伯鈞：〈向人民低頭認罪〉、羅隆基：〈我的初步交代〉、章乃器：〈我的檢討〉、黃紹竑：〈我的錯誤和罪行的檢討〉、陳銘樞：〈自我檢討〉、譚惕吾：〈我為什麼犯了嚴重的錯誤〉、張雲川：〈我恨自己是一個右派分子〉、潘大逵：〈我承認錯誤〉、李伯球：〈我痛恨自己給章伯鈞利用作點火的工具，支持了黃琪翔在農工民主黨執行章伯鈞的道路〉、馬哲民：〈我要重新做人〉、黃藥眠：〈我的檢討〉、宋雲彬：〈我辜負了人民給我的信任和榮譽〉、錢孫卿：〈我做了人民的罪人〉。

---

[67] 《毛澤東選集》（第五卷），北京：人民出版社，1977 年版，第 455 頁。

讓我們先看看其他一些人的「檢討」。

章伯鈞說：

> 我今天是一個在政治上犯有嚴重政治錯誤的罪人，能夠獲
> 得全體代表們的寬大，站在你們的面前，允許利用幾分鐘
> 的時間，來表示承認錯誤，低頭認罪，下最大的決心努力
> 改造自己的態度。我的錯誤思想和罪行是有歷史的根源，
> 反動的階級本質和一貫性的。我恨自己的醜惡，要把舊的
> 反動的我徹底打垮，不再讓他還魂，我要同全國人民一道
> 來參加反右派分子的嚴肅鬥爭，包括對我自己的鬥爭在
> 內。偉大的中國共產黨過去救了我，今天黨又重新救我一
> 次，我希望在黨和毛主席的領導和教育下，獲得新生命，
> 使我重新回到愛國愛社會主義的立場，痛改前非，全心全
> 意為社會主義服務。[68]

羅隆基說：

> 我是中華人民共和國一個有了罪過的人，我最近有些言論和
> 行為犯了反黨、反社會主義的罪過。今天我站在這個莊嚴的
> 講臺上是來向諸位代表低頭認罪，是來向全國人民低頭認
> 罪。幾年來，我自己政治地位日漸提高，我自己的日常生活
> 極為安定，儘管我的資產階級思想沒有改造，但我自問絕對
> 沒有推翻黨推翻社會主義的野心和陰謀。即令我是一個萬分
> 自私自利的人，推翻黨，推翻社會主義這對我沒有什麼好

---

[68] 章伯鈞：〈向人民低頭認罪〉，《人民日報》，1957 年 7 月 16 日。

處。……我沒有懂得黨的領導的真實意義，我低估了知識份子的進步。因此，我就一貫想討好知識份子，特別舊知識份子，我以為這樣就可以擴大民盟的影響，擴大民盟的組織，提高民盟的地位，能夠在國事的決策上取得較多較大的權力來解決這些問題。我的妄想亦只此而已，絕對沒有推翻黨、推翻社會主義、恢復資本主義的陰謀。[69]

潘大逵則說：

最近我的兒子、侄女（一個是團員、一個是黨員）都分別由東北和武漢來信，一面表示惋惜，一面表示憤慨，都說黨和人民對我不薄，生活比過去國民黨時代不知道好了多少倍（我自己也知道要不是在 1949 年得解放，不但生活不下去，就是性命也難保），真想不到過去參加民主革命的人今天竟會如此地反黨、反人民、反社會主義。最近我的兩個小兒子（都還在成都讀小學）聽見說我是右派分子，他們又弄不清這個名詞的含義，到處向人家打聽，損傷了他們幼小天真的心靈，我想起他們不禁使我非常悲痛。[70]

章乃器卻不肯輕易承認自己的「錯誤」，他辯護道：

八年來，我對黨所提出的方針、政策，是沒有任何懷疑的。不但沒有懷疑，而且往往還覺得出於意外的好。但在某些具體問題的做法上，我是提了不少不同的意見的，是做到了「知

---

[69] 羅隆基：〈我的初步交代〉，《人民日報》，1957 年 7 月 16 日。
[70] 潘大逵：〈我承認錯誤〉，《人民日報》，1957 年 7 月 16 日。

無不言、言無不盡」的。我始終認為，我的問題只是思想的問題，我的錯誤只是理論上的錯誤。當然，如果我的理論錯誤已經造成了超出時代思潮影響所可能引起的波動，那我應該負責。我請求領導上結合動機和效果，加以檢查，給我以應得的處分。[71]

費孝通說：

我痛恨自己的過去，我必須轉變立場；我痛恨章羅聯盟，我一定要和他們劃清界限，一刀兩斷。我感激黨為我們犯了錯誤的人，跌在右派泥坑裡的人，敞開著翻改的大門，而且仁至義盡地教育我們。讓我勇敢地投入這個門，走上生活，徹底改造自己，創造向人民贖罪的機會。……我將繼續反省，參加反右派鬥爭；在鬥爭中學習，改造自己，我決心接受黨的教育，在黨的領導下走社會主義道路。[72]

龍雲「痛悔」道：

八年來，我處在推動歷史前進和巨變的環境中，耳濡目染，應該有所進步。……經過這次各方面對我善意的揭發、批評，受到了很大教育，我深深的痛悔前非！今後，我要堅決站穩人民立場，努力學習馬列主義理論，改造自己，決心丟掉舊思想舊作風的包袱，誠心誠意的在中國共產黨和毛主席的領導下，永遠跟著共產黨走，堅決走社會主義道

---

[71]　章乃器：〈我的檢討〉，《人民日報》，1957 年 7 月 16 日。
[72]　費孝通：〈向人民伏罪〉，《人民日報》，1957 年 7 月 14 日。

路，堅決一邊倒向蘇聯！按毛主席指示的六項政治標準從新做人。[73]

陳銘樞說：

> 我這次在中共中央統戰部座談會上，曾發表了許多荒謬的言論，其中有「撤銷學校中的黨委制」和「只提缺點，不提優點」的論調。儘管我曾強調自己的主觀願望是善意的，並沒有動搖國家基本制度的企圖，同時也沒有與章羅聯盟及其聯盟中的任何人有絲毫聯繫，但在客觀上所發生的破壞作用，是與章羅聯盟的反黨活動一致的，而且在思想本質上與他們也是一脈相承的。這是一種反黨、反人民、反社會主義的罪惡，我應負政治上的責任。[74]

黃藥眠說：

> 我今天是以十分沉重的心情向大家發言的。在大會開始的時候，我還以為我在思想上犯了錯誤，後來我才知道是犯了嚴重的政治上的錯誤，是中國走資本主義道路還是走社會主義道路的最根本性的錯誤。過去，我曾以「進步」自封，但是自從五月初黨的整風運動開始以來，我就完全暴露出了我醜惡的面貌。……現在我願意從泥坑裡跳出來，緊緊地跟在黨

---

[73] 龍雲：〈思想檢討〉，《人民日報》，1957 年 7 月 14 日。
[74] 陳銘樞：〈自我檢討〉，《人民日報》，1957 年 7 月 16 日。

的後面，重新拿起馬列主義的武器，為徹底粉碎右派的陰謀集團而奮鬥到底。[75]

錢孫卿說：

> 解放以來，特別在這次整風運動中，我犯下了極其嚴重的錯誤。……我現在認識到過去犯了嚴重錯誤，已走上反黨、反社會主義的反動道路，我現在誠心誠意接受大家的批判，向全國人民低頭認罪，並堅決向全國人民保證自己有決心將過去反動思想的壞東西，全部清洗出去，使自己站到社會主義的立場上來，忠誠接受黨和工人階級的領導，在社會主義改造和社會主義建設的事業中改造自己，發揮應有的作用，主動贖罪，來報答黨和全國人民對我的期望和饒恕。[76]

儲安平在 7 月 13 日的檢討中，一開始就表示要「低頭認罪」，他說：

> 我 6 月 1 日在統戰部座談會上的發言以及我在《光明日報》的工作都犯了反黨反社會主義的嚴重錯誤。經過全國人民對我的批判，我現在認識到自己的錯誤，真心誠意地向全國人民低頭認罪。[77]

接著，儲安平表示，「黨天下」是「絕對錯誤」的，承認自己「反黨反社會主義」：

---

[75] 黃藥眠：〈我的檢討〉，《人民日報》，1957 年 7 月 19 日。
[76] 錢孫卿：〈我做了人民的罪人〉，《人民日報》，1957 年 7 月 22 日。
[77] 儲安平：〈向人民投降〉，《人民日報》，1957 年 7 月 15 日。

我的關於「黨天下」的發言是絕對錯誤的。首先，我說今天是黨一家天下的清一色局面，和事實完全不符。解放以後，人民在黨的領導下翻身做了主人。今天的天下是人民的天下，到處蓬勃著巨大的人民力量。黨以真誠的大公無私的精神領導人民、教育人民、團結人民。就以我們現在實行的人民代表大會制度來說，這一個成為全國和各級地方權力機關的人民代表大會，就是一個民主基礎最廣泛的政權組織。全國和各地的政治協商會議，更是最能體現黨團結黨外人士的統一戰線政策的。無論在政府機關、學校、工廠或人民團體，都有大批的黨外人士負擔著主要的領導職位。黨努力團結一切可以團結的力量，遇事和黨外人士協商，徵求大家的意見。……其次，我們的憲法已經肯定了黨在國家政治生活中的領導地位。黨的政策方針首先要由黨員來執行。黨指派黨員在各個地方、各個部門工作，是黨貫徹黨的政策和履行黨對國家對人民的歷史任務的必要措施。事實告訴我們，凡是沒有黨領導的地方（通過黨員），黨的政策便不能正確執行，工作便容易發生錯誤。因之，在我們的國家裡，黨員在各個地方、各個部門參加工作，是一個極其正常的、合理的、而且是必要的現象。不僅憲法裡肯定了黨在國家政治生活中的領導地位，就是在全國人民的思想感情裡，也都把黨看成是我們國家中的最大的財富，是全國社會主義建設和社會主義改造的領導力量和核心力量。黨的存在和黨的強大是保衛人民民主革命勝利果實、建設強大的社會主義新中國、引導人民進入幸福美好生活的有力保證。中國人民都一致承認黨給

全國人民辦了數也數不清的好事。⋯⋯但是我卻把這些情況說成是「黨天下」，想用這樣一頂帽子來反對黨的領導。不僅如此，我還進一步錯誤地把黨說成是一個宗派組織，企圖分裂黨和人民的關係。黨承認有些黨員在思想作風上以及某些工作上有缺點，為了克服這些缺點，更好地提高和加強黨的力量，黨決定用嚴肅的態度進行整風。可是我卻把某些個別黨員的缺點說成是黨的缺點。這充分暴露了我的真正目的是要直接對黨進行攻擊，從而削弱黨的威信，削弱黨的領導。但是我這種反動的言論經不起駁斥，一經人民揭發，就完全露出了我這資產階級右派分子反黨反社會主義的醜惡面目。[78]

儲安平又誠懇地「檢討」了他在《光明日報》的錯誤，他說：

我用一種資產階級民主的觀點來理解「百花齊放、百家爭鳴」的方針，對於錯誤的報導和言論和正確的報導和言論不加區別。我又以同樣錯誤的觀點來理解「長期共存、互相監督」，妄想利用報紙來監督黨，而監督的目的實質上就是要削弱黨的領導。在我這種資產階級的反動思想下，一度使光明日報迷失了政治方向，離開了社會主義的道路。而處處放火的結果首先是燒昏了我自己的頭腦，使我 6 月 1 日在統戰部座談會上發出了那篇「黨天下」的謬論。[79]

---

[78] 儲安平：〈向人民投降〉，《人民日報》，1957 年 7 月 15 日。
[79] 儲安平：〈向人民投降〉，《人民日報》，1957 年 7 月 15 日。

接下來，儲安平承認自己被所謂的「章羅聯盟」所利用，並把自己的「黨天下」謬論與「章羅聯盟」聯繫起來：

> 我所犯的錯誤，實質上又為以章羅聯盟為核心的資產階級右派分子的反黨活動而服務。根據最近報紙的揭發，現在大家很明顯的認清，章羅聯盟是一個陰險的政治勾結，他們的目的是想通過擴大自己的力量，和黨分庭抗禮，逐步篡奪領導。我的「黨天下」的謬論實質上成為替他們的反黨陰謀搖旗吶喊，而在那篇謬論中提出十二個副總理中沒有一個黨外人士這一點，實際上也等於在替章伯鈞、羅隆基開口要求副總理的職位。[80]

針對臺灣、香港報紙以及海外其他勢力對他發言的稱讚與報導，儲安平誠惶誠恐地檢討到：

> 在國外，我的錯誤言論還為美蔣敵人所利用，使他們錯誤地以為中國有很多知識份子反對黨、反對政府。他們以為在大陸上出現了什麼為他們日夜夢想的變亂，於是興風作浪、進行挑撥，還說要向我「遙致敬意」，實際上無非想造謠生事，挑撥離間。我的錯誤的言論雖然為他們所利用，然而他們的希望只是一個夢想。在今天的中國，即使犯了錯誤的人，在黨的寬大的治病救人的政策下，仍然堅決要求改正自己的錯誤，重新做人，爭取緊密地團結在黨的周圍，為祖國的社會

---

[80] 儲安平：〈向人民投降〉，《人民日報》，1957 年 7 月 15 日。

主義事業效力。以為中國還有什麼「民主個人主義者」可供
美帝，那只是杜勒斯之流的幻想而已。[81]

儲安平認為，他這次所犯的錯誤是有一定歷史根源的，他這樣
剖析自己的過去：

> 我受過多年的英美資產階級教育，盲目崇拜腐朽的資產階級
> 民主。在解放以前，我一方面反對國民黨，一方面反對共產
> 黨。我在思想上宣傳資產階級的「自由主義」。在政治上標
> 榜走中間路線。我鼓吹「自由思想分子」團結起來，實際上
> 就是不要人們跟共產黨走。……我在《觀察》復刊的時候，
> （1949 年 11 月）初步地做了自我批評，否定了過去的立場，
> 表示願意在黨的領導下改造自己。但實際上，那時只是在政
> 治上表明了一下態度，我自己的立場和思想並沒有真正改變
> 過來，因而解放後這幾年來，表面上是接受黨的領導，擁護
> 黨，而在實質上，仍然存在著反黨反社會主義的思想，因而
> 一有機會，我就露出了反黨反社會主義的尾巴。[82]

儲安平還以「無比沉痛」的心情談到自己遭到批判後的內心感
受，他說：

> 當全國對我進行嚴厲的批判、我開始看到我自己的錯誤的時
> 候，我內心感到無比沉痛，感到無地自容。每天郵差同志送

---

[81]　儲安平：〈向人民投降〉，《人民日報》，1957 年 7 月 15 日。
[82]　儲安平：〈向人民投降〉，《人民日報》，1957 年 7 月 15 日。

　　報紙信件到我門口，我自己都沒有臉到門口去拿。上上星期
　　我因病去看醫生的時候，我都不敢說我姓儲，深恐醫生懷疑
　　我就是那個右派分子儲安平。全國人民對我的嚴厲批判，使
　　我嚴肅地認識到，假如我不痛下決心，從根本上改造自己的
　　思想，改變自己的立場，我就沒有前途。[83]

最後，儲安平表示了他要向人民「投降」：

　　我必須勇敢地向自己開刀，剝去我自己的「資產階級右派分
　　子」的皮，堅決地站到六億人民的一邊來。我決心在思想上
　　政治上和章羅聯盟劃清界限。並在批判我自己的錯誤的同
　　時，積極參加全國反右派的鬥爭。我對我的錯誤還只是一個
　　初步的認識，我應當繼續深入檢查自己的思想根源，繼續深
　　入批判自己的錯誤言論。我今天在這個莊嚴的會場上，並通
　　過大會向全國人民真誠地承認我的錯誤，向人民請罪，向人
　　民投降。我把向人民投降作為我自己決心徹底改造自己的一
　　個標幟。我以後一定老老實實接受黨的領導，全心全意走社
　　會主義的道路。[84]

　　儲安平的「投降」，還體現在他於 1957 年 8 月 1 日在全國新聞
工作座談會上的檢討。在這份檢討中，儲安平主要是就反右運動開
始後，人們批判他在光明日報期間所犯錯誤的「檢討」。

　　儲安平首先檢討到：「從四月一日到光明日報工作，到六月八
日止。起初是瞭解情況，四月下旬我親自佈置九大城市座談會的報

83　儲安平：〈向人民投降〉，《人民日報》，1957 年 7 月 15 日。
84　儲安平：〈向人民投降〉，《人民日報》，1957 年 7 月 15 日。

導。從五月初直接掌管編輯部業務到六月八日，一個多月裡，我犯了反黨反社會主義的錯誤。我的錯誤非常嚴重。」[85]他認為他之所以會犯如此「嚴重」的反黨反社會主義的錯誤，首先是因為有「反動的資產階級民主思想」，「我用資產階級民主的觀點理解『百花齊放、百家爭鳴』『長期共存、互相監督』的方針，把人民和黨與政府對立起來。我錯誤地認為報紙要站在人民的立場，在政府與人民對立的時候，要多發表批評政府的文章。」其次是因為有「嚴重的資產階級新聞觀點」，「我是有搶新聞思想的，但主要是想在政治上批評黨，來奪取群眾。我過去寫政論文章，舊觀察也是政論性刊物，我是拿過去辦觀察那一套來辦報紙。這是更反動的，危害性更大。」他還認為他在過去對這些錯誤認識不深刻，「以後有了認識，又是站在個人角度來認識，為自己解釋，孤立地看，把它看成是偶然因素，沒有從階級鬥爭的角度來看，後來在全國同志對我的批判、幫助下，才使我認識到問題的本質。」因此，「我要老老實實地承認自己的錯誤，向人民投降。」[86]

接下來，儲安平「交代」了他在《光明日報》期間的幾個所謂主要問題，並誠懇地請求人們幫助、批判。首先是九大城市座談會問題，儲安平說他到光明日報社後，印象中重要的工作是搞鳴放，同時覺得當時報社搞鳴放比較落後，「這當然是錯誤的」。又覺得《人民日報》可以開座談會，《光明日報》為什麼不可以開？因此，「我

---

[85] 中華全國新聞工作者協會研究部、中國人民大學新聞系合編：《右派分子儲安平的言行》，光明日報社印，1957 年 9 月，第 60 頁。
[86] 中華全國新聞工作者協會研究部、中國人民大學新聞系合編：《右派分子儲安平的言行》，光明日報社印，1957 年 9 月，第 60 頁。

315

拼命地想《光明日報》是民主黨派報紙，到各地開座談會要依靠各民主黨派，如何找人、如何開等。沒想到要依靠地方黨委，這說明我是一貫地不重視黨的領導。我認為《光明日報》以文教為重點，又考慮是民主黨派報紙，邀請人就要考慮到平衡。我又說，要找意見多而勇於發言的人來參加。」「我還主張全文照登，使報上充滿了對黨惡意的攻擊，版面上一團漆黑，使報紙不能確切的反映現實。」[87]

其次，是學生大字報問題。儲安平說，當他 5 月 25 日聽到北大學生出大字報，在報社有人反對的情況下，他仍堅持派人去採訪，並堅持在報紙上發表：

> 這件事在我檢查起來最能代表我的反黨反社會主義的思想。我有一基本錯誤思想，就是認為人民和政府對立，這當然是資產階級民主思想，而在人民和政府對立時，報紙有時也可以站在人民立場。大字報事情，我認為已是公開了的新聞，很多人都知道，不登好不好？不登反而會有損報紙在人民中的威信。《人民日報》不登，《光明日報》登了，可以爭取群眾，這樣，一方面搶到了新聞，一方面又爭取到了右派分子的歡迎，這實際上把黨和政府對立了。[88]

---

[87] 中華全國新聞工作者協會研究部、中國人民大學新聞系合編：《右派分子儲安平的言行》，光明日報社印，1957 年 9 月，第 61 頁。

[88] 中華全國新聞工作者協會研究部、中國人民大學新聞系合編：《右派分子儲安平的言行》，光明日報社印，1957 年 9 月，第 61 頁。

　　第三，是黨委制問題。儲安平說他一直以為黨管事太多，而高級知識份子是可以發揮更多作用的，「五月六日，聽說統戰部要討論清華大學黨委制問題，我一聽到就主張發表，這一方面是搶獨家新聞，一方面是為章羅聯盟造成高等學校黨委制可以取消的社會輿論，以後就登了這條新聞，而題目又是討論取消黨委制。」[89]

　　第四，是約稿信問題。儲安平交代了他到《光明日報》社後，聯繫知識份子並向他們約稿之事，「這一方面是自由主義的做法，一方面是在組織一批人向黨進攻，想把報紙辦成批評黨、政府，監督黨的論壇，也就是向黨進攻的論壇，這暴露了我的資產階級辦報方向。我企圖要這些人對黨不滿。我說過我反對把報紙辦成反對派的報紙，但我實際上卻是朝著這條路上面走去。我是從同黨對立角度組織人來批評黨，用資產階級民主看法來理解『百花齊放，百家爭鳴』，以為這就是要大家什麼都講，而沒有共同基礎。……我企圖通過這件事來監督黨，實際上是企圖削弱黨的領導。」[90]

　　第五，是有關對國際新聞看法的問題。儲安平曾就費孝通的〈知識份子的早春天氣〉裡說知識份子不關心國際時事這一觀點，指出：「一方面大家關心國際時事，另一方面又不關心，這是因為現在國際新聞面太窄了，我就建議適當採用資本主義國家新聞，贊成多登些外論。」針對這個問題，他現在「痛心」地自責道：「這實

---

[89] 中華全國新聞工作者協會研究部、中國人民大學新聞系合編：《右派分子儲安平的言行》，光明日報社印，1957 年 9 月，第 62 頁。

[90] 中華全國新聞工作者協會研究部、中國人民大學新聞系合編：《右派分子儲安平的言行》，光明日報社印，1957 年 9 月，第 62 頁。

際上是使資本主義國家的反動宣傳在我們國家裡氾濫。」他同時「檢討」自己在對待國際時事問題上，也完全喪失了階級立場，「我一次同國際部同志講，現在在反映英國人民意見時，常常以工人日報為代表，但許多學生都知道，工人日報在英國生活中力量很薄弱，不一定能代表英國人民的意見。這說明我還不能從工人階級立場來看問題。」[91]

第六，是關於與報館個別青年談話的問題。儲安平「交代」到，「有一同志對工作非常不滿意，牢騷發的很多，與領導鬧對立，而我卻說這是合理的，可貴的，我實際上不是批評他，而是慫恿他。因為他們是新聞系畢業的，我還同他們講到美國、英國的新聞學。……我說美國是培養記者，英國是培養政治評論員。我又問解放後他們學的怎樣，他們說學得很少。這次談話實際上是挑撥他們對新大學的不滿。」[92]

最後，儲安平認為還有兩件事也能暴露他的所謂反黨思想，一是他 6 月 1 日在國際俱樂部招待民主黨派的宣傳幹部會上的講話，「我不願寫歌頌黨的社論，這是不重視社論對讀者的教育作用。我對民主黨派也有很多錯誤看法，我認為它有兩個任務，一是組織推動對成員進行改造，宣揚黨的政策，動員參加社會主義建設，一是反映他們意見，代表他們的利益和合理要求。」「認為教育不是代表，想利用報紙多發表代表他們的言論、報導，要貫徹雙軌制，多

[91] 中華全國新聞工作者協會研究部、中國人民大學新聞系合編:《右派分子儲安平的言行》，光明日報社印，1957 年 9 月，第 63 頁。
[92] 中華全國新聞工作者協會研究部、中國人民大學新聞系合編:《右派分子儲安平的言行》，光明日報社印，1957 年 9 月，第 63～64 頁。

報導政府缺點，群眾困難。」二是辭職問題，儲安平說當 6 月 8
日樓邦彥打電話給他時，「我就要他告訴浦熙修我辭職事，我是想
要浦熙修在文匯報上發消息，爭取社會上的同情。這件事又暴露了
自己的反黨思想。」[93]

在巨大的壓力之下，儲安平終於「投降」了。未來的歲月，他
也只有在悲慘的投降聲中度過，這是他個人的悲劇，更是社會與民
族的悲劇。

---

[93] 中華全國新聞工作者協會研究部，中國人民大學新聞系合編：《右派分子儲
安平的言行》，光明日報社印，1957 年 9 月，第 64 頁。

尾　聲

　　1958 年 1 月，儲安平被正式戴上反黨反人民反社會主義資產階級右派分子的帽子，人生命運開始急轉直下。後來，在反右運動中被列為右派第一號人物的章伯鈞的女兒章詒和對此有個非常形象和生動的回憶：「那時，我正癡迷於李少春和他的京劇《野豬林》、昆曲《夜奔》。

> 　　按龍泉血淚灑征袍，
> 　　恨天涯一身流落；
> 　　專心投水滸，
> 　　回首望天朝。
> 　　急走亡逃，顧不得忠和孝，
> 　　良夜迢迢，
> 　　紅塵中，誤了俺武陵年少。
> 　　實指望，封侯萬里班超；
> 　　到如今，做了叛國黃巾，背主黃巢——

　　聲音清越，動作飄逸，一座空蕩蕩的舞臺充滿了悽楚悲涼。聽著聽著，我忽然覺得這個扮相俊朗，人生命運直起直落，極肖極美

的林沖，就是我們的儲安平了。」[1]「人生命運直起直落」，這的確是一生坎坷，歷經磨難的儲安平一生命運的真實寫照。

劃為右派後的儲安平此後的交往圈子開始急劇縮小，也沒有什麼正經的事可做。據章詒和回憶，有一次，儲安平到她家做客，章伯鈞問起儲安平每天做些什麼？儲安平的回答是：兩件事，讀書，餵羊。在同為右派分子的人生境遇中，儲安平與章伯鈞，以及其他一些人在眾叛親離的困境下，有著極為溫馨，並閃爍著人性光輝的交往和友情。[2]只可惜這種真摯的交往在當時已經很少了，整個國家和社會即將陷入一種巨大的瘋狂之中。

有一位作者說，六○年代初的一天，梁漱溟先生曾到儲安平的住處看望儲安平，在敲門很久之後，「高大、清瘦、幾乎面無血色的儲安平出現在門口。見到二十多年的老友，他沒有一絲熱烈的表示，只說了一句：『不想見人，叫門是從來不應的。』客人被讓進一個不算寬敞的獨院，三間正屋，兩間廂房。令這位老北京驚訝不止的是，牆邊栓著一隻羊。家中靜悄悄的，除了他沒有第二人。書和字典攤在桌子上，不見報紙，不見雜誌，只有一楨他自己年輕時候的照片，孤零零掛在牆上。」[3]而據他的小兒子儲望華回憶，60年代，儲安平在北京石景山工地「勞動改造」，在一個寒冷的冬天，他去探望父親，「他獨自住在一間陰暗的小茅泥舍中，房間的一半

---

[1]　章詒和：《往事並不如煙》，北京：人民文學出版社，2004 年版，第 77～78 頁。

[2]　有關儲安平被劃為右派前後與章伯鈞的交往可參見章詒和：《往事並不如煙》，北京：人民文學出版社，2004 年版，第 34～97 頁。

[3]　戴晴：《儲安平‧王實味‧梁漱溟》，南京：江蘇文藝出版社，1989 年版，第 220 頁。

是他睡的『坑』，另一半是一格格正在繁殖的菇菌，屋子裡黑暗潮濕，充滿著霉腐惡臭，完全不是人住的地方」。[4]當時的心情和處境由此可見。

但是就在人生已陷入絕望的處境下，儲安平仍沒有忘記自己當年的追求，儲望華回憶還在文革爆發之初，他回家探望父親時，父子間的一次談話，「記得父親提起了他的朋友、歷史學家吳晗。父親說：『吳晗的問題和我一樣，本質上都是要在中國追求一條民主、自由的路，但都行不通。』」[5]悲乎！青年時期曾躊躇滿志立志要為中國言論界開闢一條路的儲安平直到他人生暮年才意識到在中國這條路走不通。

1966 年，史無前例的文化大革命開始了，備受折磨的儲安平欲跳河自殺，未成。隨後，在 8、9 月的一個深夜失蹤。從此，下落不明。目前關於儲安平結局的說法有以下幾種：一、在天津跳海而死；二、在北京自殺；三、從新疆叛逃蘇聯；四、隱居北京；五、在江蘇某地出家；六、文革初期，即被紅衛兵活活打死，等等。然均未有實際證據，僅屬猜測而已。

據儲安平的小兒子儲望華回憶：

> 到了九月中旬的一天，我接到當時主管「九三學社」中央機關日常事務的梁某女士打來的電話，她問我：「你父親有沒有到你那裡去？」「你知道不知道他目前在哪裡？」我

4　儲望華：《父親，你在哪裡？》，載謝泳，程巢父主編：《追尋儲安平》，廣州：廣州出版社，1998 年版，第 3 頁。

5　儲望華：《父親，你在哪裡？》，載謝泳，程巢父主編：《追尋儲安平》，廣州：廣州出版社，1998 年版，第 1～2 頁。

說:「父親不是被你們押管著嗎？你們不是正在籌備批鬥他的大會嗎？」到了九月二十日，中央統戰部下達命令：一定要在十月一日國慶之前找到儲安平的下落，「以確保首都北京國慶的安全」！於是「九三學社」派了一名幹部（中共黨員），並要求我和我二哥協助。我們騎著自行車在北京的東、西城不少街巷轉了好幾天，查訪了過去與父親曾有來往的朋友們，卻毫無結果。到了一九六八年夏，有一天，幾個穿著軍裝的幹部來找我，說他們是「奉周恩來之命，由公安部、統戰部等組成儲安平專案組，在全國範圍內進一步查尋儲的下落」，希望我「提供情況，予以協助」。[6]

在確實查無結果後，陰險毒辣的康生說：「儲安平，大右派，活不見人，死不見屍，怎麼回事？」[7]

在文革中同樣遭受人生磨難的章詒和在時隔多年之後，以一種極為淒美的筆調解讀了儲安平當年在面臨死亡的恐懼時的情境。

我獨自來到後面的庭院。偌大的院子，到處是殘磚碎瓦，敗葉枯枝，只有那株馬尾樹依舊挺立。走在曲折的小徑，便想起第一次在這裡見到的儲安平：面白，身修，美豐儀。但是，我卻無論如何想像不出儲安平的死境。四顧無援、遍體鱗傷的他，會不會像個苦僧，獨坐水邊？在參透了世道人心、生

---

6 儲望華：《父親，你在哪裡？》，載謝泳，程巢父主編：《追尋儲安平》，廣州：廣州出版社，1998 年版，第 2～3 頁。

7 李偉：〈神龍見首不見尾的儲安平〉，《文史春秋》2001 年第 2 期。

死榮辱，斷絕一切塵念之後，用手抹去不知何時流下的涼涼的一滴淚，投向的湖水、河水、塘水、井水或海水？心靜如水地離開了人間。總之，他的死是最後的修煉。他的死法與水有關。絕世的莊嚴，是在巨大威脅的背景下進行的。因而，頑強中有脆弱。但他赴死的動因，絕非像某些人口袋裡揣著手書的字條，以死澄清其非罪或以死自明其忠忱。我是同意父親看法的：死之於他是摧折，也是解放；是展示意志的方式，也是證明其存在和力量的方法。通過「死亡」的鏡子，我欣賞到生命的另一種存在。

作者認為儲安平是「用死維持著一種精神於不墜，完成了一生的人格追求。」[8]

據傳在八〇年代初的一次宣傳會議上，胡喬木談到目下新聞工作人才有點青黃不接。他問：「為什麼不能把有經驗的老同志請出來當當顧問，比方說儲安平先生？」會場一下子靜了下來，有人遞上一張紙條。喬木看過之後輕輕地「哦」了一聲。[9]

1978 年的 4 月 5 日與 9 月 17 日，中共中央分別批復與頒佈了《關於摘掉右派分子帽子的請示報告》與《貫徹中央關於全部摘掉右派分子帽子決定的實施方案》兩個重要文件。一年半之後，即 1980 年的 5 月 8 日，在反右運動中被錯劃為右派分子的五十五萬餘人頭上的右派帽子已全部摘去。

8　章詒和：《往事並不如煙》，北京：人民文學出版社，2004 年版，第 95～96 頁。
9　戴晴：《儲安平‧王實味‧梁漱溟》，南京：江蘇文藝出版社，1989 年版，第 115 頁。

　　對於 1957 年發生的反右運動，中共中央的真實態度可以在
1980 年 1 月 16 日召集的幹部會議上由鄧小平所作的《目前的形勢
和任務》中得到說明，鄧小平說：「當時不反擊這種思想是不行的，
問題出在哪裡呢？問題是隨著運動的發展，擴大化了，打擊面寬
了，打擊的分量也太重。大批的人確實處理得不適當，太重，他們
多年受了委屈，不能為人民發揮他們的聰明才智，這不但是他們個
人的損失，也是整個國家的損失。所以，給右派分子全部摘掉帽子，
改正對其中大多數人的處理，並給他們分配適當的工作，就是一件
很必要的、重大的政治措施。但是不能由此得出結論，說一九五七
年不存在反對社會主義的思潮，或者對這種思潮不應該反擊。總
之，一九五七年的反右本身沒有錯，問題是擴大化了。」[10]

　　既然 1957 年的反右本身沒有錯，那麼總有「只摘帽子，維持
右派原案，不予改正」的人。1980 年 6 月 11 日，中共中央批轉了
同年 5 月 8 日由中共中央統戰部上報的《關於愛國人士中的右派複
查問題的請示報告》，報告從 1958 年初被劃為右派的九十六名著名
愛國人士中，選出二十七名影響最大的進行複查，予以改正的為二
十二名，即：章乃器、陳銘樞、黃紹竑、龍雲、曾昭掄、吳景超、
蒲熙修、劉王立明、沈志遠、彭一湖、畢鳴歧、黃琪翔、張雲川、
謝雪紅、王造時、費孝通、黃藥眠、陶大鏞、徐鑄成、馬哲民、潘
大逵。不予改正、維持原案的五名，即：章伯鈞、羅隆基、儲安平、
彭文應、陳仁炳。

---

[10]　《鄧小平文選（1975～1982）》，北京：人民出版社，1983 年版，第 207 頁～
　　　208 頁。

　　1989 年，儲望華先生在〈父親，你在哪裡？〉一文中說：「至於我自己在無數次夢中見到他從外面回來，更是悲喜交加，而伴隨的卻只有醒來之後枕邊的淚痕和一次又一次的幻滅。到了一九八二年六月的一天，那天，我離開北京到澳大利亞留學。待向送行的朋友們告別之後，正坐進汽車準備前往飛機場的時候，忽見中央音樂學院院長辦公室主任急匆匆跑來，手中拿著一份檔，向我說：『剛剛接到中央統戰部來函，對你父親儲安平，正式做出「死亡結論」，特通知其子女。』在父親『失蹤』十六年之後，在全國範圍上上下下幾度『調查』無結果之後，而在我即將離別這多災多難的故土的瞬間，竟以獲得父親的『死訊』，來為我離國壯行送別，心中猛然泛起一種莫可名狀的感慨與傷痛。」[11] 後來，儲望華為了紀念他的父親，曾創作了一部交響詩《秋之泣》，並在澳大利亞最好的樂隊墨爾本交響樂團公演，「正如我在該音樂會節目單的樂曲簡介中所述，這首作品『不僅刻畫了晚秋的蒼涼景色，而且也是對作曲家之父的深厚緬懷與悼念—在一九六六年一個深秋之夜，作曲家之父倏地消失了……』父親，你可曾聽見這悲愴的樂曲，濃郁密集的和聲，以及深處的管弦之聲，在為你悲鳴，在為你哭泣，在向你呼喊——父親，你在哪裡？」[12]

　　一代傑出的報人與自由知識份子就這樣在這個世界上消失得無影無蹤！

---

[11] 儲望華：《父親，你在哪裡？》，載謝泳，程巢父主編：《追尋儲安平》，廣州：廣州出版社，1998 年版，第 4～5 頁。

[12] 儲望華：《父親，你在哪裡？》，載謝泳，程巢父主編：《追尋儲安平》，廣州：廣州出版社，1998 年版，第 5 頁。

雖然消逝得無影無蹤，但正如有人所說的那樣：「儲安平沒有安息。他正在復活。」[13]

---

[13] 章詒和：《往事並不如煙》，北京：人民文學出版社，2004 年版，第 97 頁。

結　論

　　威廉・狄爾泰在談到個體的生活及其意義時，曾經說道：「在歷史之中，就出現在精神科學研究之中的任何一個概念而言，人們隨時可以遇到的、完全的、獨立自足的和經過明確界定的事情，是生命歷程。這種生命歷程構成了一個由出生和死亡加以界定的脈絡。從外部來看，人們是通過一個人在其生命的全部範圍內所具有的、持續不斷的生存狀態來設想它的。這種連續性是沒有任何中斷的。但是獨立於這種連續性而存在的，還有一些可以經驗的聯繫—這些聯繫把一種從出生到死亡的生命歷程的各個組成部分都聯結起來了。……生命歷程是某種具有時間性的東西；『歷程』這種表述所指的就是這一點，時間並不僅僅是一條由具有同樣價值的部分組成的線索，同時也是由各種關係組成的系統，是一個由系列、同時性和連續性組成的系統。」[1]他接著認為：「我們理解生命的歷程，只不過是一個持續不斷地接近生命的過程而已；所謂生命展示給我們的方面，完全不同於我們在通過時間考察它的歷程的過程中所根據的觀點，這種情況既是由理解過程的本性造成的，也是由生命的

1　〔德〕威廉・狄爾泰：《歷史中的意義》，艾彥等譯，北京：中國城市出版社，2002 年版，第 44～45 頁。

本性造成的。只有通過生命的各種事件所具有的意義，與理解過程和這種整體所具有的意味的關係，我們在生命方面所發現的各種聯繫才能得到適當的表徵。只有在這裡，共同存在狀態或者從屬狀態才會被超越。這樣一來，作為對於生命的理解過程的個別方面而存在的、有關價值和意圖的範疇，就會變成這種理解形式所具有的領悟性脈絡的組成部分。」[2]那麼，要理解儲安平作為一個個體生命在歷史中的意義的範疇是什麼呢？筆者認為，就是他在生命過程中所展示出來的他的思想與行為的各個方面，以及他生命的最終消逝。這些在當時的社會環境與後來的歷史發展中都是有一定的典型意義的，也只有理解了這些方面，我們才能更好地領悟儲安平作為一個自由主義知識份子和傑出報人在中國現代史上所應有的地位與價值所在。

當代美籍阿拉伯裔學者愛德華‧W‧薩義德在他的一本書中談到真正的知識份子的特點時，認為其應具有知識份子的代表，放逐者與邊緣人，對權勢說真話，總是失敗的諸神等特徵。[3]例如，薩義德認為：「知識份子作為代表性的人物：在公開場合代表某種立場，不畏各種艱難險阻向他的公眾做清楚有力的表述。」[4]「知識份子的代表，他們向社會宣揚的理念或觀念，並不意味主要為了強化自我或頌揚地位，亦非有意服侍有權勢的官僚機構和慷慨的雇主。知識

---

[2]　〔德〕威廉‧狄爾泰：《歷史中的意義》，艾彥等譯，北京：中國城市出版社，2002年版，第63頁。

[3]　有關此論述參見〔美〕愛德華‧W‧薩義德：《知識份子論》，單德興譯，北京：三聯書店，2002年版。

[4]　〔美〕愛德華‧W‧薩義德：《知識份子論》，單德興譯，北京：三聯書店，2002年版，第17頁。

份子的代表是在行動本身，依賴的是一種意識，一種懷疑、投注、不斷獻身於理性探究和道德判斷的意識；而使得這個人被記錄在案並無所遁形。」[5]在談到知識份子如何適應新的或凸現的主宰勢力時，薩義德指出：「不願適應的知識份子，寧願居於主流之外，抗拒，不被納入，不被收編。」[6]「知識份子若要像真正的流亡者那樣具有邊緣性，不被馴化，就得要有不同於尋常的回應：響應的對象是旅人過客，而不是有權有勢者；是暫時的、有風險的事，而不是習以為常的事；是創新、實驗。而不是以威權方式所賦予的現狀。流亡的知識份子響應的不是慣常的邏輯，而是大膽無畏；代表著改變、前進，而不是故步自封。」[7]我們考察儲安平的一生及其思想，應該承認他在許多方面是符合薩義德對真正知識份子的定義的。如當年面對國民黨政府對《觀察》的嚴厲鎮壓與迫害，他依然能堅持刊物的獨立性、客觀性與超黨派性。1948年7月，當外界風傳國民黨政府要對《觀察》做永久停刊處分時，儲安平說：「在這樣一個血腥遍地的時代，被犧牲了的生命不知已有多少，被燒毀了的房屋財產也不知有多少，多少人的家庭骨肉在這樣一個黑暗的統治下被拆散了，多少人的理想希望在這樣一個黑暗的統治下幻滅了，這小小的刊物，即使被封，在整個國家的浩劫裡，算得了什麼！朋友們，我們應當挺起胸膛來，面對現實，面對迫害，奮不顧身，為國效忠，

---

[5]　〔美〕愛德華・W・薩義德：《知識份子論》，單德興譯，北京：三聯書店，2002年版，第23頁。

[6]　〔美〕愛德華・W・薩義德：《知識份子論》，單德興譯，北京：三聯書店，2002年版，第48頁。

[7]　〔美〕愛德華・W・薩義德：《知識份子論》，單德興譯，北京：三聯書店，2002年版，第57頁。

要是今天這個方式行不通，明天可以用另個方式繼續努力，方式儘管不同，但我們對於國家的忠貞是永遠不變的。」[8]面對政治權勢的迫害，仍要以各種方式為國效忠，這正如政治學者所指出的那樣，「在大多數情況下，知識份子不可能背離現存秩序，因為他們從來就不是現存秩序的一部分。」[9]同時，儲安平這種以言論為武器，抗爭現實的政治權勢，也體現了傳統中國知識份子以「道」抗「勢」，相信「道」尊於「勢」的氣節。[10]

著名學者余英時先生在考察了近代中國社會轉型的歷史變遷下，指出在由傳統的「士」向現代「知識份子」轉型過程中「中國知識份子的邊緣化」的論點。羅志田先生也考察了傳統中國社會中原來居四民之首計程車向近代知識份子的轉化，以及知識份子的邊緣化和邊緣知識份子的興起的歷史過程。[11]在某種程度上說，儲安平一生的思想和活動，尤其是主辦《觀察》週刊，也可以被視為現代中國邊緣知識份子的興起這一歷史變遷下的一個縮影。

作為繼胡適之後，中國自由主義的一代代表人物，[12]儲安平一生的大部分時間都是在辦雜誌中度過的，除早期主編了一些文學刊

8　儲安平：〈政府利刃，指向《觀察》〉，《觀察》第四卷第 12 期。

9　〔美〕撒母耳‧P‧亨廷頓：《變化社會中的政治秩序》，王冠華等譯，北京：三聯書店，1989 年版，第 265 頁。

10　關於傳統中國知識份子以「道」抗「勢」的分析，可參見余英時：《士與中國文化》，上海：上海人民出版社，1987 年版，第 97～98 頁。

11　參見余英時：〈中國知識份子的邊緣化〉，（香港）《二十一世紀》1991 年 8 月號，香港中文大學中國文化研究所。羅志田：〈近代中國社會權勢的轉移：知識份子的邊緣化與邊緣知識份子的興起〉，《開放時代》1999 年第 4 期，又見羅志田：《近代中國社會權勢的轉移：知識份子的邊緣化與邊緣知識份子的興起》，武漢：湖北人民出版社，1999 年版，第 191～241 頁。

12　應該指出的是，儲安平作為現代中國著名的自由主義知識份子的代表之一，

物之外，主要的是主辦政論性刊物，不畏權勢，批評時政，替人民說話。誠如他經營《觀察》期間所說的那樣，「在這混亂的大時代，中國需要的就是無畏的言論，就是有決心肯為言論而犧牲生命的人物！假如我們只能說些含含糊糊沒有斤量的話，那老實說，今日中國言論界，擔當這一部分工作的人已經很多，用不著我們再來獻身言論，從事於爭取中國的自由、民主、和平的言論工作。」[13]而他1957 年的發言，更是他一貫風格的表現，雖然，最後，在巨大的政治壓力之下，他「屈服」了，但並不能因此就可以抹殺他作為知識份子代表的形象。然而，同胡適等前輩自由主義知識份子一樣，儲安平對直接參與政治並不感興趣，即所謂「士的使命在於幹政，而不一定要執政。」這也在一定程度上決定了儲安平同他的自由主義知識份子前輩一樣，要面臨基本類似的困境，其在當時的失敗也是不可避免的。

　　汪榮祖先生曾這麼評論儲安平及與其同類的自由主義知識份子們當時所面臨的困境，他說：「對儲而言，當國民黨特務關閉了《觀察》並命令逮捕他時，死神已經來臨。當 1949 年 10 月 1 日中華人民共和國成立時，《觀察》的大多數撰稿人決定留在中國大陸。他們一般都歡迎新中國，但沒有馬上認識到自由民主與新社會無論在手段上還是在目的上是否相容，儲安平以個人的災難告終，這可以充

並非他的自由主義思想，而主要在於他所從事的自由主義事業，即他所主編的《觀察》週刊，以及刊物所產生的社會影響。此外，他在 1957 年反右運動中的發言也體現了一種自由主義的精神，也就是說，他所從事的事業和體現的精神使得他成為一位具有相當典型性的自由主義代表人物。

[13]　儲安平：〈風浪・熱練・撐住〉，《觀察》第三卷第 24 期。

分說明自由主義在現代中國的悲劇性命運。」並強調：「即使在 1980
年開始的改革後，如何使自由主義適應有獨特文化特性的中國，仍
然是一個問題。」[14]更有一位作者從主、客觀兩方面論證了儲安平
等自由派知識份子中的大多數為什麼決定投奔中共的原因，在主觀
方面首先是民族主義的問題，其次是有關暴力革命和革命中的暴力
問題，第三是對於中共的民主形式問題；在客觀上則首先是那一時
代人的特徵，其次是儲安平所代表的自由主義知識份子本身的弱
點，第三是美國政府對國民黨政權的袒護，深深地刺痛了第三方面
人士的心，也促成了他們思想上的日益「左傾」。第四則是國民黨的
腐敗和無能以及對於自由主義知識份子的迫害，事實上徹底斷絕了
他們依賴國民黨政府的幻想，並把他們最終推向中共的營壘。因此，
作者認為：「1949 年解放前夕，第三方面中儲安平及其所代表著的
自由主義知識份子，最終選擇留在大陸，與中共開始共同建設新中
國，絕不是偶然的，也不能說是一種政治投機。事實上，這是他們
愛國主義的一貫體現，同時也是中共和國民黨執行相反政策的結
果。」[15]然而他們很快就會發現他們所面臨的困境依舊存在。

可以指出的是，當儲安平於 1949 年加入民盟和九三學社，參
加中華人民共和國第一屆政治協商會議，並在隨後的幾年裡，陸續
發表一系列歌頌中國大陸社會主義建設的文章的時候，肯定無法預

---

[14] 汪榮祖：〈儲安平與現代中國自由主義〉，載劉軍寧、王焱編：《直接民主與
間接民主》，北京：三聯書店，1998 年版，第 375 頁。

[15] 趙一順：〈論儲安平之投奔解放區〉，載中國社會科學院近代史所編：《中國
社會科學院近代史研究所青年學術論壇》（2001 年卷），北京：社會科學文
獻出版社，2002 年版，第 274 頁。

料中共對他們這些曾經的自由知識份子所採取的政策的真實意圖
到底如何？有學者探討了中國知識份子在二十世紀五〇年代的經
歷，指出：「1949 年以後，新體制將各種類型的知識份子納入了先
後建立起來的以單位為核心以戶口為紐帶的制度性網路之中，並
且，與這種制度性約束相配合，各種類型的知識份子都相繼經受了
以思想改造和意識形態批判為標誌的話語轉換過程。」[16]從 1949
年中共建立政權到 1957 年反右運動的發起，中國大陸先後發起了
批電影《武訓傳》、思想改造運動、批判胡適等一系列針對知識份
子的思想批判運動，可是儲安平等自由知識份子在經歷了這一系列
的運動後並沒有完全意識到這點，更何況儲安平本人在民主黨派人
士的政治地位並不是很高，知識份子「不論在 1949 年以後被安放
在看上去多麼顯赫的位置上，他們並不是新體制的有機分子，因此
也並不具有對資源的合法佔有權和對意義的權威解釋權。」[17]因
而，他們在中共發起的整風運動中無所畏懼的發言，就決定了他們
在新制度的大網中最終是無處可逃。

　　事實上，儲安平以及其他《觀察》撰稿人當年在《觀察》週刊
上撰文，鼓吹自由與民主，批判專制與獨裁，宣揚科學與理性，在
一定程度上是對五四啟蒙運動所追求的啟發國民覺悟，重塑國民性
的目標相一致的。美籍學者舒衡哲在比較中西啟蒙運動的區別時，

---

[16] 黃平：〈有目的之行動與未預期之後果——中國知識份子在 50 年代的經歷
　　探源〉，載許紀霖編：《20 世紀中國知識份子史論》，北京：新星出版社，
　　2005 年版，第 407～408 頁。
[17] 黃平：〈有目的之行動與未預期之後果——中國知識份子在 50 年代的經歷
　　探源〉，載許紀霖編：《20 世紀中國知識份子史論》，北京：新星出版社，
　　2005 年版，第 414 頁。

指出中國啟蒙運動面臨的挑戰是「以拋棄（或者至少是揭露）『科
舉心態』，『盲從』以及摒棄習以為常的『為社會所鉗制』的國民性
為己任。中國的知識份子是以根深蒂固的自我壓抑習性戰鬥。」[18]
雖然，《觀察》撰稿人並未以直接宣揚改造國民性為己任，但他們
對科學與理性的追求，對自由與民主的鼓吹，無疑是與五四新文化
運動所嚮往的民主與科學兩大目標是重合的。由此可見，儲安平以
及其他《觀察》撰稿人所闡揚的思想理念是中國啟蒙運動精神上的
一種衍生物。此外，更應該指出的是，激勵儲安平等人在 1957 年
反右運動中無畏發言的也在某種程度上是五四啟蒙運動所宣揚的
自由與民主思想理念，儘管這種自由與民主的思想理念在當時遭到
了無情與徹底的批判，並且有許多人為此付出了生命的代價。但正
如舒衡哲[19]所認為的那樣，中國的知識份子與中國人民「將繼續批
判那如長城般久遠的舊傳統觀念。」[20]而五四啟蒙運動所宣揚的實
質上就是自由主義所追求的思想理念。[21]

　　眾所周知，1945 年抗戰結束後，尤其是 1946 年 1 月政協決議
的通過，本是中國實現自由主義的大好機會，但最後卻遭到了徹底

---

[18] 〔美〕舒衡哲：《中國啟蒙運動──知識份子與五四遺產》，劉京建譯，北
京：新星出版社，2007 年版，第 5 頁。

[19] 舒衡哲明確地指出，1957 年中國大陸知識份子對執政的共產黨政權的批評，
是「五四」精神的薪傳，啟蒙的信念「成為時時刻刻照耀著中國政治和文化生
活中黑暗角落的『火炬』。」參見〔美〕舒衡哲：《中國啟蒙運動──知識份子與
五四遺產》，劉京建譯，北京：新星出版社，2007 年版，第 335 頁。

[20] 〔美〕舒衡哲：《中國啟蒙運動──知識份子與五四遺產》，劉京建譯，北
京：新星出版社，2007 年版，第 360 頁。

[21] 關於五四新文化運動對自由主義政治理念的闡揚，可參見周策縱：《五四運動：
現代中國的思想革命》，周子平譯，南京：江蘇人民出版社，1996 年版。

的失敗，這其中的原因應該是有許多非常複雜的因素在起作用的。
許紀霖認為：「自由主義之所以能夠在戰後形成波濤洶湧的運動，
主要得益於國共之間暫時的實力均衡以及由此形成的 1945 年秋到
1946 年春千載難逢的和平瞬間。」[22]並指出自由主義失敗的原因
是：「中國社會的核心危機潛伏在內地和廣大農村，那裡最匱乏的
主要還不是自由、民主、人權，而是更基本，更實在的土地、溫飽
和安定。而這一切，自由主義從來沒有作過任何許諾，也沒有拿出
任何操作性的方案，它的目光只盯住城市，而漠視危機四伏的鄉
村，以至於與中國最大的改朝換代社會資源—農民嚴重疏離，也就
無法扭轉以後出現的農村包圍城市的歷史走勢。」[23]正是在這一層
意義上，一位美國學者更進一步強調了自由主義在當時的中國失敗
的的原因，「自由主義之所以失敗，是因為中國那時正處在混亂之
中，而自由主義所需要的是秩序。……它的失敗是因為中國人的生
活是由武力來塑造的，而自由主義的要求是，人應靠理性來生活。
簡言之，自由主義之所以會在中國失敗，乃因為中國人的生活是淹
沒在暴力與革命之中的，而自由主義則不能為暴力與革命的重大問
題提供什麼答案。」[24]

　　筆者以為，這種分析是相當中肯的。然而，我們若從歷史的長
時段的角度出發，那麼，也應該指出的是，自由主義在現代中國的

[22]　許紀霖：《尋求意義：現代化變遷與文化批判》，上海：上海三聯書店，1997
　　　年版，第 45 頁。
[23]　許紀霖：《尋求意義：現代化變遷與文化批判》，上海：上海三聯書店，1997
　　　年版，第 44 頁。
[24]　〔美〕格里德：《胡適與中國的文藝復興——中國革命中的自由主義》，魯
　　　奇譯，南京：江蘇人民出版社，1989 年版，第 368 頁。

失敗也並不是必然的。誠然，儲安平及其自由主義知識份子群體，無論是在行動上還是在對當時中國社會形勢的判斷上，都是有缺陷的。他們無法將自由主義理論賦諸於實踐的層面，只能停留在思想的層面，即只能是在雜誌與文章中去宣揚自由主義的理念，而無法使之形成為一個有效的政治制約力量，去影響中國社會的進程。也就是說自由主義或許會遭到挫折，但它的「失敗」並不意味著它本身的失敗，正如楊人楩先生當年所說：「自由主義者可能暫時為暴力所打擊。鬥爭失敗並非自由主義本身的失敗，因此現狀遲早要朝著自由主義所指示的途徑去改變，惟有放棄鬥爭的失敗，才是真正的失敗，惟有屈服與妥協的態度，才是背叛自由主義的態度。自由主義者須具有不屈服與不妥協的鬥爭精神，始可發揮自由主義的創造力，不能堅持此種精神，不但是自掘墳墓，並且要助長反自由主義的極權政治之自信。」[25]而施復亮則從自由主義有助於民主政治的實現這個角度出發，認為：「自由主義者，可能不是革命主義者，但必然是民主主義者。中國民主政治的實現，必然有待於自由主義者的努力。只有自由主義者，才能自由批評『異見』，同時充分尊重『異見』。只有自由主義者，才能始終堅持民主的原則和民主的精神來從事民主運動，解決政治問題。自由主義者的這種努力，在個人方面也許要歸於失敗，但在民主政治的促進上決不會失敗，尤其在民主的教育上更不會失敗。」他還認為不能以參加政權或奪取政權來判斷自由主義者的失敗，「在中國的具體條件下，自由主義者也許永遠不能掌握政權，甚至不一定能參加政權。『自由主義者

的道路』不一定是奪取政權的道路，在中國尤其如此，自由主義者要有『成功不必在我』的氣度，只須努力耕耘，不必希望收穫一定屬於自己。自由主義者應當努力促成自己的政治主張的實現，但不一定要在自己的手裡實現，自由主義者所應爭的是實際的工作，不是表面的功績。因此，不能以奪取政權或參加政權與否來判定自由主義者的成敗。」[26]

我們知道，當十九世紀末二十世紀初，西方大量的社會思潮潮水般湧進中國的時候，作為解決中國問題的「靈丹妙藥」，各種主義在當時都找到了它們自己的代言人。也就是說，它們在當時的中國都還是有一定社會基礎的，並都有獲得成功的可能。但為什麼有些「主義」能取得成功，而大多數「主義」卻遭到了失敗，筆者以為，除卻政治、經濟、社會結構、文化傳統等基本因素之外，取得成功的「主義」的領導人的謀略、性格與能力等也是非常重要的原因。在某些歷史發展的重大和關鍵時刻，領導人所具有的上述特徵可能會戲劇性地改變歷史前進的方向，並直接導致他所代表的政權與「主義」獲得巨大的成功，從而或許會給後來的人們與研究者以一種假像，即歷史的發展是有規律性的，某種「主義」在中國的勝利是歷史的必然。殊不知，歷史的發展並非是一種簡單的線性論，而是充滿了吊詭性與不可預知性的。

人們往往喜歡從事後的角度來看待歷史，並從中找出所謂規律與必然性，以此來斷定一個學說或理論的成敗，或以此來評價一個人在歷史上的地位。羅素說得好，「當歷史學被看作是在教導著某

---

[26] 施復亮：〈論自由主義者的道路〉，《觀察》第三卷第22期。

種普遍的學說時，諸如從長遠看來公理就只是強權，真理終歸是會勝利的，或者進步乃是社會的一條普遍規律之類；這種禍害就其大無比了。所有這類的學說要尋找支持，卻必須對於時間和地點做出精心的挑選，而且更糟糕的是，還需要對價值做偽。」[27]對歷史規律的探詢，正是卡爾．波普所反駁的「歷史決定論」的思維方式。波普認為，歷史決定論是探討社會科學的一種方法，它假定歷史預測是社會科學的主要目的，並且假定可以通過發現隱藏在歷史演變下面的「節律」或「模式」，「規律」或「傾向」來達到這個目的。[28]在這些歷史決定論者看來，因果律—思維上的因果理論、歷史中的因果關係和研究時的因果解釋—發揮著最重要的作用。正因為看到線形的「歷史決定論」在解釋歷史時的蒼白與貧乏，因此，波普說：「我願意維護被歷史決定論攻擊為陳舊的這個觀點，即認為歷史的特點在於它關注實際的獨特的或特定的事件，而不關注規律或概括。」[29]

本書研究儲安平及其所代表的自由主義思想，以及他的以自由主義思想為基礎而形成的編輯思想、政治思想、民族主義思想、中西比較觀與在政治強力之下的反應和態度等也應作如是觀。雖然儲安平的理想與抱負在當時的歷史語境中未能獲得成功，但並不能因此就可以否定他在現代中國歷史上的地位，更不能因此就斷定他及

---

[27] 〔英〕羅素：《論歷史》，何兆武等譯，桂林：廣西師範大學出版社，2001年版，第5頁。

[28] 〔英〕卡爾．波普：《歷史決定論的貧困》，杜汝輯等譯，北京：華夏出版社，1987年版，第2頁。

[29] 〔英〕卡爾．波普：《歷史決定論的貧困》，杜汝輯等譯，北京：華夏出版社，1987年版，第114頁。

其自由主義知識份子群體們所宣揚的自由主義思想不切合現代中國社會的國情，或因其理論的「先天不足」就下結論說它必定要失敗，這只會使人們陷入「歷史決定論」的泥潭或以所謂因果關係來簡單看待豐富多彩、複雜的人類歷史。

　　既然要破除「歷史決定論」對歷史研究的遮蔽，那麼也應承認個人的主觀選擇對其主體的命運以及歷史的發展的相關影響。正如美籍學者蕭邦奇在其名著《血路：革命中國中的沈定一傳奇》一書中的結尾所說：「從可能導致沈定一遇刺的線索來看，假如 1928 年 8 月沈定一不去莫干山又將如何呢？對他來講，這只是他的革命生涯中必須作出的無數選擇中的一個而已。但是，這個選擇卻意味著死亡，意味著沈定一最終退出革命歷史舞臺。然而，正是這些由無數革命的參與者作出的個體生存抉擇，勾勒了革命的最終方向，並塑造了革命。」[30]同樣，儲安平在當年主編《觀察》，批評國民黨，以及他在 1957 年的發言，也最終決定了他悲劇性的命運。雖然，1957 年的發言是在一再被「敦促」的情況下作出的，但發言內容畢竟是他個人主觀的抉擇，而這也使得他在現代中國的歷史上留下了永久的個人魅力！

---

[30] 〔美〕蕭邦奇：《血路：革命中國中的沈定一傳奇》，周武彪譯，南京：江蘇人民出版社，1999 年版，第 253～254 頁。

參考文獻

一、報紙類

1、《人民日報》
2、《光明日報》
3、《文匯報》
4、《工人日報》
5、《解放日報》
6、《中國青年報》
7、《中央日報》

二、雜誌類

1、《新評論》
2、《客觀》
3、《觀察》
4、《新觀察》
5、《大學評論》
6、《學習》
7、《九三社訊》
8、《努力週報》
9、《新月》

10、《獨立評論》

11、《新文學史料》

12、《時與文》

三、論文類

1、謝泳：〈儲安平的編輯生涯〉，《編輯之友》，1994 年第 6 期。

2、謝泳：〈《觀察》撰稿人的命運〉，（香港）《二十一世紀》，1993 年 10 月號，香港中文大學中國文化研究所。

3、李偉：〈神龍見首不見尾的儲安平〉，《文史春秋》，2001 年第 2 期。

4、李靜：〈從《觀察》看儲安平的編輯思想〉，《青海師範大學學報》，1999 年第 3 期。

5、黃泓：〈追尋學者生命的痕跡：論儲安平的新聞思想和新聞活動〉，《新聞愛好者》，2001 年第 1 期。

6、張仁善：〈一個舊中國「自由主義」的法治心路：試論儲安平的法治觀〉，《華東政法學院學報》，2001 年第 2 期。

7、林建華：〈儲安平自由主義思想評析〉，《史學集刊》，2002 年第 2 期。

8、王中江：〈從《觀察》看中國自由主義的認同及其困境〉，（香港）《二十一世紀》，2002 年 2 月號，香港中文大學中國文化研究所。

9、汪榮祖：〈儲安平與現代中國自由主義〉，載劉軍寧，王焱編：《直接民主與間接民主》，北京：三聯書店，1998 年版。

10、汪榮祖：〈自由主義與中國〉，（香港）《二十一世紀》，1990 年 2 月號，香港中文大學中國文化研究所。

11、黃克武：〈自由主義與二十世紀中國〉，（臺灣）《國史館館刊》，復刊第 30 期。

12、許紀霖：〈啟蒙的命運：二十年來的中國思想界〉，http://www.google.com。

13、許紀霖：〈社會民主主義的歷史遺產——現代中國自由主義的回顧〉，（香港）《二十一世紀》，1997 年 8 月號，香港中文大學中國文化研究所。

14、陳小平：〈中國憲政化的國際環境〉，http://www.google.com。

15、徐友漁：〈重提自由主義〉,（香港）《二十一世紀》,1997 年 8 月號,香港中文大學中國文化研究所。

16、雷池月：〈主義之不存、遑論乎傳統?〉,李世濤主編：《知識份子立場——自由主義之爭與中國思想界的分化》,長春：時代文藝出版社,2000 年版。

17、章清：〈中國自由主義「傳統」系譜的建構〉,（香港）《二十一世紀》,2001 年 10 月號,香港中文大學中國文化研究所。

18、錢超英：〈身份概念與身份意識〉,《深圳大學學報》(人文社會科學版),2000 年第 2 期。

19、趙一順：〈論儲安平之投奔解放區〉,載中國社會科學院近代史研究所編：《青年學術論壇》,北京：社會科學文獻出版社,2002 年版。

20、李偉：〈儲安平文革中蹈海而死〉,（臺灣）《傳記文學》,1989 年第 54 卷第 5 期。

21、徐鑄成：〈我的同鄉儲安平〉,（臺灣）《傳記文學》,1989 年第 54 卷第 5 期。

22、朱壽桐：〈以感美感戀心態走出名士傳統：新月派散文的紳士文化特性考察〉,《文學評論》,1994 年第 1 期。

23、余英時：〈中國近代史上的激進與保守〉,載許紀霖主編：《二十世紀中國思想史論》(上),上海：東方出版中心,2000 年版。

24、王雨霖：〈儲安平在國立師範學院〉,《書屋》,2006 年第 12 期。

25、周達材：〈儲安平的命運〉,《文史天地》,2007 年第 1 期。

26、黃鶯：〈追尋文學史上的失蹤者——從現實主義向自由主義轉變的儲安平〉,《宿州教育學院學報》,2007 年第 2 期。

27、蔣含平：〈刊物本身是可以賴發行收入自給的——儲安平《觀察》的經營策略探析〉,《新聞記者》,2006 年第 9 期。

28、金觀濤,劉青峰：〈《新青年》民主觀念的演變〉,（香港）《二十一世紀》,1999 年 12 月號,香港中文大學中國文化研究所。

29、謝放：〈戊戌前後國人對「民權」、「民主」的認知〉,（香港）《二十一世紀》,2001 年 6 月號,香港中文大學中國文化研究所。

30、馬曉楓：〈《觀察》週刊與儲安平自由主義新聞思想評析〉,《華中師範大學研究生學報》,2006 年第 1 期。

31、孫宏雲：〈拉斯基與中國：關於拉斯基和他的中國學生的初步研究〉，《中山大學學報》（社會科學版），2000 年第 5 期。

32、陳永忠：〈《觀察》的對外主張〉，《江西社會科學》，2003 年第 4 期。

33、陳永忠：〈《觀察》的自由民主觀〉，（臺灣）《中國文化月刊》，2004年第 9 期。

34、陳永忠：〈在自由與公道之間——一九四〇年代自由知識份子的社會民主主義思潮〉，《社會科學戰線》，2006 年第 1 期。

35、陳永忠：〈以言論政的輿論空間——《觀察》週刊研究〉，《浙江學刊》，2007 年第 5 期。

36、汪榮祖：〈自由主義在戰後中國的起落——儲安平及《觀察》的撰稿群〉，載謝泳，程巢父主編：《追尋儲安平》，廣州：廣州出版社，1998年版。

37、何元國：〈試評儲安平關於英國民族性的論述〉，《世界民族》，2005年第 4 期。

38、于之偉：〈儲安平與抗戰勝利後的學生運動——以《觀察》週刊為例〉，《重慶交通大學學報》（社會科學版），2007 年第 1 期。

39、黃平：〈有目的之行動與未預期之後果——中國知識份子在 50 年代的經歷探源〉，載許紀霖編：《20 世紀中國知識份子史論》，北京：新星出版社，2005 年版。

40、蔣含平：〈從《觀察》看儲安平的自由主義新聞理念與新聞實踐〉，《現代傳播》（中國傳媒大學學報），2007 年第 1 期。

41、劉業偉：〈民主報人儲安平研究〉，《徐州師範大學學報》（哲學社會科學版），2008 年第 2 期。

42、韓麗晴：〈儲安平：謎一樣的走了〉，《文苑》，2008 年第 4 期。

43、聞文：〈沒有謎底的謎——「大右派」儲安平的傳奇人生〉，《福建黨史月刊》，2003 年第 3 期。

44、余開偉：〈儲安平生死之謎又一說〉，《書屋》，1999 年第 2 期。

45、余開偉：〈儲安平生死之謎真相〉，《文藝爭鳴》，1999 年第 3 期。

46、方小平：〈儲安平和他主持的《觀察》週刊〉，《民國春秋》，2001 年第 4 期。

47、逸馥、鄧加榮：〈儲安平你在哪裡？〉，《炎黃春秋》，1993 年第 1 期。

48、穆欣：〈也想起儲安平〉，《黨史文彙》，1994 年第 9 期。

49、王明星：〈儲安平與《觀察》週刊〉，《書屋》，1998 年第 3 期。

50、杜永利：〈理性的是非觀和「健全的輿論」觀相結合——儲安平《觀察》政論特色剖析〉，《山西師大學報》（社會科學版），2007 第 1 期。

51、杜永利：〈走近一條憂鬱的河流——儲安平自由主義新聞觀念的歷史來源和思想基礎考察〉，《洛陽大學學報》，2007 年第 3 期。

52、蕭舟：〈儲安平：豈獨悲劇伴此生〉，《鍾山風雨》，2007 年第 3 期。

53、王先孟：〈試論儲安平的報刊活動〉，《東南傳播》，2006 年第 2 期。

54、傅祥喜：〈試論《觀察》週刊和儲安平的獨立發言精神〉，《廣東教育學院學報》，2005 年第 2 期。

55、傅祥喜、曾屬：〈從《觀察》看儲安平編輯與出版發行思想〉，《編輯學刊》，2004 年第 1 期。

56、吳永恆：〈儲安平筆下的英國〉，（桂林）《職大學報》，2004 年第 1 期。

57、張玉龍：〈從《客觀》到《觀察》：儲安平對 1947 年前後中國政局的觀感與析評〉，《吉首大學學報》（社會科學版），2003 年第 4 期。

58、王火：〈憶儲安平教授〉，《黃河》，1995 年第 4 期。

59、謝泳：〈想起了儲安平〉，《讀書》，1994 年第 3 期。

60、馮英子：〈回憶儲安平先生〉，《黃河》，1994 年第 2 期。

61、張嘯虎：〈憶儲安平先生與《觀察》週刊〉，《讀書》，1986 年第 11 期。

62、朱高正：〈自由主義與社會主義的對立與互動〉，《中國社會科學》，1999 年第 6 期。

63、高力克：〈《新青年》與兩種自由主義傳統〉，（香港）《二十一世紀》1997 年 8 月號，香港中文大學中國文化研究所。

64、顧昕：〈德先生是誰？五四民主思潮與中國知識份子的激進化〉，載哈佛燕京學社、三聯書店主編：《儒家與自由主義》，北京：三聯書店，2001 年版。

65、羅志田：〈胡適與社會主義的分離〉，《學人》第 4 輯，南京：江蘇文藝出版社，1993 年版。

66、鄭大華：〈論張君勱的社會主義思想及其演變〉，《浙江學刊》，2008 年第 8 期。

67、方維規：〈「議會」、「民主」與「共和」概念在西方與中國的嬗變〉，（香港）《二十一世紀》，2000 年 4 月號，香港中文大學中國文化研究所。

68、王爾敏：〈十九世紀中國士大夫對中西關係之理解及衍生之新觀念〉，載王爾敏著：《中國近代思想史論》，臺北：臺灣商務印書館，1995年版。

69、呂實強：〈胡適對學生運動的態度〉，載周策縱等著：《胡適與近代中國》，臺北：時報出版公司，1991年版。

70、余英時：〈中國知識份子的邊緣化〉，（香港）《二十一世紀》，1991年8月號，香港中文大學中國文化研究所。

71、羅志田：〈近代中國社會權勢的轉移：知識份子的邊緣化與邊緣知識份子的興起〉，《開放時代》，1999年第4期。

72、周蕾：〈端木露西的女性主義思想〉，載《紀念儲安平先生誕辰一百周年學術討論會論文集》，廈門大學人文學院中文系，2009年7月。

73、秦賢次：〈儲安平及其同時代的光華文人〉，載《紀念儲安平先生誕辰一百周年學術討論會論文集》，廈門大學人文學院中文系，2009年7月。

74、趙麗華：〈「國家觀念」與知識階級「台柱觀──儲安平與《中央日報》副刊〉，載《紀念儲安平先生誕辰一百周年學術討論會論文集》，廈門大學人文學院中文系，2009年7月。

75、Edmund S. K. Fung, State Buliding, "Capitalist Develpoment and Social Justice: Social Democracy in China's Modern Transformation", 1921-1949，in Modern China, vol.31, No.3, July 2005.

76、Young–Tsu Wong, "The Fate of Liberalism in Revolutionary China: Chu Anping and His Circle", 1946-1950, in Modern China, vol.19, No.4, October 1993.

四、著作類

1、謝泳編：《儲安平：一條河流般的憂鬱》，北京：中國青年出版社，1999年版。

2、謝泳：《逝去的年代──中國自由主義知識份子的命運》，北京：文化藝術出版社，1999年版。

3、謝泳：《沒有安排好的道路》，昆明：雲南人民出版社，2002年版。

4、謝泳：《學人今昔》，長春：長春出版社，1997 年版。

5、謝泳、程巢父主編：《追尋儲安平》，廣州：廣州出版社，1998 年版。

6、戴晴：《儲安平・梁漱溟・王實昧》，南京：江蘇文藝出版社，1989 年版。

7、鄧加榮：《尋找儲安平》，北京：十月文藝出版社，1995 年版。

8、徐鑄成：《徐鑄成回憶錄》，上海：三聯書店，1998 年版。

9、馮英子：《風雨故人來》，濟南：山東畫報出版社，1998 年版。

10、張新穎編：《儲安平文集》（上、下），上海：東方出版中心，1998 年版。

11、葉永烈：《沉重的 1957》，南昌：百花洲文藝出版社，1992 年版。

12、葉永烈：《反右派始末》，烏魯木齊：新疆人民出版社，2000 年版。

13、朱正：《1957 年的夏季：從百家爭鳴到兩家爭鳴》，鄭州：河南人民出版社，1998 年版。

14、牛漢、鄧九平主編：《記憶中的反右派運動》，北京：經濟日報出版社，1998 年版。

15、劉軍寧、王焱編：《直接民主與間接民主》，北京：三聯書店，1998 年版。

16、〔美〕蕭邦奇：《血路——革命中國中的沈定一（玄廬）傳奇》，周武彪譯，南京：江蘇人民出版社，1999 年版。

17、中國社會科學院近代史所編：《中國社會科學院近代史研究所青年學術論壇》（2001 年卷），北京：社會科學文獻出版社，2002 年版。

18、〔美〕格里德：《胡適與中國的文藝復興——革命中國中的自由主義》，魯奇譯，南京：江蘇人民出版社，1989 年版。

19、〔美〕史華慈：《尋求富強——嚴復與西方》，葉鳳美譯，南京：江蘇人民出版社，1996 年版。

20、〔美〕張灝：《梁啟超與中國思想的過渡》，崔志海等譯，南京：江蘇人民出版社，1995 年版。

21、〔美〕蕭公權：《近代中國與新世界——康有為變法與大同思想研究》，汪榮祖譯，南京：江蘇人民出版社，1997 年版。

22、〔美〕柯文：《在傳統與現代性之間——王韜與晚清改革》，雷頤等譯，南京：江蘇人民出版社，1995 年版。

23、〔英〕羅素：《論歷史》，何兆武等譯，桂林：廣西師範大學出版社，2001 年版。

24、〔德〕威廉‧狄爾泰：《歷史中的意義》，艾彥等譯，北京：中國城市出版社，2002 年版。

25、劉軍寧主編：《北大傳統與近代中國──自由主義的先聲》，北京：中國人事出版社，1998 年版。

26、劉軍寧：《共和‧民主‧憲政──自由主義思想研究》，北京：三聯書店，1998 年版。

27、石元康：《當代自由主義理論》，臺北：聯經出版事業公司，1995 年版。

28、李良玉：《思想啟蒙與文化重建》，長春：吉林人民出版社，2001 年版。

29、李良玉：《新編中國通史》，福州：福建人民出版社，1996 年版。

30、劉軍寧：《保守主義》，北京：中國社會科學出版社，1998 年版。

31、李強：《自由主義》，北京：中國社會科學出版社，1998 年版。

32、徐訊：《民族主義》，北京：中國社會科學出版社，1998 年年版。

33、許紀霖：《尋求意義──現代化變遷與文化批判》，上海：上海三聯書店，1997 年版。

34、許紀霖編：《二十世紀中國思想史論》（上、下），上海：東方出版中心，2000 年版。

35、張灝：《張灝自選集》，上海：上海教育出版社，2002 年版。

36、〔英〕金斯利‧馬丁：《拉斯基評傳》，奚博銓譯，北京：商務印書館，1995 年版。

37、〔美〕愛德華‧W‧薩義德：《知識份子論》，單德興譯，北京：三聯書店，2002 年版。

38、〔美〕撒母耳‧P‧亨廷頓：《變化社會中的政治秩序》，王冠華等譯，北京：三聯書店，1989 年版。

39、〔美〕史景遷：《天安門──知識份子與中國革命》，尹慶軍等譯，北京：中央編譯出版社，1998 年版。

40、余英時：《士與中國文化》，上海：上海人民出版社，1987 年版。

41、王汎森：《中國近代思想與學術的系譜》，石家莊：河北教育出版社，2001 年版。

42、姜義華：《理性缺位的啟蒙》，上海：上海三聯書店，2000 年版。

43、熊月之：《中國近代民主思想史》，上海：上海人民出版社，1986 年版。

44、高瑞泉主編：《中國近代社會思潮》，上海：華東師範大學出版社，1996年版。

45、胡偉希，高瑞泉，張利民：《十字街頭與塔─中國近代自由主義思潮研究》，上海：上海人民出版社，1991 年版。

46、〔美〕費正清、費維愷主編：《劍橋中華民國史》（下），劉敬坤等譯，北京：中國社會科學出版社，1993 年版。

47、〔美〕墨菲：《上海──現代中國的鑰匙》，上海社會科學院歷史研究所譯，上海：上海人民出版社，1986 年版。

48、〔美〕周策縱：《五四運動──現代中國的思想革命》，周子平譯，南京：江蘇人民出版社，1996 年版。

49、〔英〕I·柏林：《自由四論》，陳曉林譯，臺北：聯經出版事業公司，1986年版。

50、《嚴復集》（第一冊），北京：中華書局，1986 年版。

51、《嚴復文選》，上海：遠東出版社，1995 年版。

52、《孫中山文選》，上海：遠東出版社，1995 年版。

53、《毛澤東選集》（第五卷），北京：人民出版社，1977 年版。

54、薄一波：《若干重大決策與事件的回顧》（下），北京：中共中央黨校出版社，1993 年版。

55、中共中央文獻研究室編：《周恩來年譜》，北京：中央文獻出版社、人民出版社，1989 年版。

56、許伯明：《吳文化概觀》，南京：南京師範大學出版社，1996 年版。

57、〔英〕卡爾·波普：《歷史決定論的貧困》，杜汝輯等譯，北京：華夏出版社，1987 年版。

58、章詒和：《往事並不如煙》，北京：人民文學出版社，2004 年版。

59、《鄧小平文選（1975～1982）》，北京：人民出版社，1983 年版。

60、〔美〕費正清、麥克法誇爾主編：《劍橋中華人民共和國史（1949～1965）》，王建朗等譯，上海：上海人民出版社，1990 年版。

61、《關於建國以來黨的若干歷史問題的決議》，北京：人民出版社，1985年版。

62、〔俄〕尼基塔・謝・赫魯雪夫：《赫魯雪夫回憶錄》，述弢譯，北京：
社會科學文獻出版社，2005 年版。

63、陳之驊主編：《蘇聯史綱（1953～1964）》，北京：人民出版社，1996
年版。

64、謝泳：《儲安平與〈觀察〉》，北京：中國社會出版社，2005 年版。

65、張太原：《〈獨立評論〉20 世紀 30 年代的政治思潮》，北京：社會科
學文獻出版社，2006 年版。

66、〔以色列〕耶爾・泰咪爾：《自由主義的民族主義》，陶東風譯，上海：
上海譯文出版社，2005 年版。

67、許紀霖等：《近代中國知識份子的公共交往：1895～1949》，上海：上
海人民出版社，2008 年版。

68、許紀霖編：《20 世紀中國知識份子史論》，北京：新星出版社，2005
年版。

69、許紀霖：《許紀霖自選集・自序》，桂林：廣西師範大學出版社，1999
年版。

70、〔美〕郭穎頤：《中國現代思想中的唯科學主義（1900～1950）》，雷頤
譯，南京：江蘇人民出版社，1995 年版。

71、《中國民主同盟歷史文獻（1941～1949）》，北京：文史資料出版社，
1983 年版。

72、《中國民主同盟四十年（1941～1981）》，中國民主同盟中央文史資料
委員會編印，1981 年版。

73、熊月之、周武主編：《上海：一座現代化都市的編年史》，上海：上海
書店出版社，2007 年版。

74、陳紀瀅：《三十年代作家直接印象記》，臺北：傳記文學出版社，1986
年版。

75、閻潤魚：《自由主義與近代中國》，北京：新星出版社，2007 年版。

76、李世濤主編：《知識份子立場──民族主義與轉型期中國的命運》，長
春：時代文藝出版社，2000 年版。

77、李世濤主編：《知識份子立場──自由主義之爭與中國思想界的分
化》，長春：時代文藝出版社，2000 年版。

78、李世濤主編：《知識份子立場──激進與保守之間的動盪》，長春：時
代文藝出版社，2000 年版。

79、任劍濤：《中國現代思想脈絡中的自由主義》，北京：北京大學出版社，2004 年版。

80、章清：《「胡適派學人群」與現代中國自由主義》，上海：上海古籍出版社，2004 年版。

81、石畢凡：《近代中國自由主義憲政思潮研究》，濟南，山東人民出版社，2004 年版。

82、〔美〕胡素姍：《中國的內戰：1945～1949 年的政治鬥爭》，王海良等譯，北京：中國青年出版社，1997 年版。

83、《毛澤東文集》（第七卷），北京：人民出版社，1999 年版。

84、〔美〕舒衡哲：《中國啟蒙運動——知識份子與五四遺產》，劉京建譯，北京：新星出版社，2007 年版。

85、謝泳編：《羅隆基：我的被捕的經過與反感》，北京：中國青年出版社，1999 年版。

86、哈佛燕京學社、三聯書店主編：《儒家與自由主義》，北京：三聯書店，2001 年版。

87、王爾敏著：《中國近代思想史論》，臺北：臺灣商務印書館，1995 年版。

88、周策縱等著：《胡適與近代中國》，臺北：時報出版公司，1991 年版。

89、羅志田：《近代中國社會權勢的轉移：知識份子的邊緣化與邊緣知識份子的興起》，武漢：湖北人民出版社，1999 年版。

90、黃克武：《自由的所以然—嚴復對約翰密爾自由思想的認識與批判》，臺北：允晨文化實業公司，1998 年版。

91、黃克武：《一個被放棄的選擇：梁啟超調適思想之研究》，臺北：中央研究院近代史研究所，1994 年版。

92、張育仁：《自由的歷險——中國自由主義新聞史》，昆明：雲南人民出版社，2002 年版。

93、Philip C. Huang, Liang Chi-chiao and Modern Chinese Liberalism, Seattle: University of Washington Press, 1972.

五、其他類

1、韓霞輝主編：《宜興縣誌》，上海：上海人民出版社，1990 年版。

2、儲壽平等纂修：《豐義儲氏分支譜三十八卷》，民國十年（1921 年）
　臚懽堂木活字本，二十四冊。

3、《宜興人物志(中冊)》江蘇省政協文史資料委員會、宜興市政協文史
　資料委員會編，《江蘇文史資料》編輯部，1997 年版。

4、宜興市教育委員會所藏人事檔案。

5、華東師範大學校史資料。

6、《光華年刊》，1928-1929 年。

7、《右派分子儲安平的言行》，中華全國新聞工作者協會研究部，中國
　人民大學新聞系合編，光明日報社印，1957 年 9 月。

8、九三學社中央辦公室編：《九三學社歷史資料選輯》，北京：學苑出版
　社，1991 年版。

9、《紀念儲安平先生誕辰一百周年學術討論會論文集》，廈門大學人文
　學院中文系，2009 年 7 月。

儲安平簡譜

1909 年，虛 1 歲

　　農曆六月初一日即西曆 7 月 17 日出生於江蘇宜興。儲家為宜興望族，祖父儲廷棻，清同治庚午年（1870 年）舉人。親祖母為祖父側室顧氏。大伯父儲南強曾任南通知縣、江蘇省議會議員、農商部秘書等職，也曾在上海南洋公學（今上海交通大學）任教，與著名民主人士黃炎培為江蘇江陰南菁書院同學。二伯父儲炳元。生父儲林滋，生母潘氏。儲安平出生後六天，潘氏病逝。儲安平後來撰文懷念母親：「我生下來了六天，我的母親就死了。還只有六天生命的小生物的我，所給予我母親的印象，就像白煙一般的淡吧！但母親所給予我的印象更渺茫。……母愛是人性間至上的一種愛，然而像那樣至上至深的一種愛，在我一生，是始終如夢一般的永是虛幻的事了！每次，我的思潮一濺上了舊事之記憶，我便會分外地懷念到我的母親；而每當懷念到我的母親時，我便更會感到一種恐懼，一種來日方長的恐懼！」

　　幼年初讀於宜興北門關帝廟小學，繼入南京正誼中學。

1923 年，14 歲

祖母顧氏與父親儲林滋相繼病逝。此後，儲安平生活與讀書多靠大伯父儲南強接濟，因此，儲安平一生對其大伯父充滿感激。

1925 年，16 歲

入上海光華大學附中文科就讀，曾在壬申級班委會（當時稱為級會）文牘部工作。同學當中有趙家璧、朱宗伯、潘炳麟、毛壽恒、張華聯等人。

1927 年，18 歲

秋：提議重新組織宜興同學會，得到了各同鄉的一致贊成，於是光華大學附中宜興同學會得以成立。

1928 年，19 歲

光華大學附中畢業，進入光華大學文學院政法系學習，開始為期四年的大學生活。當時光華大學校長是張壽鏞先生，文學院院長是張東蓀，中國文學系系主任是錢基博，政治學系系主任是羅隆基，教育系系主任是廖世承，社會學系系主任是潘光旦，其

他教授有胡適、徐志摩，吳梅、盧前、蔣維喬、黃任之、江問漁、呂思勉、王造時、彭文應等人。

是年 4 月 30 日，散文〈關於「睡苗求醫」的故事〉在《語絲》第四卷第十八期上發表，這是目前所知的儲安平第一篇公開發表的文學作品。

5 月 16 日，散文〈布洛克及其名作——《十二個》〉在《北新》第二卷第十三號上發表；5 月 30 日，獨幕劇《血之沸騰》在《流沙》第六期上發表。

1929 年，20 歲

3 月 10 日，散文〈偶感即記四則〉在《開明》第一卷第九號上發表。

9 月 16 日，散文〈平凡的故事〉在《北新》第三卷第十七號上發表。

1930 年，21 歲

第一位妻子叫端木新民，又叫端木露西，江蘇吳縣人，進入光華大學讀書。

4 月 16 日，散文〈《第四十一》概略〉在《北新》第四卷第八號上發表。

10 月 16 日，散文〈小病〉和〈殘花〉在《真善美》第六卷第六號上同時發表。

11 月 16 日，散文〈母親〉在《真善美》第七卷第一號上發表。

1931 年，22 歲

日本帝國主義發動「九一八」事變。

10 月，儲安平主編了一本由新月書店發行，名為《中日問題與各家論見》的小冊子，此書收集了當時中國一些知名社會人士對時政的見解，以及一些雜誌的社論，如左舜生、胡愈之、俞頌華、武堉幹、羅隆基、陳獨秀、汪精衛、陶希聖、《貫徹》週刊社、王造時、陳啟天、《時事新報》、張東蓀、薩孟武、梁漱溟、高永晉等。在為這本書寫的序言中，儲安平譴責了政府的綏靖政策，要求國民黨政府結束一黨專政，他說：「目前，在中國，有若干現象，使你知道了傷心。『忍辱負重』與主張宣戰成為一對照；一般小百姓在啞著喉嚨喊取消一黨專政，少數在野元老或政客在通電主張國事公諸國人，若干在朝要人（不論南京廣東），也說『我們贊成取消一黨專政』，『我們正在準備取消一黨專政』，然而言論不自由如故，集會不自由如故，民眾運動之被壓迫也如故：這所構成的對照事實可說明證實的更大嚴重性。」自由主義思想的種子開始萌芽。

是年，開始在《新月》上發表文學作品。

1932 年，23 歲

6 月，儲安平從光華大學政治系畢業，9 月插班考入南京中央大學社會系四年級，一年後畢業。

1933 年，24 歲

一些文學作品在《新月》、《論語》和《文藝月刊》上發表。

夏，加入《中央日報》，並在此後三年間先後編輯《中央公園》、《中央日報副刊》、《文學週刊》三種副刊。在這些刊物中，儲安平發表了大量的文字，突出體現了他對言論的經營與知識份子公共論壇的設計。

1934 年，25 歲

在《文藝月刊》上發表小說。

是年，和端木新民成婚，盡情享受生活的甜蜜。儲安平和端木新民生後來有四位子女，長子儲望英，次子儲望德，女兒儲望瑞，幼子儲望華。不久，國民黨《中央日報》聘請儲安平編文藝副刊。

1935 年，26 歲

11 月 10 日，儲安平主編的一本文學月刊，即《文學時代》，由上海時代圖書公司印刷發行。在〈編輯後記〉裡，儲安平寫到：「我們想出一個文藝刊物的理由十分簡單，無非想借此使自己在寫作上加上一根鞭策的繩索。」「我們並沒有這種企圖，想使讀者從這一個刊物裡看到有任何一種集體的流動——不管是感情的或者

是理性的。我們都尊重思想上的自由。我們容許每一個在本刊上寫稿的人，有他自己在文藝上的立場與見解，除了對文藝的本身忠實的這一點之外，我們沒有更大的苛求。」《文學時代》的作者有老舍、王統照、郁達夫、田漢、宗白華、梁宗岱、季羨林、餘上沅、袁昌英、趙家璧等人。由於刊物作品所反映的生活天地比較狹小，所能聯繫的讀者也自然就比較有限。第二年，因儲安平要赴英留學，《文學時代》隨即停刊。

1936，年 27 歲

以《中央日報》特派記者身份，前往德國柏林採訪第十一屆奧林匹克運動會。接著入英國倫敦大學政治經濟學院深造，師從著名的拉斯基教授。

是年，小說集《說謊者》由上海良友圖書印刷公司出版，散文集《給弟弟們的信》由北平開明書店出版。

1937 年，28 歲

繼續在英國留學。在英國留學期間的生活是非常艱苦的，有兩個材料可以作為佐證：一是他自己在《英國采風錄》中所說，「當著者在愛丁堡時，雖不敢自謂中國最窮苦的留學生，但至少可以列入第一等的窮留學生名單中。自己燒飯，自己洗衣，每月食宿零用，僅費四鎊，合之當時國幣約為六十五元左右。惟腳爪固無甚營養價值，故久吃之後，健康不支。著者以前不吃乾酪，以其異味難受，至此乃接受

房東太太之勸告，勉強日進乾酪少許，嗣後則竟有不能一日無此君之概。」二是他在 1957 年反右運動中交代的與羅隆基之間關係的一段材料，他說：「大約在 1937 年春天，那時我正在倫敦讀書，羅隆基擔任北京晨報的社長（在宋哲元時代），他托人要我給北京晨報寫歐洲通訊。我是積了三年稿費才到英國讀書的。我在英國讀書的時候很苦，所以願意寫稿子，得些稿費來支持自己的讀書。當時我給北京晨報寫了四、五篇通訊，但是始終沒有收到羅隆基的覆信，也沒有收到一分稿費。在當時我那樣困苦的情況下，羅先生這樣做人，是傷害了我的感情的。但這件事，我出來沒有提過。這是我後來同羅隆基不大來往的一個原因。」

1939 年，30 歲

回國。此時，抗戰已全面爆發，儲安平剛一回國，即有《大公報》聘請他為主筆，經過一番考慮，他還是選擇回到了《中央日報》，任主筆兼國際版編輯。

1940 年，31 歲

經國民黨宣傳部長張道藩介紹，到中央政治學校任研究員。在重慶中央政治學校做研究員時，儲安平曾參加過一個名叫「渝社」的組織，它是由當時中央政治學校的一批教授發起組織的，為首的是周子亞教授，後來成為《觀察》的撰稿人之一，其他人有沈昌煥、黃堯和陳紀瀅等。這是個學術性的組織，因此只重清

談，而沒有大量吸收社員。渝社成員在重慶，還曾創辦過一個名叫《新評論》的刊物，這個刊物於 1940 年 1 月在重慶創刊，1945年 10 月停刊。其發刊詞——〈強國的開端〉，即出之儲安平之筆。

後來到湖南，任教於藍田國立師範學院。藍田是原安化縣山區一個小盆地，是個理想的辦學位址。師院辦在藍田，習慣上稱為「藍田師院」。藍田師院辦學經費主要是由國民政府財政部撥給，所以能聘請一批一流的教授任教。在這裡聚集的全國知名教授先後就有 87 位之多，如錢基博、錢鍾書父子、高覺敷、鄒文海、李達等等，紛紛不遠千里來師院執教

11 月，儲安平應聘為國立師範學院公民訓育學系教授。公民訓育學系，簡稱公訓系，相當於政治學系和教育系的結合。儲安平教的是政治學。當時，國立師範學院實行導師制，儲安平為導師之一。在藍田，儲安平和妻子端木露西還開辦了一家出版社，名叫袖珍書店。這一時期，也是儲安平一生在寫作上較有收穫的時期。他的幾部重要作品，如《英國采風錄》、《英人‧法人‧中國人》、《英國與印度》都在這一期間完成。在國立師範學院期間，儲安平和許多知名教授也結下了友誼，這些人後來有不少成了《客觀》和《觀察》雜誌的撰稿人，比如錢鍾書、高覺敷、鄒文海等。

1943 年，34 歲

儲安平主編《袖珍綜合文庫》叢書出版。該叢書收有著名學者錢基博、陳之邁等人的作品。《袖珍綜合文庫》為五十開的薄本子，土紙印刷。

是年，專著《英國與印度》由桂林科學書店出版。

1944 年，35 歲

春夏，由於戰事吃緊，國立師範學院遷至湖南漵浦，儲安平隨往，十月開學復課。儲安平何時離開國立師範學院，有人認為還沒有找到文獻記載，有人認為是這年 9 月。

1945 年，36 歲

湖南晃縣有一位叫李宗理的人，聽說儲安平能辦報，就用重金把當時還在藍田師範學院教書的儲安平聘來做主筆，這份報紙就是《中國晨報》。儲安平在這份報紙上發表了一些社論，對於這些社論，有人這麼評價「安平的作品，通曉扎實，說理明晰，邏輯思維很強，但常有他自己獨特的見解，為他人所不及。」後來，《中國晨報》要遷往漢口出版，儲安平則回到了重慶。

回到重慶時，抗戰已結束，儲安平在當年光華大學的同學張稚琴的支助下，主編《客觀》週刊，它的編輯有吳世昌、陳維稷、張德昌、錢清廉、聶紺弩，除了聶紺弩之外，其他人後來都成為《觀察》的撰稿人。二十世紀四〇年代晚期，中國有三家名為《客觀》的雜誌，分別是賈開基為代表人的《客觀》半月刊，凌維素為發行人兼主編的廣州《客觀》半月刊，張稚琴為發行人，儲安平為主編的重慶《客觀》週刊。《客觀》的重點在政論，批評國民黨的「腐化」和「腐爛」，受到重慶知識份子讀者的歡迎。儲安平

認為知識份子應該在民主建國中有所作為。總體來看，儲安平在
《客觀》的政論主要是圍繞這幾個方面展開，一是評價國民黨；
二是分析共產黨；三是對美國的態度，四是分析自由知識份子的
作用，五是批評國共之間的內戰。這份《客觀》週刊據儲安平自
己後來認為，在一定程度上也可視為《觀察》的前身。不僅給《客
觀》撰稿的許多人，後來成為了《觀察》的撰稿人，而且這從《客
觀》雜誌的辦刊宗旨中更可以看出兩份刊物的淵源。

　　冬天，儲安平與潘梓年、周谷誠等十多位學術界名流，在重
慶北碚復旦大學舉行座談會，要求國民黨履行《雙十協議》，停止
內戰，反對獨裁，實行民主。儲安平對座談會所主張的「士的使
命在於幹政，而不一定要執政」，備加讚賞。

1946 年，37 歲

　　從重慶回到上海，9 月創辦了一份著名的自由主義的刊物─
《觀察》週刊。這是一份在當時產生了巨大影響的刊物，有人因
此稱之為中國出版史上的儲安平時代，一時間大有執輿論界之牛
耳之勢。此時的儲安平意氣風發，正處於一生中事業的顛峰時期，
他宣稱，這是一份獨立的、客觀的、超黨派的刊物，以自由、民
主、進步、理性為基本原則，要為國內廣大的自由主義知識份子
提供一個說話的地方，它的目的不僅是要對國事發表意見，而且
也希望對於一般青年的進步和品性的修養，能夠有所貢獻。

　　在談到為什麼要主辦這樣一份刊物時，儲安平說：「我們平常
有一種基本的理想，即立言與行事應當一致。假如一個言論機構，

在紙面上，它的評論寫得頭頭是道，極其動聽，而這個言論機構
的本身，它的辦事原則和辦事精神，與它所發表的議論不能符合，
我們認為這是一種極大的失敗。假如我們主張政府負責而我們自
己做事不負責任，要求政治清明而我們自己腐化，這對於一個懷
有高度理想的人，實在是一種難於言說的苦痛。當時的《客觀》
只由我們主編，並非我們主辦。我們看到其事之難有前途，所以
戛然放手。」

儲安平在主辦《觀察》期間，同時又在復旦大學兼職，並分
別在政治系和新聞系開設了「各國政府與政治」、「比較憲法」、「新
聞評論練習」等課程。

1947 年，38 歲

與《觀察》撰稿人一起在刊物發表文章，堅持刊物「獨立的、
客觀的、超黨派」的編輯思想，使《觀察》的編輯方向呈現出三
個顯著的特色，即：（一）自由與民主的鼓吹；（二）時政的批評；
（三）科學與理性的追求。

繼續在復旦大學任教，一位儲安平在復旦教過的學生回憶
了 1947 年的冬天，儲安平佈置學生以《歲寒論政》為題，寫一
篇時評。這位學生在文章裡以不偏不倚的中立立場對國共兩黨
各大五十大板，因此，受到了老師儲安平的大為讚賞，並在班
上傳閱此文。

1948 年，39 歲

　　繼續主編《觀察》週刊。7 月，當外界風傳國民黨政府要對《觀察》作永久停刊處分時，儲安平說：「在這樣一個血腥遍地的時代，被犧牲了的生命不知已有多少，被燒毀了的房屋財產也不知有多少，多少人的家庭骨肉在這樣一個黑暗的統治下被拆散了，多少人的理想希望在這樣一個黑暗的統治下幻滅了，這小小的刊物，即使被封，在整個國家的浩劫裡，算得了什麼！朋友們，我們應當挺起胸膛來，面對現實，面對迫害，奮不顧身，為國效忠，要是今天這個方式行不通，明天可以用另個方式繼續努力，方式儘管不同，但我們對於國家的忠貞是永遠不變的。」

　　由於刊物的軍事通訊專欄突破了國民黨的新聞封鎖，報導了國民黨軍隊在戰場上潰敗的真實消息，因此，遭到國民黨當局的忌恨，他們早就把《觀察》等民主刊物視為眼中釘，必欲除之而後快。

　　12 月，國民黨政府以所謂「攻擊政府，譏評國軍」，違反「動員戡亂政策」為名，下令查封《觀察》週刊，並逮捕了《觀察》雜誌社的一些人員。此時，儲安平正在北平，國民黨得知此消息後，即下令在北平搜查，欲逮捕儲安平歸案，幸虧儲安平事先得到了消息，又得到了清華、北大、燕大的許多名教授如費青、樓邦彥、許德珩、錢端升、袁翰青等的照料，才平安脫險。

　　是年，兩本專著《英人・法人・中國人》和《英國采風錄》由上海觀察社出版。

1949 年，40 歲

1 月 27 日，與樊弘、楊人楩、袁翰青、樓邦彥、許德珩等 30 人在北平《新民報》發表了題為《北平文化界民主人士擁護毛澤東八項主張》的宣言，31 日，人民解放軍進入北平，北平和平解放，儲安平與楊人楩、樊弘、薛愚等人均留在了北平。

4 月，作為民主人士的代表，前往東北解放區參觀學習，事後著有《東北參觀報告》一書，記載了他當時參觀的感受與所見所聞。

5 月，儲安平等人開始著手恢復《觀察》的工作。

9 月，作為新聞界的代表，被邀請參加中華人民共和國第一屆政治協商會議。

11 月 1 日，在經過一番努力後，刊物終於復刊，復刊後的《觀察》雖然在篇幅上比以前有所擴大，但在風格、語言、內容等方面都發生了極大的變化。復刊後的《觀察》表示要以馬克思主義為立場，接受「人民」的批評、教育與改造，多寫所謂積極性、鼓舞性的文章，「站在文化的崗位上，按照新民主主義的政治要求，為人民服務，為人民民主事業努力。」

1950 年，41 歲

5 月，中共中央決定將《觀察》改組為《新觀察》，一份以宣傳自由主義，堅守獨立、客觀、超黨派立場的刊物就這樣在歷史

的舞臺上消失了，並逐漸淡出人們的記憶之中。《觀察》被改組後，儲安平被任命為新華書店副總經理。

1951 年，42 歲

加入「中國民主同盟」，並參加了「九三學社」，擔任理事。

1952 年，43 歲

1 月至 3 月，隨中央土改團赴江西省進賢縣參加土改工作。

夏，任國家出版總署發行局副局長。

9 月 11 日至 20 日，九三學社召開第二屆全國工作會議。大會選舉產生了社的第三屆中央委員會，許德珩任主席，梁希任副主席。涂長望任秘書長，葉丁易、李毅任副秘書長。許德珩、梁希等 47 人為中央委員，儲安平等 9 人為候補中央委員。

1953 年，44 歲

中共高層有意成立「新觀察社」，由儲安平任社長，戈揚任總編輯。不料這一方案立即遭到具體工作人員的反對，其中以與他共事最久的林元最為激烈。

一種說法認為儲安平在這年第二次結婚，另外一種說法認為是 1956 年。

抗美援朝戰爭勝利結束，儲安平對此感到歡欣鼓舞，他在九三學社中央委員會的機關刊物《九三社訊》上發表了〈擁護朝鮮停戰的勝利〉一文，熱情歌頌在中國共產黨領導下的抗美援朝戰爭的勝利。

1954 年，45 歲

任九三學社中央委員、宣傳部副部長，並當選第一屆全國人大代表。隨後，以全國人大代表、《新觀察》特派記者身分赴新疆採訪，寫下了《新疆新面貌》、《瑪納斯河墾區》等著作，熱情歌頌社會主義建設。

1956 年，47 歲

6 月 28 日，在第一屆全國人民代表大會第三次會議上，作題為《南疆旅途見聞》的發言。而同時參加會議的羅隆基的發言題目為《我對高級知識份子問題的瞭解和意見》。

是年，散文集《瑪納斯河墾區》由北京中國青年出版社出版。

1957 年，48 歲

1956 年 11 月，在中共舉行的八屆二中全會上，毛澤東提出，準備在 1957 年開展全黨整風運動。

　　3 月的全國宣傳工作會議上，毛澤東談到準備開始整風，提出「和風細雨」，並且說這是黨內整風，「黨外人士可以自由參加，不願意的就不參加。」

　　中共中央決定由一位民主黨派人士來主編《光明日報》，經廣泛徵求意見後，決定由儲安平擔任這一職務。4 月 1 日，儲安平正式出任《光明日報》總編輯。

　　4 月 27 日，中共中央發出《關於整風運動的指示》。

　　5 月 4 日，中共中央又發佈了《組織黨外人士繼續對黨的缺點錯誤展開批評》的指示。在這兩個指示發表後，一時間，「大鳴大放」成了中國報刊上最時髦的政治名詞，全國上下都開展了所謂的「大鳴、大放、大字報、大辯論」的運動。為了貫徹中共中央的指示，與此同時，中共中央統戰部也開始邀請各民主黨派負責人和無黨派民主人士舉行座談會，請他們幫助中國共產黨整風。為了鼓勵人們進一步大鳴大放，中共中央統戰部接二連三地召開了民主黨派負責人士的座談會，希望民主人士繼續向黨提意見。《人民日報》不僅對這些民主人士的發言予以報導，而且還發表社論與文章，積極支持民主人士大鳴大放。在一再這樣熱情的鼓勵下，民主人士開始逐漸消除他們原有的顧慮，開始將壓抑在他們心頭多年的心聲吐了出來，一些在中共看來大膽、無忌的言論出現了。

　　5 月 15 日，毛澤東正式作出了反擊的指示，這體現在他所寫的檔〈事情正在起變化〉一文中，不過這個指示文件在當時並沒有公開發表。

6月1日，儲安平經一再要求，在中共中央統戰部召開的黨外人士整風座談會上宣讀了題為《向毛主席、周總理提些意見》的發言稿，批評共產黨是「黨天下」。

6月8日，《人民日報》在頭版頭條發表了〈這是為什麼〉的社論，標誌著轟轟烈烈的，一場全國規模的反右運動的正式開始。對儲安平的批判也是從6月8日開始的。此後，對儲安平等人的批判在全國範圍內逐漸展開。

6月26日，儲安平的長子儲望英致信《文匯報》，表示反對儲安平反動言行，並聲明與他斷絕父子關係，儲安平的「人生暮年」就此開始。

6月26日至7月15日，在全國上下一片反右聲中，第一屆全國人民代表大會第四次會議在北京召開。有許多右派分子都在這次會議上一個接一個走上講臺聲淚俱下地檢討自己的「罪行」。7月13日，儲安平在會上被迫作題為〈向人民投降〉的檢討表示要，「低頭認罪」。

8月1日在全國新聞工作座談會上，儲安平主要是就反右運動開始後，人們批判他在光明日報期間所犯錯誤而繼續「檢討」。

是年，散文集《新疆新面貌》由北京作家出版社出版。

1958年，49歲

1月，被正式劃為資產階級右派分子。

是年，儲安平最後一次回家鄉，專門為其祖母顧氏掃墓。

3 月，在家鄉宜興的姪兒儲傳能及妻子陸肖梅也被打成右派。1961 年 10 月，儲傳能被摘掉右派分子帽子。儲傳能夫婦的右派問題在 1979 年 3 月被正式改正。

1959 年，50 歲

9 月 28 日，大伯父儲南強因病逝世，終年 83 歲，墓葬善卷洞後山坡上。黃炎培先生曾賦詩紀念：「匆匆西氿一握緣，輝煌祖國十周年；後起子弟多英彥，行矣先生且穩眠」。身處困境的儲安平未能回家鄉奔喪。

1966 年，57 歲

5 月 16 日，中共中央政治局擴大會議在北京通過了毛澤東主持起草的指導「文化大革命」的綱領性文件《中國共產黨中央委員會通知》（即「五‧一六通知」）。文化大革命爆發。

8、9 月間，儲安平失蹤，從此下落不明。在此之前，備受折磨的儲安平欲跳河自殺，未成。

1978 年 4 月 5 日與 9 月 17 日，中共中央分別批覆與頒佈了《關於摘掉右派分子帽子的請示報告》與《貫徹中央關於全部摘掉右派分子帽子決定的實施方案》兩個重要文件。一年半之後，即 1980 年的 5 月 8 日，在反右運動中被錯劃為右派分子的五十五萬餘人頭上的右派帽子已全部摘去。

　　1980 年 1 月 16 日，在中共中央召集的幹部會議上，鄧小平指出：「當時不反擊這種思想是不行的，問題出在哪裡呢？問題是隨著運動的發展，擴大化了，打擊面寬了，打擊的分量也太重。大批的人確實處理的不適當，太重，他們多年受了委屈，不能為人民發揮他們的聰明才智，這不但是他們個人的損失，也是整個國家的損失。所以，給右派分子全部摘掉帽子，改正對其中大多數人的處理，並給他們分配適當的工作，就是一件很必要的、重大的政治措施。但是不能由此得出結論，說一九五七年不存在反對社會主義的思潮，或者對這種思潮不應該反擊。總之，一九五七年的反右本身沒有錯，問題是擴大化了。」鄧小平的談話表明了中共對 1957 年反右運動的真實態度。

　　1980 年 6 月 11 日，中共中央批轉了同年 5 月 8 日由中共中央統戰部上報的《關於愛國人士中的右派複查問題的請示報告》，報告從 1958 年初被劃為右派的九十六名著名愛國人士中，選出二十七名影響最大的進行複查，予以改正的為二十二名，即：章乃器、陳銘樞、黃紹竑、龍雲、曾昭掄、吳景超、蒲熙修、劉王立明、沈志遠、彭一湖、畢鳴歧、黃琪翔、張雲川、謝雪紅、王造時、費孝通、黃藥眠、陶大鏞、徐鑄成、馬哲民、潘大逵。不予改正、維持原案的五名，即：章伯鈞、羅隆基、儲安平、彭文應、陳仁炳。

國家圖書館出版品預行編目

儲安平生平與思想研究：國共不容的知識份子
　／陳永忠著. -- 一版. -- 臺北市：秀威資
訊科技, 2009.12
　　面；　公分. -- (史地傳記類；PC0095)
BOD 版
參考書目：面
ISBN 978-986-221-292-9(平裝)

1. 儲安平　2. 傳記

782.887　　　　　　　　　　　98016409

 史地傳記類　PC0095

儲安平生平與思想研究
——國共不容的知識份子

作　　者／陳永忠
主　　編／蔡登山
發 行 人／宋政坤
執行編輯／林泰宏
圖文排版／蘇書蓉
封面設計／蕭玉蘋
數位轉譯／徐真玉　沈裕閔
圖書銷售／林怡君
法律顧問／毛國樑　律師
出版印製／秀威資訊科技股份有限公司
　　　　　台北市內湖區瑞光路 583 巷 25 號 1 樓
　　　　　電話：02-2657-9211　　傳真：02-2657-9106
　　　　　E-mail：service@showwe.com.tw
經 銷 商／紅螞蟻圖書有限公司
　　　　　台北市內湖區舊宗路二段 121 巷 28、32 號 4 樓
　　　　　電話：02-2795-3656　　傳真：02-2795-4100
　　　　　http://www.e-redant.com

2009 年 12 月 BOD 一版
定價：450 元

讀 者 回 函 卡

感謝您購買本書，為提升服務品質，煩請填寫以下問卷，收到您的寶貴意見後，我們會仔細收藏記錄並回贈紀念品，謝謝！

1.您購買的書名：＿＿＿＿＿＿＿＿＿＿＿＿＿＿＿＿

2.您從何得知本書的消息？

　　□網路書店　□部落格　□資料庫搜尋　□書訊　□電子報　□書店

　　□平面媒體　□ 朋友推薦　□網站推薦　□其他＿＿＿＿＿

3.您對本書的評價：(請填代號　1.非常滿意 2.滿意 3.尚可 4.再改進)

　　封面設計＿＿＿　版面編排＿＿＿　內容＿＿＿　文/譯筆＿＿＿　價格＿＿＿

4.讀完書後您覺得：

　　□很有收獲　□有收獲　□收獲不多　□沒收獲

5.您會推薦本書給朋友嗎？

　　□會　□不會，為什麼？＿＿＿＿＿＿＿＿＿＿＿＿＿

6.其他寶貴的意見：＿＿＿＿＿＿＿＿＿＿＿＿＿＿＿

＿＿＿＿＿＿＿＿＿＿＿＿＿＿＿＿＿＿＿＿＿＿＿＿＿

＿＿＿＿＿＿＿＿＿＿＿＿＿＿＿＿＿＿＿＿＿＿＿＿＿

＿＿＿＿＿＿＿＿＿＿＿＿＿＿＿＿＿＿＿＿＿＿＿＿＿

讀者基本資料

姓名：＿＿＿＿＿＿＿＿＿　年齡：＿＿＿　性別：□女 □男

聯絡電話：＿＿＿＿＿＿＿　E-mail：＿＿＿＿＿＿＿＿＿

地址：＿＿＿＿＿＿＿＿＿＿＿＿＿＿＿＿＿＿＿＿＿＿＿

學歷：□高中(含)以下　□高中　□專科學校　□大學

　　　□研究所(含)以上 □其他＿＿＿＿＿＿

職業：□製造業 □金融業 □資訊業 □軍警 □傳播業 □自由業

　　　□服務業 □公務員 □教職　□學生 □其他＿＿＿＿＿

(請沿線對摺寄回,謝謝!)

秀威與 BOD

BOD（Books On Demand）是數位出版的大趨勢，秀威資訊率先運用 POD 數位印刷設備來生產書籍，並提供作者全程數位出版服務，致使書籍產銷零庫存，知識傳承不絕版，目前已開闢以下書系：

一、BOD　學術著作—專業論述的閱讀延伸
二、BOD　個人著作—分享生命的心路歷程
三、BOD　旅遊著作—個人深度旅遊文學創作
四、BOD　大陸學者—大陸專業學者學術出版
五、POD　獨家經銷—數位產製的代發行書籍

BOD 秀威網路書店：www.showwe.com.tw
政府出版品網路書店：www.govbooks.com.tw

永不絕版的故事・自己寫・永不休止的音符・自己唱